高中生物
学科实践的实施路径：
科学探索之旅

陈霞/主编　林松　黄巍/副主编

福州市林松名师工作室/编著

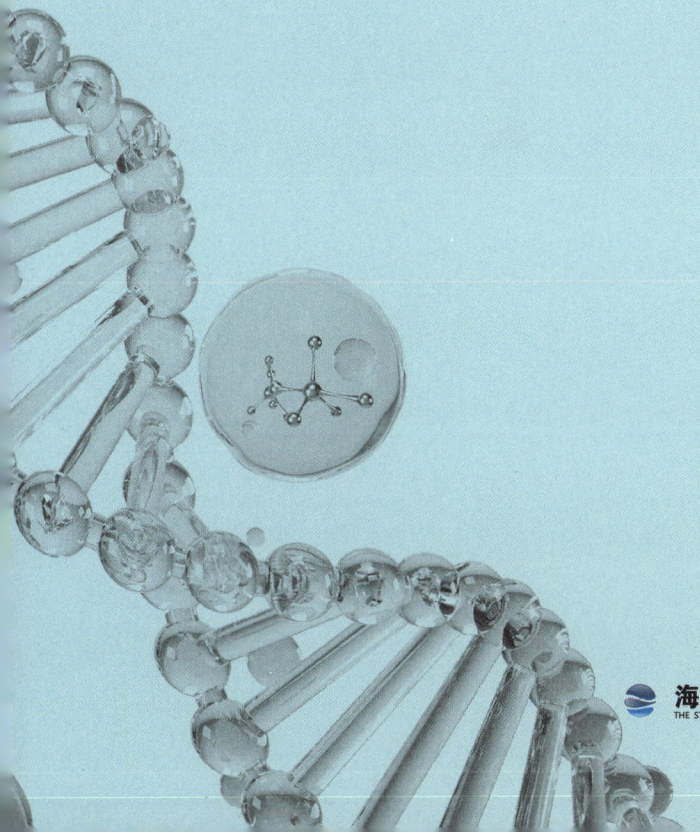

编 委 会

主　编：陈　霞
副主编：林　松　黄　巍
编　委：唐庆圆　赵　丰　李春雯
　　　　王　钊　池　萍　蔡晨依
　　　　郑清扬　陈　敏　陆晓文
　　　　陈　璇　高　勍　陈兆春

前　言

　　生物学是研究生命现象和生命活动规律的科学。生物学课程注重探究和实践，以生物学知识为载体，通过多种教学活动展现生物学家在研究过程中持有的观点以及解决问题的思路和方法，发展学生的终身学习和创新实践能力。本书是福州市林松名师工作室（中学生物）多年深耕一线生物学科教学、教研的智慧结晶与实践成果。2019年7月福州市教育局授牌成立"福州市林松名师工作室（中学生物）"，2024年6月林松老师连任该工作室领衔名师。林松老师领衔的工作室，始终坚守助力教师成长、推动学科发展的使命，积极投身于福州市中学生物学科教学改革的洪流之中。工作室全体成员勠力同心，深度参与福州市教师岗位练兵活动，承担了省市级教学质量检测命题等重要工作，为提升区域生物学科教学质量贡献专业力量，充分激发了福州市生物学教师专业发展共同体的价值与活力。

　　福州市林松名师工作室的核心研究方向是科学素养导向下高中生物学科实践育人的实施路径。这一方向不仅契合新时代教育改革对核心素养培养的要求，更凝聚了工作室团队近几年课题研究的深度思考与初步成果。本书的编撰，正是对这一核心研究方向的深化与拓展，旨在系统梳理、提炼并分享工作室在实践育人领域的经验与思考。新一轮基础教育课程改革聚焦课程的综合性和实践性，要求学科教学充分利用实践环节，强调学科课程与生产劳动、社会实践的紧密结合，以此发挥学科实践的独特育人功能，致力于培养具有创新精神和实践能力的未来公民。

本书尝试引入"做思学"的理念，按照从科学验证到科学探究再到科学实践的顺序编排，更加关注学生学习过程中的实践经历，力图为普通高中生物课程改革提供可以借鉴的教学案例和实践活动建议。通过具体的实践活动让学生在动手实践中锻炼科学思维，在合作探究中体验团队精神，在创新实践中实现自我突破和创造性成长，成为能够在特定情境中分析问题、解决问题，具有创新思维，具备创新能力的科学学习者和创造者。

本书开篇基于"是什么"与"为什么"的追问，力求为教师构建一个清晰的改革蓝图。在探讨"是什么"时，不仅阐述了新一轮课程改革的核心理念与目标要求，还深入剖析了生物学作为自然科学的重要分支在培养学生科学素养、创新思维及实践能力方面的独特价值。而对"为什么"的解答，则源自对当前教育现状的深刻反思与未来教育趋势的敏锐洞察。传统的讲授式教学已难以满足学生全面发展的需求，而基于实践、注重探究的教学方式则成为推动教育改革的必然选择。在"第一部分 高中生物学科实践的理论与设计"中，本书系统梳理了学习理论、教育心理学以及生物学教育研究的最新成果，深入剖析了这些理论如何为生物学科实践提供坚实的理论支撑。例如，建构主义学习理论强调学生主动建构知识的学习过程，这与当前倡导的探究式学习理念不谋而合；教育心理学中的动机理论，则揭示了激发学生兴趣、维持学习动力的关键所在。本书通过对这些理论的深入梳理，旨在帮助教师构建科学、系统的教学理念，为实践教学的设计与实施奠定坚实的理论基础。

为了将理论知识与实际应用无缝对接，本书对于"如何做"，精心设计了一系列富有创意的教学策略与活动方案。"第二部分 国家课程实验校本化实施案例"，详细阐述了普通高中生物学必修模块和选择性必修模块教学中"验证性与探究性实验"的设计与实施策略。首先，从确定学习目标入手，强调目标应具体、可测、可达成，并紧密围绕生物学学科核心素养的培养要求。随后，根据学生的认知特点与兴趣爱好，选择合适的实践内容。这些内容既涵盖了生物学的基础知识与核心概念，又融入了贴近生活的实例与热点问题，能让学生在实践中感受生物学的应用价值与社会意义。在设计活动流程时，注重培养学生的探究能力与团队合作精神，通过小组合作、实验操作、数据分析等多种方式，让学生在解决问题的过程中逐步掌握科学研究的方法与技能。此外，本书还特别强调了评估与反馈机制的重要性，即通过多元化的评价方式，全面了解学生的学习成效与发展需求，并据此提供针对性的指导与帮助。

"第三部分　研究性学习与科技创新探索案例"，是驱动学生基于研究性学习与科技创新的学科实践案例。项目化科研创新实践是学科实践的重要延伸形式，为学生搭建了跨学科合作与创新的桥梁，使学生有机会接触到更广阔的知识领域，激发多元化的创新思维。学生围绕着真实问题或研究主题，通过小组合作开展系统性研究，从选题设计到方案实施，再到成果展示，全面体验科学研究的全过程，深刻理解科学研究的意义，感受科学精神和创新价值。这不仅有助于学生的成长与发展，也为国家培养具备国际竞争力的创新型人才提供有力支持。

总之，本书是一本集理论性、实践性、创新性于一体的教学参考书，不仅为教师提供了丰富的理论知识与实用的教学策略，还通过生动的案例分析与详细的步骤指导，帮助教师将理论知识转化为实际教学能力。希望广大高中生物教师能够更加自信地迎接课程改革的挑战与机遇，为培养具有科学素养、创新精神与实践能力的未来人才贡献自己的力量。

陈　霞

2025 年 5 月 28 日

目 录

第一部分 高中生物学科实践的理论与设计

第一章 高中生物学科实践概述 /3
第1节 高中生物学科实践的概念与特点 /3
第2节 高中生物学科实践的育人价值 /9
第3节 初高中生物学科实践的差异 /13

第二章 高中生物学科实践的理论和策略支撑 /17
第1节 高中生物学科实践的理论基础 /17
第2节 高中生物学科实践的教学策略 /21

第三章 高中生物学科实践的行动路径 /27
第1节 高中生物学科实践的构成要素和实施类型 /27
第2节 运用虚拟仿真实验开展高中生物学科实践教学 /31
第3节 项目式研学课程的设计与实施 /36
第4节 项目化"微科创":高中科学教育实践探索 /40
第5节 高中生物学科单元实践型作业设计 /45
　　附:基于项目式学习的单元作业设计示例 /50

第二部分　国家课程实验校本化实施案例

第四章　验证性与探究性学科实践活动 /59

实验 1　用显微镜观察多种多样的细胞 /59

实验 2　探究植物细胞的吸水和失水 /62

实验 3　观察根尖分生组织细胞的有丝分裂 /66

实验 4　探究酶催化的专一性、高效性以及影响酶活性的条件 /70

实验 5　叶片中色素的提取和分离、用简易光谱仪观察色素的吸收光谱 /76

实验 6　探究抗生素对细菌的选择作用 /84

实验 7　小球藻种群数量变化的检测 /89

实验 8　植物组织培养 /94

实验 9　探索生长素类调节剂促进植物生根的最适浓度 /105

实验 10　酵母菌的纯培养 /113

实验 11　土壤中分解尿素的细菌的分离与计数 /118

实验 12　有色菌种的培养与菌画 /123

实验 13　DNA 的粗提取与鉴定 /130

实验 14　植物总 DNA 的提取、扩增及鉴定 /133

实验 15　质粒 DNA 的提取 /141

实验 16　质粒 DNA 的酶切与回收 /145

实验 17　重组载体的构建与转化 /148

第三部分　研究性学习与科技创新探索案例

第五章　基于研究性学习与科技创新的学科实践活动 /155

实践1　福州市乌山鸟类多样性研究及应用 /155

实践2　整骨染色——一种新型的金鱼骨骼标本染制工艺 /162

实践3　基于人工智能图像识别的花蛤种苗计数方案 /168

实践4　一种水果酵素洗衣液的制备与遗传毒性研究 /175

实践5　聚合酶链式反应技术快速鉴定HeLa细胞污染 /181

实践6　基于植物三维表型及光合特性的金线莲产量形成模型的构建 /186

主要参考文献 /199

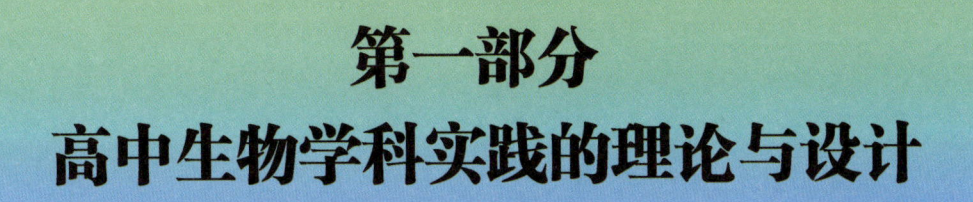

第一部分
高中生物学科实践的理论与设计

第一章　高中生物学科实践概述

第1节　高中生物学科实践的概念与特点

一、生物学科实践的概念与内涵

实践育人是深化课程改革的重要原则,是激活知识经验、培养创新精神和实践能力的重要路径。学科实践的内涵是改变课程内容的组织和呈现方式,改变学生学习的方法和路径,其核心是强调教学是学生进行学科研究活动的过程。

（一）哲学视域中的学科实践

1. 学科实践具有实践的内涵、要素和基本特征。

实践与认识是辩证唯物主义认识论中的一对基本范畴,两者相互依存、辩证统一。认识是指主体通过感知、思考、分析等认知活动对客观世界的理解和把握,而实践则是人类改造客观世界的实际活动,包括生产劳动、社会变革、科学实验等。认识源于实践,实践是认识的基础和动力。在认识论中,实践不仅能检验认识的真理性,而且是推动认识发展的根本力量。通过实践,理论可以得到验证或修正,新的认知也得以产生。因此,实践与认识是一个动态循环的过程:认识是从实践中获得经验和材料,并经过实践的检验,不断深化和升华。正如马克思所言:"实践是认识的来源,也是认识的目的和最终的检验标准。"这种辩证关系表明,离开了实践的认识是空洞的,而没有认识指导的实践则是盲目的。认识与实践的统一,推动了人类对世界的不断探索和改造。

2. 学科实践是人类实践的重要组成部分。

教育贯穿于人类社会发展的各个阶段,承担着传递知识、塑造人格、培养技能的重要职责。在教育实施过程中,教育者和受教育者不仅是知识的传播者和接受者,更是实践的主体。他们在教与学的互动中，共同塑造着思想、观念与能力。教育通过与现实社会的联系，将理论知识转化为个体适应社会的实践能力，为社会的持续发展提供人力资源保障，进而推动个体成长与社会进步。学科实践具有强烈的目的性和价值取向，它不仅关注知识和技能的传递，更在道德观、人生观、价值观和世界观的塑造方面发挥着关键作用。各类教育实践活动，如课堂教学、课外实践、社会服务等，能帮助个体形成正确的价值判断与行为取向，从而为社会培养具有独立思考能力、创新精神和社会责任感的公民。

3. 学科实践是学习性和学科性的统一。

学科实践不仅是学生主动参与知识建构的学习过程，更是学科知识和方法在实际情境中的应用与深化。这种情境可以是实验室里的一次实验、实地的一次调查，也可以是社会中的一次实践活动。通过这些实践活动，学生能够将抽象的理论知识转化为具体的操作技能，解决实际问题，实现学习过程与学科内涵的有机融合。在学生主动参与、积极构建知识体系的过程中，学生不再是知识的旁观者，而是知识的探索者和创造者。正如苏格拉底所言："教育不是灌输，而是点燃火焰。"学科实践能点燃学生心中的求知之火，让学生在实践中感受知识的力量，体验学习的乐趣。

（二）课程视域中的生物学科实践

在新课程改革的背景下，课程视域中的生物学科实践强调通过实践活动，帮助学生从多维度理解生物学的核心概念，提升学生的科学素养和解决实际问题的能力。课程视域不仅关注理论知识的传授，更关注学生如何在真实的情境中运用这些知识解决问题，并通过实践发展高阶思维和探究能力。

1. 从理论知识到实践应用的转化。

传统的生物学教育通常以理论讲授为主，知识呈现往往是线性的、抽象的，学生被动接受来自书本的文字和教师的讲解。而生物学科实践通过实验、观察、探究等多种活动形式，使抽象的知识具象化，帮助学生在真实情境中理解和应用所学知识。例如，学生通过参与用显微镜观察细胞、探究植物的光合作用或开展生态调查等实践活动，直接接触生命现象，打破了单一的知识传递模式，将理论知识与实践应用有机结合。学生不仅能"看到"知识，还能"做"知识，从而具备深度的认知与操作能力，实现了由"知其然"到"知其所以然"的转变。正如教育学家杜威所说："教育是生活的过程，而不是将来生活的预备。"生物学科实践正是这一理念的体现，让学生在生活中学习，在学习中更好地生活。

2. 从知识传递到问题解决的转变。

生物学科实践的意蕴之一在于它从"知识导向"转向了"问题导向"，改变了传统教学中线性、封闭的知识组织方式，将动态、开放的学习模式引入课堂。生物学是一门研究生命现象和生命规律的自然科学，研究对象具有复杂性和变化性，而实践研究能充分体现这种动态性。例如，植物的生长、微生物的繁殖、生态系统的演变等现象都是在时间维度上不断发展变化的，学生通过长期的观察和实验，可以感受到生命现象的动态变化过程。这种动态学习方式使学生能够将分散的知识点串联起来，形成对生命系统的整体理解。同时，实践活动还可以融合多个学科领域，使知识组织更加多维化。例如，在生态学实践中，学生不仅学习了生物学的基本原理，还整合了地理学、环境科学等相关学科的内容，打破了知识的学科边界，形成了综合性的认知框架。在这种综合性认知框架下，学生能够更全面地理解生物学科与其他学科的相互联系，发展跨学科思维和创新能力。例如，在研究生态系统的过程中，学生会运用数学模型来分析种群动态，或是结合化学知识探究生物体内的代谢过程，这种融合不仅丰富了学习内容，也提高了学生解决复杂问题的能力。通过实践探索，学生不断构建知识体系，使学习过程变得生动且富有成效，真正实现了由被动接受向主动探索的转变。

3. 从个体学习到协作探究的深化。

生物学科实践还改变了传统的以个体学习为主的教学模式，转向更加强调团队协作探究的模式。在生物学实验探究或野外调查中，学生通常以小组为单位分工合作，集体讨论、设计实验方案并共同完成实验任务。这种协作学习不仅有助于学生从多角度理解和解释生命现象，还能培养学生的沟通能力和团队合作精神。通过协作探究，知识不再以单一的形式呈现给学生，而是通过集体的智慧和实践活动中的互动来不断重构与深化。在这种学习模式下，学生相互交流与反馈，加深了对知识的理解，也学会了如何在实际情境中将理论知识运用到解决复杂的现实问题中。

学科实践使知识从单一的理论体系转变为与实际生活和问题解决密切相关的动态过程，促进了学生的深度学习和全面发展。在生物学科实践活动中，学生不仅掌握了生物学知识，还学会了如何在真实情境中应用这些知识，进而提升了他们的创新思维和科学探究能力。这种对知识组织和呈现方式的革新，使得学科实践在现代教育中发挥着不可替代的作用。

（三）教学视角下的生物学科实践

学科实践的核心要义是以学生为中心。这一教学理念打破了传统的以教师为中心的知识灌输模式，基于实践活动促使学生主动参与知识的构建和探究，培养学生的自主学习能力和探究精神。具体而言，生物学科实践从以下几个方面体现这一核心思想。

1. 从被动接受到主动探究。

在传统教学模式中，学生通常是知识的被动接受者，教师通过讲授、演示传递课本知识，学生则通过记忆和重复来学习。而在学科实践中，学生成为了学习的主动探究者。实践活动不仅要求学生动手操作，还鼓励学生提出问题、设计和实施实验、观察现象并得出结论。通过这样的学习方式，学生不再仅仅依赖教师的指令，而是通过实践不断调整和验证自己的认知。这种主动探究的学习方式改变了学生的学习路径。学生在实践过程中，不断思考、发现问题、提出假设并通过实践验证，从而在探索中获取知识，发展批判性思维和创新能力，成为学习的主体，而不仅仅是知识的接受者。

2. 个性化学习路径的塑造。

生物学科实践强调因材施教，通过实践活动为学生提供个性化的学习体验。不同的学生有着不同的兴趣爱好、认知方式和学习节奏，实践教学为每个学生提供了灵活多样的学习路径。例如，在实验设计中，学生可以根据自己的兴趣选择研究对象或实验方案，通过不同的实验手段和学科视角来解决问题。这种多样化的实践方式打破了统一化、标准化的学习进程，让学生根据自己的节奏和兴趣来学习和探索，塑造了个性化的学习路径。通过实践活动，学生能够更深入地了解自己擅长的领域，并在探究中形成自己独特的思维方式。这种学习模式不仅尊重了学生的个体差异，还增强了学生的学习内在驱动力。

3. 促进深度学习和知识迁移。

以学生为中心的生物学科实践强调学生的深度学习。在实践过程中，学生通过实验、观察和数据分析，不断检验和调整自己的假设和思路。教师则在这一过程中扮演引导者和促进者的角色，提供必要的支持和反馈，而非直接给出答案。学科实践还有助于学生在学习过程中有意识地思考自己如何学习、学到了什么，以及如何将所学知识应用到新的情境中。实践中的动态反馈机制让学生学会自我评价、反思和改进，培养了学生的自主学习能力和问题解决能力，有助于学生不断优化学习策略和提升认知水平，从而深化学习效果。同时学生在实践中不仅学习了生物学知识，还可以将生物学知识应用到其他学科和日常生活中。生物学科实践过程中培养的观察力、实验能力和批判性思维，可以在物理、化学、社会科学等其他学科中发挥作用，甚至可以帮助学生在未来的生活和职业生涯中解决复杂问题。关注学生知识迁移能力的提升，使得生物学科实践的教学意义更加深远。

通过实践活动，学生从被动接受者转变为主动探究者，个性化的学习路径让学生在实践探索中理解和掌握知识并提高综合能力。更重要的是，这种教学方式促进了学生的深度学习和知识迁移应用，并通过反馈与反思的过程，增强了学生的自主学习能力和问题解决能力。以学生为中心的生物学科实践不仅仅是知识的传授方式，更是一种培养独立思考、创新精神和协作能力的教育方式，使学生在全面发展的道路上迈出重要一步。

二、生物学科实践的特点

生物学科实践活动，植根于科学、技术、社会及环境领域的生物学问题，以学生既有经验为基石，以实践为核心开展学习活动，着重引导学生从日常生活中发掘问题，并通过体验式、合作式、探究式或建构式等多种学习方式，运用恰当且多元的方法来解决问题。通过"学习理解—实践应用—迁移创新"这一系列实践活动，旨在发展学生运用生物学知识解决实际问题的能力，培养交流与合作的意识，提升实践创新能力，从而塑造他们面对未来生活所必需的品格与能力。在高中教育阶段，生物学科实践活动作为学习活动的一个关键组成部分，不仅深化了学生对生物学知识的理解，还培养了他们的实践能力和科学素养。

生物学科实践的特点主要体现在以下几个方面。

1. 探究性。

生物学科实践以探究为核心，鼓励学生提出问题、设计实验方案、收集和分析数据并得出结论。与传统的知识传授不同，生物学科实践强调学生自主参与实践探究，从而培养他们的科学思维能力和问题解决能力。例如，在探究酵母菌发酵条件的实验中，学生需要根据自己提出的假设，设计实验来验证影响发酵产气量的不同因素（如温度、pH、糖浓度等），这个过程培养了学生的独立思考和批判性思维能力。

2. 操作性。

生物学科实践高度依赖实际操作，学生通过动手实验来加深对理论知识的理解。在生物学科实践中，如显微观察细胞结构、DNA粗提取、微生物培养等活动，涉及多种实验技术和仪器的使用。实践的操作性不仅提高了学生的动手能力，还使他们掌握了基本的实验技能和方法。例如，通过观察显微镜下的植物细胞和动物细胞，学生不仅可以直观地认识细胞结构的差异，深刻理解细胞学说理论，激发他们深入研究生物学的兴趣。此外，实践的操作性还意味着学生在实践中应能合理安排实验步骤，优化实验流程，这对于培养他们的科研素养和实验操作规范性具有重要意义。同时，这种实践过程也让学生在遇到失败时，能够学会分析原因，优化调整方案，从而锻炼了他们面对挫折的抗压能力和解决问题的耐心。

3. 多样性。

生物学科实践活动内容丰富和形式多样，内容涵盖不同领域，如细胞生物学、遗传学、生态学等的知识，形式包括实验室实验、实地考察、虚拟实验等。这种多样性有助于学生在接触不同实践形式的同时，了解生物学的各个层面。比如，实地考察活动让学生走出课堂，观察和分析自然环境中的生命现象，而实验室中的分子生物学实验则让学生接触到生命的微观层次。在这样的学习模式下，学生的生物学学科核心素养得到了全面提升，从而为未来的学术研究或职业生涯奠定了坚实的基础。

4. 跨学科性。

生物学科实践常常与其他学科相结合，体现跨学科性。例如，土壤样本分析不仅涉及生物学，还需要应用化学知识来测量土壤的pH和营养成分。此外，研究生物力学现象（如飞行、游泳）时，还需要结合物理学的知识来解释生物运动的原理。通过跨学科实践，学生能够发展综合应用多学科知识的能力，以及解决复杂问题的思维方式。在这种跨学科的实践活动中，学生不仅学会了如何融会贯通不同领域的知识，还能够在解决实际问题的过程中体会到知识之间的相互联系和协同作用。比如，在研究生态系统的稳定性和生物多样性时，学生需要运用数学模型来分析数据，运用信息技术来处理图像，这些经历无疑将大大提高他们在未来学习和工作中的适应和创新能力。

5. 开放性。

生物学科实践具有一定的开放性，实验结果可能呈现多样化，且并不总是有固定的答案。学生可以根据实验中的具体情况灵活调整方案，并自由探讨实验数据的意义。这种开放性鼓励学生主动思考，进行更深入的探究。例如，学生设计的植物生长实验可能由于环境条件（如光照、水分等）的差异而得出不同的结果，从而促使他们进行多次实验并探索实验现象背后的原因。此外，师生之间也展现出一种开放与包容的关系，致力于在活动中构建相互尊重、平等且民主的氛围，教师在这样的环境中可以灵活地担任组织者、引导者、评价者乃至学习者的多重角色。实践活动的成果也具有开放性，可以各种形态呈现，比如小组协作完成的作品设计方案、详尽的研究计划或方案、深入的调查报告、精美的图形绘制、精巧的模型或实物创作，以及学生在活动过程中的感悟与体验，这些都是活动目标达成的具体体现。

6. 验证性与实践性结合。

生物学科实践既包括验证性实验（用来验证已有的生物学理论或假设的正确性和可行性），也包括探究性实验（自主设计实验来解决新的科学问题）。验证性实验帮助学生加深对生物学知识的理解和运用，而探究性实验则培养学生的实践能力和创新思维。例如，通过光合作用验证性实验，学生可以验证植物光合作用的基本原理，而通过探究性实验，学生可以探索不同光照条件对光合作用速率的影响。

生物学科实践是以科学、技术、社会和环境相关的生物学问题为基础，基于学生已有的经验，以实践为主要方式的学习活动，强调学生从生活中发现问题，通过体验式、合作式、探究式或建构式的学习，运用正确、多元的方法解决问题。通过这些实践活动，学生不仅理解了生命现象的复杂性，还学会了如何在真实情境中应用生物学知识，满足了新课程改革对学生全面发展的要求。

第 2 节　高中生物学科实践的育人价值

学科实践作为现代教育中的一项重要教学手段，具有多层次、多维度的价值意蕴。它通过对创新思维、综合素养、实践能力、社会责任感和团队合作能力等方面的培养，为社会输送具有多样化能力和高度适应性的综合人才。学科实践不仅是培养学生核心素养的重要途径，更是推动人才全面发展、适应未来社会需求的有效途径。通过学科实践，学生不仅能够在理论知识上有所提升，还能在实践中发现自我、发展自我，成为未来社会的中坚力量。

一、生物学科实践在教育改革中的作用

在教育改革的背景下，学科实践成为推动学生核心素养发展的重要工具。它突破了传统教学的局限，不仅促进了学生对知识的深入理解和跨学科整合，还有效提升了学生的创新能力、实践能力和社会责任感。学科实践通过培养学生自主探究、团队合作和解决现实问题的能力，推动教学模式的转型，助力教育改革向更加注重实践性、创新性和全面素养培养的方向发展。在生物学科教学中，学科实践不仅是课堂教学的有机延伸，更是培养学生核心素养的有效途径。通过实验操作、探究活动和解决实际问题，学科实践能够帮助学生深刻理解生命现象和生命活动规律，发展批判性思维，提升探究能力，增强社会责任感。

（一）学科实践是培养学生核心素养的重要立足点

核心素养不仅强调学科知识的掌握，更关注学生在解决实际问题时的能力和态度。学科实践作为一种体验式学习方式，将理论知识与实践相结合，为学生提供了深刻的学习体验，成为培养学生核心素养的重要立足点。

1. 深化对生命现象的认知与理解。

生命观念是生物学学科核心素养的基础。通过学科实践，学生能够从理论走向实践，亲身感受生命现象的复杂性和多样性，从而加深对生命现象的本质和生物发生发展规律的理解。学生通过实践操作能够直观地观察和理解生物学现象，如细胞的生长、分裂、代谢等。例如，在探究酶的催化作用实验中，学生通过亲身体验酶在不同温度、pH 条件下的活性变化，进一步理解生物分子在生命活动中的作用。这样的学科实践活动不仅能帮助学生掌握生物学理论知识，还让他们通过动手操作深入理解生物分子在生命

活动中的作用,形成对生命现象更系统、更全面的认知。

2. 培养理性思考与问题解决能力。

学科实践是学生科学思维培育的核心路径。高中生物学作为一门以观察、实验和数据分析为核心的自然科学基础学科,要求学生通过动手操作和自主探究来掌握生命现象和规律。在生物学实验研究的过程中,通过系统化的实验设计、严谨的数据分析、深刻的反思与逻辑缜密的推理,学生逐步构建起理性的思维框架,并有效提升解决复杂科学问题的能力。例如,在探究细胞呼吸方式的实验中,学生需要设计实验来探究某种因素对细胞呼吸的影响。他们不仅要设计实验方案,还要分析实验数据,并反思实验中的变量控制及其对实验结果的影响。通过这样的实践活动,学生学会了从数据中得出结论,并能解释实验结果的合理性或分析异常现象。这种反复的实验验证和数据分析过程有助于培养学生的逻辑思维和批判性思维。

3. 激发自主学习与探究能力。

科学探究作为生物学学科核心素养的重要组成部分,是学生通过主动探究和实验操作发展探究能力的关键途径。学科实践为学生提供了真实的探究环境,使学生能够通过提出问题、设计实验、实施方案、获取数据和解释现象来获得科学认知。科学探究不仅仅是方法论的实践,更是思维方式的训练。学生需要学会像科学家一样思考,即敢于质疑、勇于探索未知,并在这一过程中不断修正和完善自己的认知体系。这种思维方式的培养,对于学生未来的学习和生活都具有深远的影响。例如在 DNA 提取实验中,学生通过从植物或动物组织中提取 DNA,体验生物技术的基本操作,探索最佳提取条件,学习如何有效控制实验变量。这种动手实践不仅激发了学生的好奇心和探究精神,还让学生通过自主学习掌握了复杂的科学原理,并理解科学探究的要素和步骤。

4. 增强社会意识与责任感。

生物学作为自然科学的重要分支,与众多社会问题和全球性挑战紧密相连。在这个日新月异的时代,生物学不仅揭示了自然界的奥秘,更在潜移默化中塑造着人们的社会观念与行为模式。通过生物学科实践,学生能够深刻体会到科学知识与社会、环境之间千丝万缕的联系,从而生发出强烈的社会责任感。例如气候变化、环境污染等全球性挑战正严重威胁着地球的生态平衡和人类社会的可持续发展。生物学通过生态学研究、环境监测等手段,为人类提供了认识、应对这些挑战的科学依据。学生在参与这些实践活动的过程中,能够深刻意识到环境保护的紧迫性和重要性,并积极地行动起来。他们开始关注自己的日常行为对环境的影响,积极倡导绿色生活方式,为地球的可持续发展贡献自己的力量。此外,生物学还涉及许多伦理问题,如基因编辑、克隆技术的出现不仅引发了科学界的大讨论,也引起了社会各界的广泛关注。通过生物学科实践,学生能够接触到这些前沿问题,了解其中的伦理争议和道德困境。他们开始思考科学技术与社会伦理之间的关系,学会在追求科技进步的同时,维护人类的道德底线和伦理价值。这种思考不仅有助于学生形成全面的科学素养，更有助于他们成长为有责任感、有担当的公民。

（二）学科实践是课堂教学变革的有效途径

强调学、立足于学、基于学是新课标鲜明的立场和态度。随着现代教育理念的不断发展，传统的"教师讲授、学生听讲"模式已无法完全适应学生全面发展的需求。在此背景下，学科实践作为一种体验式、探究式的教学方式，是推动教学方式变革的重要途径。学科实践通过将理论与实践相结合，使学生在真实情境中学习和应用知识，激发学习兴趣、促进深度理解，满足了现代教育对创新性、综合性和个性化发展的要求。

1. 从以教师为主导向以学生为主体的转变。

传统教学以教师为主导，学生处于被动接受状态，而学科实践能促使教学模式向学生主导的方向转变。在学科实践中，教师的角色由"知识传授者"变为"引导者"和"支持者"，学生成为课堂的主体，主动参与知识的构建和问题的解决。学生主动参与、积极探索，在实践中体验自主学习和成长。在这种模式下，学生的自主学习能力得以提升，掌握更多的学习主动权。例如，在生物学研究性学习中，学生可以根据自己的兴趣选择课题，开展独立的探究，教师则根据学生的需求提供资源和建议。自主学习使学生的探索精神、学习兴趣和责任感得到了增强，也推动了教学从"教会学生"向"学生学会"的方向变革。

2. 增强跨学科知识整合与应用的能力。

在生物学学习过程中，许多主题与物理、化学、数学等学科密切相关。通过学科实践，学生能够将不同学科的知识、理念融会贯通，形成更全面的理解。生物学中的许多现象和规律都可以用数学模型来描述和解释，通过引入数学工具，学生能够直观、定量地理解这些生物现象和规律。例如在学习种群生态学时，学生可以用数学函数（如指数增长模型和逻辑斯蒂增长模型）来描述种群在特定环境下的增长规律。通过构建和分析这些数学模型，学生可以直观地认识种群的增长受环境资源、生物因素等的影响。这不仅能帮助学生加深对种群动态的理解，还提升了他们在生物学学习中应用数学工具的能力。在碳循环的跨学科建模分析中，学生利用数学模型分析碳循环过程，结合化学与物理知识，研究全球气候变化的原因与影响。这不仅深化了学生对环境科学的认识，还通过跨学科的整合锻炼了学生解决实际问题的能力。这样的学习经历能帮助学生掌握综合运用多个学科的知识和方法，分析和解决复杂环境问题。

3. 从封闭式课堂向开放式课堂的转变。

学科实践突破了传统课堂的时空限制，强调学习环境的开放性与灵活性。在传统教学中，学习大多局限于教室内，而学科实践则让学习走出教室，进入实验室、田野、社区等多种环境，形成了课内外结合的立体化学习模式。例如，学习生态学模块，可以通过户外实地考察、调查研究等方式，让学生在真实的自然环境中进行观察和记录，感受生态系统的动态平衡。这种开放式学习不仅能让学生更加直观地理解书本知识，还培养了他们对自然界的关爱和责任感。学科实践的开放式学习模式有助于学生从不同情境中获取知识，促进知识的内化与迁移。

4. 从单一评价向多元化评价的转变。

学科实践推动了多元化评价体系的建立。传统教学中的评价通常以考试成绩为主要依据，而学科实践则引入了过程性评价、项目评价和综合能力评价等多种形式。这种多元化的评价方式不仅关注学生的知识掌握情况，还关注学生在探究过程中表现出的思维能力、合作能力和创新能力。例如，在项目式学习中，学生的表现可以通过多种维度进行评价——实验设计方案、团队合作、问题解决能力和最终的项目成果都可以成为评价的依据。多元化评价体系不仅能全面反映学生的学习状况，还能鼓励学生在学习中发挥自主性和创造力。

二、学科实践对人才培养的价值意蕴

在当前的教育体系中，学科实践作为一种体验式和探究式的教学方式，不仅是提升学生学科核心素养的有效途径，更承载着人才培养的重要使命。通过学科实践，学生可以将理论知识与实际应用相结合，在真实情境中不断提升自我，发展综合能力、创新思维和社会责任感。学科实践对于培养未来社会所需的创新型、综合型、实践型人才具有深远的价值意蕴。

（一）培养创新型人才

创新型人才是国家核心竞争力的基石，创新型人才的培养则是我国突破国际竞争瓶颈、实现可持续发展的关键一环。学科实践鼓励学生跳出书本知识的框架，在未知领域中探索。例如，在基因编辑、合成生物学等生物学科前沿课题中，学生通过自主设计实验、操作实验和验证假设，学会了如何通过创新思维和方法解决实际问题。这种实践活动不仅让学生学会了运用已有的知识，还激发了他们的创造力，为未来的科学研究与技术创新打下坚实基础。通过采用以问题或项目为导向的学习方式，将学生置于一个开放、灵活的学习环境中，使他们在面对无固定答案和思路的复杂问题时，能够摆脱传统教育模式下"学步车"般的依赖，转而依靠自身的创造力与想象力去探索、去创新。将学科实践视为教学改革的突破口，不仅有助于推动教育创新与发展，更能够引领人才培养模式的深刻变革。通过这一途径，可以进一步加强创新型人才和高技能人才的培养，为国家的发展注入源源不断的活力与动力。

（二）促进团队合作与有效沟通

学科实践中的项目式学习往往采用小组合作的形式进行，这与生物学实验教学有着天然的契合关系。在项目合作中，学生需要分工协作，共同完成复杂的任务。例如，进行生态环境调研或微生物培养实验时，学生不仅需要分工操作，还要相互协调，确保最终呈现完整的研究成果。通过小组合作，学生提高了团队协作能力，学会了如何有效沟通。在讨论和展示环节中，学生分享自己的见解，并通过协作找到解决问题的最佳方案。这种合作与沟通能力在未来的学习和职业生涯中具有重要的应用价值。例如在河流生态系统健康调查中，学生团队在河流区域进行实地采样和环境考察，评估河流的生态健康状况。每个团队成员承担不同的任务，如采集水样、分析生物种群或水质测定等。学生通过密切合作，完成了复杂的跨学科研究任务，提升了团队合作能力和沟通技巧。

（三）提升未来职业竞争力与科学素养

随着科技的迅速发展，生物技术与计算机科学、信息工程等领域的融合越来越密切。生物学科实践为学生提供了接触前沿科技和跨学科应用的机会，帮助他们在未来的学习和专业发展中提升竞争力。通过在高中阶段实施学科实践，学生能够提前接触到诸如生物工程、生物信息学等热门领域，为未来的职业生涯奠定基础。学生不仅了解了前沿科技，还掌握了编程、数据分析等实际操作技能，这些技能在现代科技社会中尤为重要。例如，学生通过学习编程语言，运用生物信息学工具分析基因组数据，不仅有助于掌握现代生物学研究的重要技能，还具备前沿生物技术应用的能力，为未来科技社会的职业生涯做好了准备。

在高中生物学科教学中实施学科实践，不仅是教学策略的革新，更是对学生综合素养提升的重要支撑。这一教学模式通过跨学科的深度融合以及富有挑战性的项目式学习，为学生铺设了一条通往批判性思维、创新能力与实践能力全面发展的成长之路。

第3节 初高中生物学科实践的差异

高中生物学科实践与初中生物学科实践在实践内容的深度和广度、实践操作的复杂性和技能要求、思维能力的培养以及实践的目的和导向等方面存在显著差异。这些差异不仅反映了在不同阶段学生认知能力的发展需求不同，也体现了教育目标的不同。初中生物学科实践更注重基础知识的普及和兴趣的培养，而高中生物学科实践则更加注重知识的深化和应用能力的培养。

从实践内容的深度和广度来看，高中生物学科实践更加深入和广泛，不仅涵盖了细胞、遗传、生态、进化等更多复杂的生物学概念，还要求学生能够将这些知识应用于实际情境中，解决更为复杂的生物学问题。相比之下，初中生物学科实践则更注重基础知识的理解和简单应用。在实践操作的复杂性和技能要求方面，高中生物学科实践对学生提出了更高的要求。高中学生需要掌握更为精细的实验技巧，如高倍显微镜的使用、数据的统计分析等，同时，还需要具备更强的实验设计和创新能力，能够独立完成实验方案的设计和实施。在思维能力的培养方面，高中生物学科实践更加注重培养学生的逻辑思维、批判性思维和创新能力。学生需要通过对实验数据的分析和解释，形成自己的结论和观点，并能够与他人进行有效的交流和讨论。这种训练对提高学生的综合素质和未来的竞争力具有重要意义。从实践的目的和导向来看，高中生物学科实践更加注重培养学生的科学素养和实践能力，让学生深入了解生物学的基本原理和规律，掌握科学的研究方法和技术手段，培养科学精神和创新能力。同时，高中生物学科实践还注重将生物学知识与现实生活和社会议题相结合，引导学生关注生态环境、人类健康等社会热点问题，培养学生的社会责任感和使命感。

一、实践内容的深度和广度

初中生物学科实践更注重基础知识的应用和观察实验，内容相对浅显，且实验多以验证性实验为主，旨在帮助学生建立对生物学的基本认识。高中生物学科实践则涉及更深层次生命现象的探究和实验操作，包括对细胞的结构与功能、生物分子的结构与功能以及生物进化原理等的深入研究，实践内容更加广泛和深入。

比较项目	初中生物学科实践	高中生物学科实践
知识深度	基础性较强，知识内容较浅显，知识层次主要停留在形态结构和生理特性的简单把握上	深入理解和剖析生物学知识，注重知识的纵向和横向联系，培养学生分析问题、解决问题的能力
知识广度	侧重于生命现象的感性认识和基础知识的学习	拓展至生物科学、技术和社会的相互关系，促进学生形成正确的世界观和价值观

二、实践操作复杂性和技能要求

在初中生物学科实践中，学生主要进行的是基础实验操作，如观察细胞结构、测量生理指标等，技能要求相对较低。高中生物学科实践则要求学生能够独立设计实验方案，进行复杂的实验操作，对学生的实验技能和独立解决问题的能力提出了更高要求。

比较项目	初中生物学科实践	高中生物学科实践
实践操作	简单易行，如观察植物细胞的结构、解剖鲫鱼等	复杂的设计和操作，涉及更多的变量控制和数据分析
技能要求	较低，注重培养学生的观察能力和直观思维能力	较高，注重培养学生的探究能力、逻辑思维能力、设计能力和合作能力

三、思维能力的培养

初中生物学科实践着重培养学生的观察能力和基本实验技能，对思维能力的要求相对较低。高中生物学科实践则更加注重培养学生的逻辑思维能力、分析和解决问题的能力，学生需要通过分析实验数据、推断实验结论，进一步加深对生物学原理的理解。

比较项目	初中生物学科实践	高中生物学科实践
观察能力	培养基本的观察能力，如观察植物细胞的结构	进一步提升观察细致度，结合实验数据分析实验现象
思维能力	侧重直观思维，通过简单的实验理解生物学概念	培养逻辑思维、发散思维，分析复杂的生物学问题和现象
实验能力	初步掌握实验基本操作，如显微镜的使用	熟练掌握实验技能，能够独立设计并完成实验
合作能力	初步形成小组合作意识，完成简单的实践活动	强调团队合作，共同解决实验中的复杂问题

四、教学方法与策略

初中生物学科实践注重帮助学生理解基础的生物学概念和现象，激发学生的学习兴趣和好奇心，通过创设情境、问题导向等方式，引导学生积极参与课堂活动。教学策略上更倾向于培养学生的观察能力和动手能力，为后续学习打下基础。高中生物学科实践更注重学生的自主探究和实践操作。教师采用探究式学习法、项目式学习法等，引导学生关注生物学的前沿动态，参与科研项目或实践活动，以提升学生的科学素养和实践能力。同时，跨学科知识的整合和应用也是高中生物学科教学策略的重要组成部分。

比较项目	初中生物学科实践	高中生物学科实践
教学方法	直观演示、模仿操作，注重激发学生的兴趣	通过问题驱动引导学生主动探究
教学策略	结合生活实例，简化复杂概念，便于学生理解	创设思维情境，培养科学思维方法，提高科学思维能力

五、评价方式

  初中生物学科实践评价主要以形成性评价和总结性评价为主。形成性评价关注学生在学习过程中的表现和进步，如课堂参与度、作业完成情况等；总结性评价则侧重于期末考试成绩或实验报告的质量。评价内容主要围绕基础知识的掌握情况和实验操作的熟练程度展开，方式相对单一，但便于教师快速了解学生的学习情况并给予反馈。高中生物学科实践评价方式更加多样化和综合化。除了传统的笔试和实验报告外，还引入了自我评价、同伴评价、项目评价等多种评价方式，旨在全面评估学生的知识掌握程度、实践操作能力、创新思维能力和团队协作能力。评价内容不仅关注学生对基础知识的掌握情况，还注重学生的综合素质和能力发展。评价方式灵活多样，能够更好地适应不同学生的学习需求和发展特点。同时，注重评价的反馈作用，通过及时的反馈帮助学生发现问题并改进学习方法。

比较项目	初中生物学科实践	高中生物学科实践
实验报告	注重实验过程的描述和实验现象的记录	强调实验数据的分析和实验结论的推导，注重实验报告的科学性和逻辑性
综合评价	结合课堂表现、实验报告和期末考试进行综合评价	更加注重对学生的实验探究能力、逻辑思维能力和创新思维能力的评价

  综合来说，初中生物学科实践更多地是为了巩固和加深学生对课堂知识的理解，通过实践来验证理论知识。高中生物学科实践则更加注重培养学生的科学素养和研究能力，通过实践来探索和发现新的科学问题，为学生未来的职业发展奠定基础。二者之间的差异体现了对学生能力培养的要求逐步提升以及多样化发展，以适应学生的成长需求和时代对人才素质的要求。

第二章 高中生物学科实践的理论和策略支撑

第1节 高中生物学科实践的理论基础

理解和运用支撑高中生物学科实践的教育理论，有助于学生深入理解生物学概念，树立生命观念，掌握科学探究方法，形成科学思维的习惯，以及发展解决实际问题的品格和能力。

一、学习理论

（一）建构主义学习理论

皮亚杰和杜威是建构主义学习理论的主要代表人物。该理论主张，知识并非静止不变，而是具有不确定性。在这一视角下，教师并非作为权威单向传授知识，而是以学生为中心，依据学生的既有知识和生活经验来创设教学情境。学生在特定的问题情境中积极分析、思考，主动实现知识的内化与意义的建构。学习过程实质上是学习者不断经历认知冲突，进而在原有基础上持续建构、内化知识的过程。这一过程要求学生主动从外部获取知识，并依赖具体的真实情境，通过与他人的互动交流来完成，体现了学习的主动建构性、情境性以及互动性。

建构主义学习理论所强调的学习环境包含四个关键要素——情境、协作、会话以及意义建构，这为生物学科实践活动课程的开展提供了坚实的理论依据。生物学科实践活动课程强调让学生在具体且熟悉的生活情境中经历真实的探究实践活动。学生在与他人的协作中，发现、探索并解决实际问题。在这一过程中，学生不仅实现了知识的建构和操作技能的提升，也强化了生物学学科核心素养。

在生物学科教学中，教师可以通过设计探究性学习活动，引导学生通过实验观察、资料搜集、分析讨论等方式，主动建构对生物学概念的理解。例如，在学习光合作用时，可以让学生设计并实施实验，观察植物在不同光照条件下的生长情况，从而深入理解光合作用的原理和影响因素。

（二）认知主义学习理论

皮亚杰提出了认知发展理论，强调认知结构的重要性。他认为学习活动是主体转变客体过程中形成的结构性动作和活动，其目的在于取得主体对自然、社会环境的适应，达到主体与环境之间的平衡。他提出了认知发展的四个阶段：感知运动阶段、前运算阶段、具体运算阶段和形式运算阶段。

布鲁纳主张学习是主动形成认知结构的过程，强调对学科基本结构的学习。他提出了发现学习法，认为学生应该通过主动探索来发现知识，而不是被动接受。

加涅提出了信息加工学习理论，将学习过程比作计算机的信息处理过程。他认为学习是外部信息输入到内部认知结构中进行加工处理的过程，强调反馈和强化在学习中的作用。

认知主义学习理论的主要代表人物通过各自的理论主张，强调了学习过程中认知结构的重要性、主动发现的意义、新旧知识之间的联系、认知地图的形成以及信息加工的过程。这些理论共同构成了认知主义学习理论的核心框架，为现代教学设计、教学方法和教学评价提供了重要的理论依据。在教育实践中，这些理论主张被广泛应用于课程设计、教学方法改革以及学生学习评价等方面，旨在促进学生的主动学习、批判性思维和问题解决能力的发展。

教师可以利用认知主义学习理论指导教学设计，通过提供有意义的学习材料、采用多样化的教学手段（如图表、动画、实物模型等）来吸引学生的注意力，促进学生对生物学知识的理解和掌握，培养学生的批判性思维和问题解决能力。

二、生活教育理论

生活教育理论的主要代表人物是陶行知，他的理论主张和实践在中国乃至世界教育史上都产生了深远的影响。陶行知的生活教育理论主要包括三个观点："生活即教育""社会即学校""教学做合一"。

1. 生活即教育。

"生活即教育"是陶行知生活教育理论的核心，强调教育以生活为中心，反对传统教育脱离生活、以书本为中心。陶行知认为，教育和生活是同一个过程，教育含于生活之中，教育必须和生活结合才能发生作用。他主张把教育与生活完全熔于一炉，认为过什么生活便是受什么教育，生活决定教育，教育改造生活。

2. 社会即学校。

"社会即学校"是对"学校即社会"的批判和改造。陶行知认为，在"学校即社会"的主张下，学校里的东西太少，不如反过来主张"社会即学校"，这样教育的材料、方法、工具、环境都可以大大增加。他主张社会就是一个大讲堂，是生活的重要场所，人人可以做先生，人人可以当学生。

3. 教学做合一。

"教学做合一"是生活教育理论的方法论，是"生活即教育"在教学方法问题上的具体化。陶行知认为，传统教育下劳力和劳心是割裂的，而"教学做合一"则强调在劳力上劳心，做到手脑双挥。他批评传统教育历来把读书、听讲当成知识的唯一来源，主张"行是知之始"，即实践是知识的来源。同时，他强调"教的法子要根据学的法子，学的法子要根据做的法子；怎样做便怎样学，怎样学便怎样教"，即教学应该服从于学的需要。

三、现代教育心理学

教育心理学作为心理学与教育学的交叉学科，其研究旨在深入理解学生的学习心理、认知过程、学习动机、认知发展及其与社会环境的互动。在教育实践中，教育心理学的应用广泛而深入，不仅为教师提供了理解和促进学生学习的科学依据，也为教育政策的制定提供了理论支持。以下将从教学方法、学习动机、学生差异、课堂管理以及教育政策等几个方面，探讨教育心理学在学科实践探索中的作用。

1. 教学方法的优化。

教育心理学的研究揭示了不同的教学方法对学生学习效果的影响。例如，认知负荷理论认为，人的工作记忆容量有限，过多的信息或复杂的任务会增加认知负荷，影响学习效果。因此，教师在设计教学活动时，应尽量减少不必要的认知负荷，避免同时呈现过多的新信息，合理安排教学节奏等。

建构主义学习理论强调学生主动参与知识建构。据此，教师应鼓励学生通过探究、合作和反思来学习，而不是简单地接受和记忆知识。例如，可以采用项目式学习、翻转课堂等教学方法，帮助学生更深入地理解和应用知识。

2. 学习动机的激发。

学习动机是推动学生学习的内在动力。教育心理学研究表明，学习动机受学生的内在兴趣、目标定向、自我效能感以及外部奖励等多种因素的影响。因此，教师在教学实践中应采取多种策略来激发和维持学生的学习动机。

首先，教师应尽量使教学内容与学生的兴趣爱好和生活实际相联系，以增强学生的学习动力。其次，通过设置明确、具体的学习目标，帮助学生了解学习的方向和期望的成果，从而激发他们的学习动机。此外，教师还应关注学生的自我效能感，即个体对自己有能力完成学习任务的信念，通过提供适当的挑战、及时的反馈以及成功的学习经验，增强学生的自我效能感，进而增强学生的学习动机。

3. 学生差异的尊重与应对。

每个学生都是独一无二的个体，他们在认知风格、学习速度、兴趣爱好等方面都存在差异。教育心理学的研究可以帮助教师更好地理解这些差异，并提供应对这些差异的策略。

多元智力理论认为，智力不是单一的，而是多元化的，包括言语智力、数学逻辑智力、空间智力、身体运动智力、音乐智力、人际关系智力和自我认知智力等多种类型。因此，教师应尊重并欣赏学生的多样性，提供多样化的学习活动和评估方式，以满足不同学生的学习需求。对于学习有困难的学生，教师应采取个别化的教学策略，如提供额外的辅导、调整教学进度、使用辅助工具等，帮助他们克服学习障碍。

4. 课堂管理的改善。

有效的课堂管理是确保教学质量和学习效果的关键因素。教育心理学为课堂管理提供了丰富的理论和实践指导。首先，教师应建立积极的师生关系，营造支持性和包容性的学习氛围。教师可以通过倾听、理解和尊重学生的意见和感受，增强学生的归属感和自我价值感，从而提高学生的学习参与度。其次，教师应制定明确的课堂规则和程序，并确保所有学生都了解并遵守这些规则和程序，这样有助于维护课堂秩序，减少冲突行为和分心行为。此外，教师还应灵活运用各种课堂管理策略，如小组合作、角色扮演、讨论分享等，激发学生的参与热情，提高学习动力。

5. 教育政策的制定与实施。

教育心理学的研究不仅为教学实践提供了科学指导，也为教育政策的制定和实施提供了重要依据。例如，基于教育心理学的研究成果，政府部门可以制定更加科学、合理的教育政策，如课程改革、教学评价制度改革等，旨在减轻学生的学习负担，提高学习兴趣和动力，促进学生的全面发展。同时，教育心理学研究还可以为政策的实施提供评估和支持。通过收集和分析学生的学习数据、教师的教学反馈以及家长和社会的意见，帮助政策制定者了解政策的实施效果，及时调整和完善政策。

教育心理学在实践探索中的应用广泛而深入，为教学方法的优化、学习动机的激发、学生差异的尊重与应对、课堂管理的改善以及教育政策的制定与实施提供了重要的理论和实践指导。随着社会的不断发展和教育改革的深入推进，教育心理学在实践中的应用仍面临诸多挑战和机遇。未来，教育心理学需要进一步加强理论与实践的结合，深入探索新的教学方法、学习动机激发策略以及课堂管理技巧等。同时，教育心理学还应关注新兴技术（如人工智能、大数据等）对教育实践的影响，并积极探索如何将这些技术融入教学实践中。此外，教育心理学还应加强跨学科合作与交流，与其他学科共同推动教育实践的创新与发展。

第 2 节　高中生物学科实践的教学策略

　　研究与实施高中生物学教学策略对于提升教学质量、培养学生的科学素养具有重要的实践意义。通过不断优化教学策略，可以更好地适应课程标准的要求，实现高中生物学教育的现代化、创新化和个性化发展。高中生物学课程的实践性要求教师在教学过程中融入实验、实践活动，使学生能够通过动手操作、观察现象、分析数据等活动，加深对生物学知识的理解，提高解决实际问题的能力。《普通高中生物学课程标准（2017年版 2020 年修订）》（以下简称《课程标准》）的颁布，给高中生物学教学指明了新的目标和方向，也带来了新的机遇与挑战。《课程标准》不仅明确了核心素养的培养目标，还强调了课程内容的结构化、教学过程的实践性以及学业评价的多元化。为了实现这些课程理念和目标，高中生物学科需要采取一系列有效的教学策略。这些策略包括深入理解课程标准、注重实践探究、加强跨学科实践、运用现代信息技术手段、重视学业评价以及加强师资培训等。这些策略的实施和应用，可以有效提升高中生物学教学的质量和水平，促进学生全面发展，也为即将开始的高中生物学课程改革提供了宝贵的经验和启示。

一、深入理解课程标准，明确教学目标

（一）核心素养为导向

　　核心素养是学生在面对真实、陌生的及不确定的问题任务或挑战时所需要的关键能力、必备品格和正确价值观。《课程标准》明确以核心素养为宗旨，涵盖生命观念、科学思维、科学探究及社会责任四大关键维度。在此背景下，高中生物学教学应紧密围绕此导向，清晰界定教学目标，并致力于学生综合能力的培养与提升。例如，教师在讲解遗传与进化时，不仅要让学生掌握基本的遗传规律，还要引导学生形成生命观念，理解生物进化的本质和意义。

（二）内容聚焦大概念

　　《课程标准》倡导内容聚焦大概念，借助大概念引领教学，促进知识结构的系统

化。在高中生物学教学领域，教师应紧密围绕核心概念来组织教学内容，帮助学生构建出完整且连贯的知识体系。这种教学方法不仅能够帮助学生在宏观层面上把握知识的内在联系，而且能够在微观层面上深化对具体概念的理解与应用，从而在提升学习成效的同时，也为学生的终身学习奠定坚实的基础。举例来说，在生态系统的教学环节中，教师可以将"生态系统的结构与功能"这一核心概念作为教学的核心，进一步展开对食物链、食物网、能量流动及物质循环等具体内容的详细阐述，使学生能够深刻领会生态系统的整体性与复杂性。

二、注重实践探究，培养探究能力

（一）强化实验教学

生物学作为一门实验科学，其核心在于通过实验推理和验证理论，培养学生的科学探究能力。实验教学在高中生物学课程中占据重要地位，能够有效提高学生的动手能力和创新思维。为了充分发挥实验教学的价值，高中生物学教学应更加重视实验环节，适当增加实验课时，同时提高实验教学的质量，以确保学生能够在真实情境中深入理解和运用生物学概念。例如，在光合作用的教学过程中，教师可以安排学生进行叶绿体色素的提取与分离实验，使学生能够直观地体验和认识到光合作用的物质基础，从而加深他们对这一重要生命过程的理解。教师应确保实验设备得到充分使用，并为学生提供充足的时间进行实验操作和思考。同时，教师还应帮助学生理解实验步骤背后的科学原理，并在分析实验数据时引导学生进行批判性思考和推理。只有通过科学、有效的实验教学，真正发挥实验的教育价值，学生才能在生物学的学习中获得知识，提升实践能力和科学素养。

（二）开展探究活动

除了传统的实验外，高中生物学教学还应积极拓展探究实践活动，如调查、测量、模型制作等。这类活动不仅有助于增强学生学习生物学的兴趣，还能够有效培养学生的探究能力和解决问题的能力。学生通过亲身参与实践，能够更好地理解理论知识，并将其应用于实际情境中。例如，在生物多样性的教学中，教师可以组织学生开展校园植物调查活动，让学生走出课堂，深入自然环境，亲身观察和记录校园内植物的种类、数量和分布情况。通过调查活动，学生不仅能够直观感受到生物多样性的丰富，还能进一步认识到生物多样性保护的重要性和现实意义。这种自主探究的学习方式，既提升了学生的观察能力和数据分析能力，也培养了学生的生态保护意识。此外，探究实践活动如模型制作、野外考察等，能够使学生在活动过程中理解生命现象的复杂性，培养其创新思维和团队合作能力。这种多样化的教学方式，不仅丰富了生物学课程的内容，还能为学生提供全面的发展空间，使其在探究实践中不断成长。

（三）创设真实情境

真实情境是探究学习的重要载体。高中生物学教学应创设贴近学生生活的真实情境，让学生在情境中发现问题、提出问题、解决问题。高中生物学的理论知识往往深邃且抽象，如何让学生更好地理解和掌握这些知识，成为教师面临的一大挑战。而真实情境的创设，能为解决这一难题提供有效的方案。通过模拟或再现学生日常生活中的实际场景，如庭院里的植物生长、厨房中的微生物活动、社区公园的生态系统等，学生可以观察并记录植物的生长周期、微生物的发酵过程、生态系统的变化等，进而运用所学知识分析这些现象。如此一来，学生在实践中不仅深化了对生物学概念的理解，还学会了将理论知识应用于现实生活，提高了解决问题的能力，使学习过程变得更加生动、直观和有趣，这有助于激发学生的探究欲望，养成主动学习的习惯，为未来的学术研究或职业生涯打下坚实基础。

三、加强跨学科实践，促进综合素养提升

在新一轮教育改革的浪潮中，《课程标准》的出台无疑为教育领域注入了新的活力。其中，跨学科实践的重要性被提升至前所未有的高度，这一理念不仅要求学生在单一学科领域内精耕细作，更鼓励学生跨越学科的界限，实现知识的融会贯通。对于高中生物学教学而言，开展跨学科主题学习活动，正是践行这一理念的生动诠释与体现。

（一）开展跨学科主题学习活动

跨学科主题学习活动，是指围绕某一中心主题，将多个学科的知识、技能和方法有机融合，通过实践活动的方式，引导学生进行深度探索和学习。这种教学模式打破了传统学科教学壁垒，促进了知识的交叉与渗透，有助于培养学生的综合素养和创新能力。在高中生物学教学中，引入跨学科主题学习活动，不仅能够激发学生的学习兴趣，还能帮助学生更好地理解生物学的核心概念，同时拓宽他们的知识视野。例如将生态工程与环境科学融合，组织学生开展校园生态修复项目。学生首先依托环境科学的知识，对校园内的生态环境进行了全面的调查与评估，找出存在的问题和需要改进的地方。随后，学生运用生态学原理，设计并实施了一系列生态修复措施，如种植本土植物、构建生态浮岛、设置雨水花园等。在这个过程中，学生不仅学到了生物学相关知识，还深刻体会到了环境保护的重要性，以及人与自然和谐共生的理念。

（二）引导学生全面融合多学科知识

跨学科实践旨在促使学生融会贯通多领域的知识，以解决复杂多变的实际问题。在高中生物学教学过程中，教师应积极引导学生建构多学科知识间的桥梁，提升学生的综合素养。具体而言，在讲解基因工程这一前沿课题时，教师可以巧妙地引导学生结合化学知识，深入理解DNA的精细结构和独特性质；而在探讨生物进化的奥秘时，可以引导学生借助地理知识，洞悉生物分布与演化的地理背景，从而加深对生物进化规律的认识。这样的教学方式，不仅能够拓宽学生的知识视野，还能够提升学生解决实际问题的能力。

四、运用现代信息技术手段，丰富教学方式

随着信息技术的快速发展，现代教学已不再局限于传统的讲授方式。通过运用现代信息技术手段，高中生物学教学可以更灵活、高效地传递知识，极大地丰富教学内容和方式。利用多媒体资源、虚拟实验、在线学习平台等工具，教师不仅能够提升教学的互动性和趣味性，还能拓展学生的学习渠道，促进其自主学习能力的提升。

（一）开发和利用数字化教学资源

在教育现代化的背景下，数字化教学资源的开发与利用已成为丰富教学手段、提升教学效果的重要途径。尤其在高中生物学教学中，数字化资源能够以生动、互动的形式呈现复杂的生物学概念，为学生提供更丰富的学习体验，帮助学生更好地掌握知识并提高探究能力。借助在线学习平台和大数据分析，教师可以个性化定制教学内容，满足不同学生的学习需求。在线学习平台如国家智慧教育公共服务平台、中央电化教育馆中小学虚拟实验教学服务系统等为学生提供了丰富的学习资源，使学生能够根据自身学习进度随时查阅相关学科知识，进行自我测试和评估。同时，大数据分析可以帮助教师掌握每位学生的学习情况，从而有针对性地提供辅导和帮助，提高教学效果。

（二）探索线上线下相结合的教学方式

探索线上线下相结合的双师教学。在学科实践教学中可以结合线上精品课程，开展线上线下相结合的双师课堂教学实践。通过双师课堂引领、学生同伴互助等教与学方式的变革，真正实现学生教育的个性化和多样化，构建教育教学新生态，帮助学生增强学习情境体验，加快知识的理解、迁移和运用，明晰学习水平和提升需求，实现"知识学习—学识建构—见识拓展"，扎实学科核心素养，形成良好的分析、解决问题的综合能力。学校从教研集备环节着手，组织教师借鉴国家基础教育平台精品课的教学设计、教

学组织范例，高起点打造课堂教学案例，以提高课堂教学水平和教学效益。线上线下相结合的教学方式是信息时代教育的重要趋势。高中生物学教学应积极探索这种教学方式的应用，如通过网络直播、录播课程等形式进行远程教学，通过在线互动平台进行实时交流和反馈，通过移动学习终端进行个性化学习等，满足不同学生的发展需求，促进学生的个性化发展。

五、重视学业评价，促进全面发展

高中生物学教学应积极响应新课标的号召，建立多元化评价体系。这一体系的应用不仅能够全面了解学生的学习情况和发展水平，为教学改进提供科学依据，更能够激发学生的内在动力和创新精神，促进学生全面发展。因此，在教学实践中，应当探索和完善评价体系，为培养具有创新精神和实践能力的高素质人才提供支持。新课标明确指出，应当摒弃单一、机械的评价方式，转而采用多元化评价体系。多元化评价体系犹如一幅色彩斑斓的画卷，涵盖了形成性评价与总结性评价、知识评价与能力评价、自我评价与同伴评价等多个维度，共同绘制出学生全面发展的壮丽图景。

（一）整合过程评价和表现性评价

过程评价和表现性评价是多元化评价体系的重要组成部分。高中生物学教学应注重对学生学习过程的观察和记录，关注他们的学习态度、参与程度、交流合作等方面的表现；同时注重对学生实践能力和创新能力的评价，如实验操作技能、探究报告撰写能力等。这些评价可以更加全面地反映学生的综合素养和发展潜力。形成性评价如同一位细心的园丁，时刻关注着学生学习过程中的点点滴滴，通过课堂观察、作业反馈、实验报告分析等多种形式，及时发现学生的问题与亮点，为教学调整提供实时反馈。而总结性评价则更像是一次年度大考，全面检验学生的学习成果，为教学质量的提升提供重要参考。两者相互补充，共同构成了对学生学习状况的全面审视。形成性评价与总结性评价的有机结合，如同教学过程中的左右手，相辅相成，共同促进学生发展。

（二）动态全面的成长记录评价

成长记录评价是一种以学生发展为中心的评价方式，注重记录和反映学生在学习、实践和个人成长中的过程性进步。相较于传统的总结性评价，成长记录评价不仅关注学生的学业成绩，还包括对其思维方式、情感态度、行为习惯等方面的全面考查，旨在提供更加多元化、个性化的评价体系。成长记录评价注重过程性。它通过记录学生在学习和实践中的点滴进步，帮助教师和学生更清晰地了解学生的发展轨迹。成长记录评价通过日常的课堂表现、实验活动、课后反思、项目报告等方式，将实验操作技能的提升、探究性思维的逐步形成、合作交流能力的增强等过程性进步详细记录下来。这种全程跟踪的方式，能够真实反映出学生的努力和潜能，为教师提供更精准的教学指导和建议。同时，成长记录评价能够个性化展现学生的优势与潜力。每个学生的发展路径和速度不同，传统的分数评价往往难以全面体现学生的个性和特长。而成长记录评价则通过记录学生的独特学习轨迹，为他们提供自我展示的机会。例如，某些学生可能在探究活动中表现突出，具备较强的创新能力；而某些学生可能在实验操作中更加细心、严谨。通过教师详细的记录和反馈，学生可以看到自己在哪些方面具备优势，进一步增强自信心，并在特定领域得到更多的发展机会。与传统的一次性测试相比，成长记录评价让学生看到每一次的小进步如何积累成整体的提升，从而培养他们的自主学习意识和能力。

六、加强师资培训，提升教师专业素养

学科实践作为教育改革中的重要一环，要求教师具备较高的专业素养和实践指导能力。因此，学科实践的有效实施依赖于对教师的持续培训和教师专业素养的提升。通过系统化的师资培训，教师能够掌握更加先进的教育理念和教学方法，进而推动学科实践在生物学课程中的有效开展。

（一）组织专题培训活动

学科实践教学的实施需要教师具备扎实的学科知识和丰富的实践经验。生物学科实践教学涉及实验设计、数据分析、科学探究等多项内容，教师不仅需要具备广博的专业知识，还需要将这些知识与教学实际相结合，设计出有针对性的实践活动。因此，学校应定期组织教师参加学科知识的进阶培训，帮助他们不断更新和拓展自己的专业知识体系，了解学科的最新发展动态，提升其在实践教学中的专业指导能力。

（二）鼓励教师自主学习和研究

教师的反思与成长也是推动学科实践有效实施的重要因素。通过定期开展教师教学研究和教学反思，教师可以不断总结自己在实践教学中的经验与不足，及时调整教学策略。同时，教师之间的交流与合作，如教研组活动、教学经验分享等，也能够帮助教师相互学习、共同进步，形成良好的教学研究氛围。

师资培训是推动学科实践教学不断深化、教学质量不断提高的关键步骤。通过师资培训，教师可以提升自己的专业知识和实践教学技能，更好地适应现代教育的变革要求，从而引导学生在实践中深入探究、提升能力。

第三章 高中生物学科实践的行动路径

第 1 节 高中生物学科实践的构成要素和实施类型

一、生物学科实践的构成要素

学习活动是一个复杂的系统，由多种要素及其相互作用构成。根据活动理论，活动系统主要包括主体、群体、客体、工具、规则以及劳动分工这六个关键要素。在马克思主义的实践观中，实践的构成要素包括实践主体、实践对象、实践目的和实践手段。基于对实践活动基本要素的分析，将生物学科实践活动分为实践主体、实践客体、实践工具、实践路径和实践成果五个要素。

（一）实践主体

在教学活动中，主体可以是学生，也可以是师生或生生组成的小组。在学科实践活动中，教师主要担任设计者、组织者、引导者与评价者的角色，指导学生交流与合作，密切观察学生的活动进程，灵活调整指导策略，并有效利用各类工具和资源。学生是学科实践活动的核心行动者，需发挥自主性、能动性和创造性，以实现活动的潜在教育价值。实践小组是学生参与学科实践活动和合作学习的主要形式，具有高度的灵活性和互动性，学生通过多元思考、协商、探究和联结促进学习。

（二）实践客体

实践客体是实践主体所追求的物质或精神产品，对实践主体具有激励作用。学科实践客体主要是指基于课程标准深入挖掘并提炼的学科内容，同时可根据时代特征和学生发展需求，补充相关的教育热点和时事素材，以丰富学科内容并激发学生的学习兴趣和动机。学科内容往往依托教材，有时也借助媒体、设备等载体呈现。无论学科实践活动的客体是物质形态还是精神形态，都将在活动中得到转化，同时促进实践主体（学生）的学习与发展。

（三）实践工具

学科实践活动首先需要激发学生个体的学习兴趣和动机，聚焦学生的真实生活经验和发展需求，引导学生积极参与和自主探究，构建既源于生活又超越生活的学科知识。这一过程是服从于主体目的的自觉行动。实践目的是实践活动的出发点和归宿，实践目的的实现很大程度上依赖于实践工具。广义上，实践工具包括实践策略、实践方式、实践情境、评价方式等，可改变实践主体的实践活动和学习行为，并随实践活动和学习行为而变化。狭义上，实践工具的核心在于实践活动中的核心问题，即能引发学生思考、连接学生思维与学科知识的开放性、挑战性学科实际问题。

（四）实践路径

学科实践路径涵盖教的路径和学的路径。教的路径是教师启发和促进学生实践行为的所有方式；学的路径是学生在特定目的指引下，选择适当的手段解决问题、实现实践结果的路径总和。学科实践路径由动机和需要驱动，以目的为导向，学生围绕特定情境下的学科实际问题，将自身力量作用于实践客体，进行认识和改造，灵活运用学科知识解决实际问题，同时学生也在行为过程中成长。

（五）实践成果

学科实践活动的成果呈现形式多种多样，如作品、模型、研究计划、调查报告、思维导图、剧本表演、演讲、PPT演示等，主要体现最终目标的达成。学科实践活动成果促使学生在活动中追问、反思、改进，从而推动后续学科实践活动的开展。

二、生物学科实践的实施类型

核心素养导向下的生物学科实践倡导从实践的角度实施教学活动。按照教学活动中的实践因素和具体方式，生物学科实践活动可以分为虚拟式、模拟式、渗透式、完全式四种基本类型（图3-1-1）。

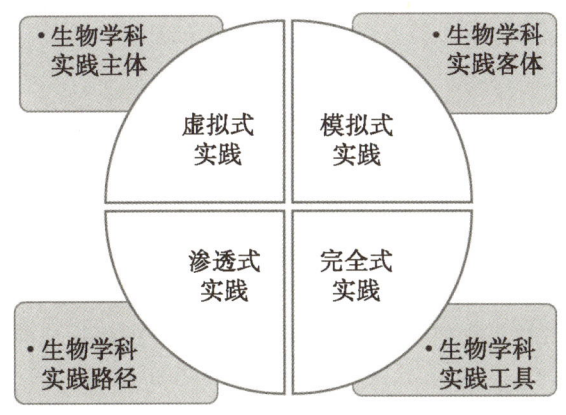

图 3-1-1　素养导向下的生物学科实践活动的构成和类型

（一）虚拟式实践教学

实践教学通常要求在真实的情境中开展，但由于课堂环境的限制，日常教学中也常采用虚拟化情境进行实践教学，对学生的成长同样具有实质性帮助。虚拟式实践教学主要包括构思与虚拟两种方式。

构思是通过思维活动来模拟实践的全过程。在生物学教学中，有时学生无法真正完成实践任务，例如，在"发酵工程及其应用"的教学中，可以"如何实现青霉素的规模化生产"为主题，设计与该课程相关的活动和任务，引导学生运用已学的传统发酵技术和微生物培养技术进行项目式学习，使学生在主观上经历完整的发酵生产过程。

虚拟则是学生在利用信息技术手段创造的虚拟环境中进行的实践活动。虚拟环境需要一定的物质条件和操作因素来支持其运行，可以使课堂实践更加贴近真实。例如，许多学校缺乏开展"PCR和电泳鉴定"实验所需的器材和试剂，往往只能依靠教师口头讲解，但如果借助虚拟实验教学系统和VR设备进行虚拟仿真实验，学生便能在一定程度上掌握相关的知识和技能。

（二）模拟式实践教学

模拟式实践教学是在课堂中模拟自然情境进行的教学活动。这种模拟情境包含了自然情境的基本元素和特征，具有较高的实践价值。常见的模拟式实践教学包括实验和游戏两种形式。

实验是中学生学习生物学的一种重要实践方式。通过实验，学生能够发现生命活动的基本规律，掌握实践的核心任务和基本实验操作技术，养成严谨的实践态度。除了完成教材中的常规实验外，还可以对部分实验进行拓展。例如，在进行"叶片中色素的提取和分离"实验时，学生可以采集不同植物的叶片或同一植株上不同叶龄的叶片作为实验材料，比较不同叶片所含色素的差异，从而更深入地认识生命的多样性和复杂性。需要注意的是，实验室中的实验是在相对"纯化"的条件下进行的，而自然情境中的各种未知变量和干扰因素会对学生的实践能力提出更大的要求和挑战。

游戏则是对自然情境的另一种模拟形式。教师在课堂中可以开展多样化的游戏活动。例如，利用染色体模型体验减数分裂和基因重组的过程、通过纸条拼接模拟基因表达载体的构建、利用卡片模拟氨基酸的脱水缩合或肽链的水解、开展生物模型制作活动等。在游戏中，学生不仅可以获得沉浸式的实践体验，还能发展自然情境中所蕴含的知识、能力和价值观。当然，游戏与自然情境的发展样态还是存在一定的差异。

（三）渗透式实践教学

渗透式实践教学是一种让学生直面自然情境，但不对实践活动施加实质性影响的教学方式，主要表现为对实践过程的认知和体验，能够更好地实现教学活动与自然情境的联系和交融。常见的渗透式实践教学包括参观访问和问卷调查等方式。

通过参观具体实践场景和访问实践主体，学生能够体验到自然情境的具体脉络，深化对实践过程的认知，并建构相关的实践知识和方法。教师应充分挖掘和拓展本地的实践资源。例如，福州是中国金鱼之乡，教师可以组织学生参观金鱼生态养殖场，了解和观察金鱼的养殖过程，并与育种专家探讨金鱼新品种的培育方法，将理论知识与生产实践相结合，加深学生对生物学知识的理解和应用。

问卷调查则是通过问卷的方式对实践场景的具体情况进行调查。虽然这种方式没有直接面对实践场景，但在信息采集方面具有一定的优势。例如，在"转基因产品的安全性"教学中，教师可以组织学生以小组为单位开展设计问卷、实施调查、整理和分析数据等实践活动，进行关于"人们对转基因产品安全性的认识"的问卷调查，并基于调查结果开展转基因产品科普活动，让学生成为普及科学知识的促进者和践行者，提升学生的责任担当意识。此外，借助网络问卷可以便捷、高效地完成调查，同时也便于数据的获取与整理。

（四）完全式实践教学

完全式实践教学是学生作为实践主体亲身参与到自然情境中的教学方式，它包含了全部的实践要素和逻辑，是最理想的发展学科核心素养的方式。然而，由于学生身份的限制，他们无法真正成为实践的完全行动者，因此实践的最终目的不在于实践产品，而在于通过参与实践来发展核心素养。常见的完全式实践教学包括劳动实践和实地调查等方式。

劳动实践是以劳动项目或任务为载体，让学生亲身参与劳动，形成正确的劳动观念，淬炼必备的劳动能力，并养成良好的劳动习惯和品质。例如，可以在校园中开辟小

"农场",让学生亲身参与作物的种植。在种植过程中,学生会遇到如何搭配作物种类、如何溯源和防治病虫害、如何选择肥料种类和用量等农业生产上的实际问题。教师可以指导学生运用光合作用、植物激素调节等生物学知识尝试解决这些问题,让学生在解决复杂问题的过程中提升实践能力,并在实践中淬炼学科知识和创新能力。

实地调查则是学生在自然情境下运用多种方式搜集信息,对信息进行整理、加工和分析,并得出一定结论的实践方式。例如,组织学生调查校园、森林或湿地等地域的鸟类多样性,了解鸟类的群落结构,研究各种因素对鸟类多样性和复杂性的影响,并探索保护鸟类的措施,让学生在实践应用生态学知识的过程中形成生态保护意识。又如,组织学生对内河等城市水系环境状况开展实地调查,针对发现的生态问题,结合所学的生态学知识和生态工程原理,提出合理可行的生态治理方案。

学科实践作为一种新的学科育人方式,能够充分点燃学生学习的热情,让学习真正发生,让教学回归本质与重点。生物学作为一门自然科学,其教学过程只有以学科实践活动为抓手,围绕生物学课程的育人目标,把握实践育人路径,帮助学生建立实践型学习方式,才有可能真正发展学生的生物学学科核心素养。

第 2 节　运用虚拟仿真实验开展高中生物学科实践教学

实验教学是生物学课程的特点,也是生物学教学的基本形式之一。《课程标准》明确提出要加强和完善生物学实验教学,鼓励学生参与实验设计。但是受到中学实验室设备、实验周期、实验安全等条件的限制,教材涉及的不少复杂实验无法深入开展。在高中生物学科实践中融合虚拟仿真实验技术,构建混合式实验教学模式,不仅可以改进传统生物学实验教学存在的不足之处,更能为师生提供智慧资源,开展多种形式的自主学习和个性化学习,充分提高教学效果,从而全面培养学生的科学思维和实践能力。

一、虚拟仿真实验教学的环境构建

虚拟仿真实验教学系统集合了计算机仿真技术、互联网技术、3D 可视化技术、虚拟仿真动画技术、人工智能等技术优势,学习者可以借助视觉、听觉及触觉等多类型传感器与虚拟实验情境进行交互,直接收集实验数据和观察实验结果。虚拟仿真实验教室配备了高性能计算机系统、VR(虚拟现实)设备等硬件设施,软件平台主要借助中央电化教育馆中小学虚拟实验教学服务系统、国家智慧教育公共服务平台虚拟仿真实验空间及乐步 NOBOOK 虚拟实验平台等,以实施高中生物学科虚拟仿真实验教学。

二、虚拟仿真实验教学的理论支持

生物学科实践是培养学生生物学学科核心素养的重要支撑。虚拟仿真技术能够发挥其数字化导航、多媒体观测、智能化分析等优势，将学生置身于解决真实问题的情境中，驱动学生的学习动机，提高学习参与度，促进生物学知识和技能的建构与内化。虚拟实验立足真实情境创设核心任务，容易激发学生学习兴趣。虚拟实验往往任务比较综合，操作相对复杂，需要教师为教学过程搭好脚手架，借助系统提供的相应反馈和评价工具，强化学生实验的设计和执行能力，同时提高复杂实验的操作规范性和安全性。学生在智能引擎的引导下进行实验方案设计和调整，在虚拟实验操作中能做敢做，充分激发学习动机，推动学习不断走向深入。

深度学习是一种注重知识和方法的整合、建构、批判和迁移的有意义的学习方式，强调学习的主动性和行为情感的高投入。深度学习理论认为知识和技能的掌握都离不开真实情境，丰富的学习环境是深度学习的必备条件。深度学习过程是学习者在原有知识体系基础上，通过理解加工新情境中的相关信息，建构情境化的知识体系，进而在新情境中解决实际问题。

因此，深度学习理论、生物学学科核心素养培育与虚拟仿真实验教学的目标和理念高度一致。如何使用虚拟实验教学提升学生生物学学科核心素养，走向深度学习，是很有意义的研究课题。

三、虚拟仿真实验在高中生物学教学中的应用

（一）虚拟仿真，提升生物学理论教学纵深度

虚拟仿真实验通过模拟真实实验环境和过程，帮助学生将实验过程和生物学理论可视化，促进学生在实际操作中建立理论和实践之间的联系。例如，在高中生物学选择性必修3《动物细胞工程》单元教学中，单克隆抗体制备技术是动物细胞工程的一项重要应用，也是单元教学的重难点。单克隆抗体制备存在实验成本高、操作复杂、实验周期长等缺点，并且涉及动物解剖和肿瘤细胞株等不确定因素，实验成功率和重复率较低，导致在中学实验室基本没有条件实施该实验。传统授课中，教师多以视频或图片展示为主，无法满足让学生独立操作完成整个实验过程的需求。建立动物细胞培养虚拟仿真项目是实现高中课程开设细胞生物学实验切实可行的方案和路径，也是利用虚拟仿真技术进行生物学实验教学信息化改革的尝试。国家智慧教育平台中该虚拟实验内容包含资源、示训、实训和测评四大模块，教师可以通过一系列具有启发和引导作用的问题设

置，将单克隆抗体制备理论融入虚拟仿真情境，促进学生主动学习实验操作，思考实验原理，观察实验现象。例如对经选择培养的杂交瘤细胞进行克隆化培养和抗体阳性检测这一实验环节是学生理解单克隆抗体概念的关键点之一，这时教师可以进入国家智慧教育平台虚拟实验空间通过问题设置、实验演示、现象观察、结果分析，让学生理解单克隆抗体的本质和特点。

虚拟实验在克隆化培养环节的融合教学设计如下。

问题设置：经 HAT（次黄嘌呤—氨基蝶呤—胸苷）培养基选择培养的杂交瘤细胞有多种类型，如何从中筛选出能产生特定抗体的杂交瘤细胞呢？

虚拟实验演示及现象观察：96 孔细胞培养板点样培养及抗体检测过程如下表所示。

虚拟实验操作	细胞悬液用"有限稀释法"处理	酶联免疫吸附实验
观察指标	每孔细胞个数	抗体阳性检测
现象验证	每孔一个细胞	由无色变为蓝色

结果分析：未稀释细胞悬液的培养孔中往往含有多种杂交瘤细胞，不能用于下一步的克隆化培养。经"有限稀释法"处理的细胞悬液完成加样后能保证每孔细胞不超过一个，取培养后的上清液进行抗体阳性检测挑选出阳性孔。

教师追问：如何确保阳性孔中只有一种杂交瘤细胞而没有混入其他细胞？

学生讨论回答：需要进行多次稀释培养和抗体阳性检测。

教师模拟操作，学生观察验证。

通过将虚拟实验演示操作与理论授课相结合，学生深入学习了利用杂交瘤技术制备单克隆抗体，促进对完整技术流程的建构和概念本质的理解，将动物细胞工程理论学习联系实验实际操作，推动学生的工程思维和技术思维向纵深发展。

（二）虚实融合，打破传统实验的时空限制

将虚拟仿真技术和生物学实验教学相结合，是虚拟仿真实验教学最重要的教学应用场景，虚实结合能够有效拓展传统生物学实验的时空。通过虚拟仿真实验实现虚实兼并，提高学生将生物学理论联系生产生活实际、综合运用各学科知识解决具体复杂问题的能力。

例如，在高中生物学选择性必修3《传统发酵技术的应用》一节，《课程标准》要求尝试制作果酒、果醋等传统食品，并通过对比传统发酵制作和工业大规模发酵生产的区别和联系，认同与传承中华优秀传统文化。在传统教学中一般只能做到创设条件让学生在生物实验室完成酵母菌的接种，果酒、果醋的发酵初期的操作和观察，而对于传统酿造工艺和规模化工业酿制技术只能纸上谈兵。应用虚拟仿真实验资源，学生可以在逼真的情境中体验传统酿造与工业酿制的全过程。国家智慧教育平台中虚拟仿真实验资源将

山西老陈醋蒸、酵、熏、淋、陈五大工艺的内容建构成程序控制的软件系统，可在计算机上开展虚拟仿真教学。借助计算机及 VR 设备，学生以沉浸式的交互模式，体验原料预处理、拌曲、酒精发酵、醋酸发酵、翻醅、淋醋等详细工序，并能直观地看到各种生产条件下的运行状态。此外，学生在操作过传统果酒、果醋酿制的基础上，进入虚拟实验系统，通过 VR 设备 360°观察发酵罐的各个部件结构和功能，教师可以布置任务（如利用发酵罐装置实现连续培养等），引导学生操作观察后得出结论，从而对连续培养建立实践经验。学生也可借助虚拟实验系统对发酵过程中的搅拌速度、通气量、pH、温度等指标进行反复设置，观察不同操作对溶解氧的影响，不仅调节过程中不必担心因为操作失误而带来的潜在危险，还能启发学生进行自主探究式学习。学生还可以通过 3D 模拟山西老陈醋传统酿造工艺中的"夏伏晒，冬捞冰"的过程，加深学生对我国传统酿造工艺的认识。学生通过对我国传统发酵工艺的深入实践学习，提升了对中华民族传统文化的认知，增强了文化自信。

（三）情境模拟，还原生物科学史探索历程

学习生物科学史能使学生沿着科学家探索生命规律的历程，理解生物学研究的思路和方法，建构生物学概念，学习科学精神，这对于提高学生的生物学学科核心素养有着重要意义。然而，受到实验仪器设备复杂、实验周期长、实验安全风险等因素的限制，科学史的实际教学往往局限在理论层面，难以充分发挥科学史的育人价值。虚拟实验系统能够通过多感官通道的情境模拟、人机交互、3D 建模等技术高度还原科学史上的实验情景，让学生在科学史的演绎和操作中观察发现、提出问题、设计实验、发现规律，从而体验科学思维，理解概念内涵，提升创新实践能力。

例如，在高中生物学必修 2《遗传因子的发现》一节教学中借助中央电化教育馆虚拟实验系统，通过孟德尔豌豆杂交实验的演示操作、提出观点、设计实验、实验检验、抽象概括、总结评价等教学环节，让学生在"实践－认知"的不断往复推进中体验孟德尔探索遗传规律的历程。在虚拟环境中，学生可以置身于孟德尔的后花园进行豌豆人工杂交的实践操作，激发学生对遗传规律的深层次思考。学生以沉浸式虚拟实验体验豌豆测交实验的设计和实施：在虚拟系统中通过 VR 技术首先进行人工杂交获得 F_1 植株豌豆，接着进行不同类型测交亲本的选择，经过计算机模拟可以观察不同测交组合的子代性状分离及其比例。通过思维冲突的设置让学生以"头脑风暴"的方式提出自己的观点，并用相应的证据进行论证：测交亲本选择隐性纯合子，其产生的配子与 F_1 的配子结合，根据测交子代性状分离的比例可以推出 F_1 配子的类型及比例，从而验证遗传分离定律。学生置身于历史情境中，化身为科学家，研讨实验方案，操作实践，获得直接的经验和认识，从而深化对生命规律各个层面的理解，提高科学思维和科学探究能力。

（四）智慧引擎，辅助实验教学多元评价

客观且多维度的实时评价是实验教学的关键环节。虚拟实验系统引入了 AI 智能助教，基于数据技术的智慧引擎能够实现虚拟实验的过程性评价和结果性评价，克服了传统实验教学以实验报告为依据的单一评价方式。虚拟实验系统能够采集过程性数据实施持续性的过程性评价。对于学生，通过系统即时的评价反馈能够有效引导学生进行实验过程规范操作的自我监控，提高实验操作的精准度，同时围绕实验学习目标搭建的"脚手架"能够支持学生进行具体情境下的问题解决和问题反思，从而实现深度学习。对于教师，基于数据的持续性评价可以让教师及时掌握学生的学习进度，对学生实验设计和操作的薄弱环节及时提供帮助和指导。教师通过线上、线下的综合评价指标能够更全面地关注到学生的学习思维、学习态度以及知识、技能、方法的掌握情况，持续性的过程评价有效助推了实验深度教学。生物学虚拟实验教学评价流程如图 3-2-1 所示。

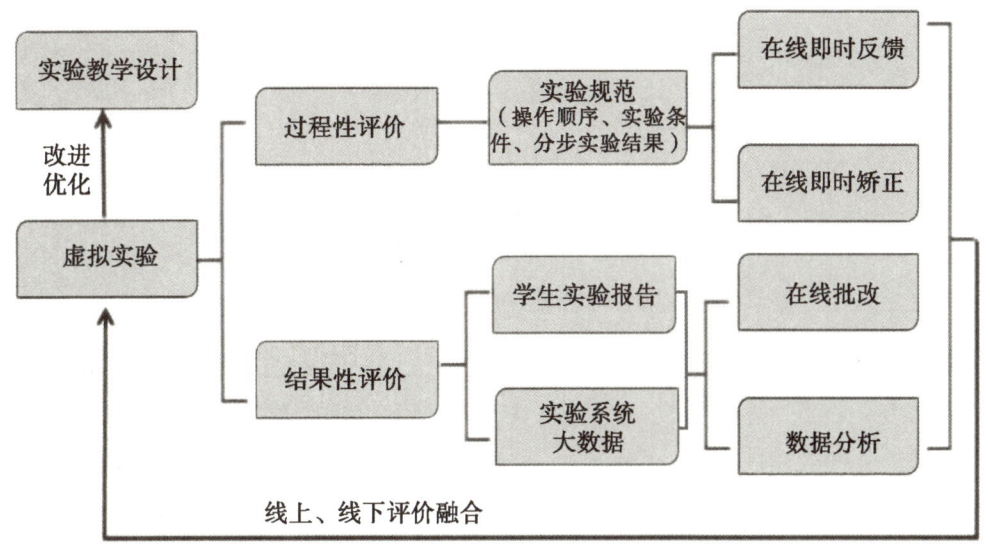

图 3-2-1　生物学虚拟实验教学评价流程

例如，在观察减数分裂的实验教学中，通过虚拟实验系统先进行实验目标、原理、器材、步骤的演示和讲解，让学生通过直观的视频学习减数分裂实验的理论知识和操作规范。接着学生分组进行虚拟实验操作练习，虚拟系统对生物材料的选择、装片制作、显微镜调节等实验操作步骤进行实时在线评价反馈，对错误的操作会提示原因，有利于操作者及时反思和修正。传统的观察减数分裂实体实验往往受到学生实验技术和实验室客观条件的限制，很难观察到染色体行为特征，存在难操作、难展现、难成功的问题。而在虚拟实验条件下，可以在视野范围内呈现不同分裂时期的染色体行为特征，帮助学生更好地观察实验现象。教师通过互动提问驱动学生观察染色体行为特征，判断细胞处于减数分裂的哪一个时期，以及通过计算机系统收集数据，汇总并描线展示减数分裂过

程中染色体变化规律,帮助学生进一步理解减数分裂的概念和意义。实验过程的实时评价,使学生对实验步骤和实验操作有了清晰的认识,而实验现象的图文反馈,则有利于学生建构减数分裂的物理模型和概念模型。通过实验的过程性考核与终结性考核相结合,系统考核与教师考核相结合,实施多环节多维度的评价,为实验内容的设计、教学方式的改进及教学手段的完善提供理论依据。

结　语

新一轮技术革命引发了社会各领域的深刻变革,教育教学的组织形式和教学模式也随之发生改变。在学科实践教学中系统性融合的虚拟实验,是一种促进认知和提升思维的工具,是深度学习的有力助手。在国家教育信息化实现跨越式发展,深度推进教育数字化转型的战略部署下,深度学习与智慧教学的深度融合,将通过改变教师的教、学生的学以及教学资源的供给,推动生物学科实践不断深入。

第 3 节　项目式研学课程的设计与实施

《普通高中生物学课程标准(2017 年版 2020 年修订)》明确指出高中生物学课程高度关注学生学习过程中的实践经历,强调学生主动参与探究实践活动,提升应用知识解决问题的能力,培养创新精神。《普通高中课程方案(2017 年版 2020 年修订)》要求高中学生必须完成研究性学习,即完成 2 个课题研究或项目设计,共计 6 学分。研究性学习(以下简称"研学")作为一门没有教材的必修课程,在课程设计与实施等方面尚处于摸索阶段。以人民教育出版社《普通高中教科书　生物学　选择性必修 2　生物与环境》(以下简称《生物与环境》)为例,学校依托烟台山与闽江湿地公园等乡土资源,尝试从学以致用、注重迁移应用等视角聚焦生态学实践,探索项目式研学课程的设计与实施路径。

一、聚焦核心素养培养,设计项目式研学课程目标

项目式研学是让知识的学习从记忆过程转向自主发现、研究的实践过程,是一种超越传统的课程、课堂、学科和评价的跨学科实践课程。烟台山与闽江湿地公园为课程提供了丰富的生态学资源,不仅能激发学生的探究动机,还能为学生建构生态学概念、培养实验探究能力提供良好的支持。下面以"寻美闽江湿地"研学活动为例,制订项目式

研学课程的研学目标（见下表）。

研学课题	研学目标
××年秋冬季闽江河口湿地水鸟资源调查	1. 学会使用鸟类图鉴辨识鸟的种类，运用样线法估算水鸟的种类和数量。 2. 分析和讨论水鸟种类和数量变化，阐明湿地生物群落的物种组成及种间关系，归纳影响某水鸟种群数量变化的非生物因素和生物因素。 3. 举例说明群落的空间结构、群落的季节性变化的影响因素，认同生态位是生物进化的结果，并随环境的变化而变化。
海水养殖污染与生态修复对策	1. 观察某养殖区域生物种类和数量的变化，尝试建构种群数量变化模型，能够利用数学模型来解释和预测种群数量的变化。 2. 分析养殖区域的物种变化及种间关系。 3. 关注人类活动对动植物种群数量变化的影响，运用种群数量变化规律对养殖业、旅游业提出合理化建议。

以"寻美闽江湿地"为主题的项目式研学活动，尽管耗时较长，但从某种意义上来说，这样的探究实践活动更接近真实的科学研究活动。学校与研学导师应该尽量创造条件，做好整体设计，让学生获得更多探究实践体验。探究目标明确的研学活动，不但可以提高学生科学思维与实践探究能力，而且有利于培养学生坚持观察、记录的毅力，使学生学会从生物与环境相互作用的角度去看待自然界，看待人与环境的关系，自觉建立人与自然和谐共生的理念，树立担当意识与社会责任感。

二、整合课程学习资源，设计项目式研学课程内容

《生物与环境》模块涉及的生态学内容与生活实际关系密切，让学生走进大自然，将广阔的自然界作为生态教学的天然"实验室"，寻找身边值得探究的生态学问题，充分利用图书馆、博物馆、科技馆、公园、养殖场等场馆开展项目式研学活动。

生态研学课题的选择，可以充分整合、利用教材"思考·讨论"等栏目中的探究内容，整合课程学习资源，设计不同主题的项目式研学活动（见下表），这些活动高度关注学生科学探究能力和社会责任感的培养，以研促学、学以致用。

研学主题	研学课题
寻美闽江湿地	1. ××年秋冬季闽江河口湿地水鸟资源调查 2. 海水养殖污染与生态修复对策 3. "慧眼识蛤"——花蛤种苗计数解决方案
烟台山生物多样性	1. 校园绿化植物的调查与分析 2. 烟台山植物多样性及景观设计建议 3. 烟台山鸟类多样性调查
生活中的微生物类群	1. ××池塘富营养化条件下浮游生物类群变化分析 2. 在土壤中寻找降解生活垃圾的微生物 3. 祥坂污水处理厂活性污泥样品的微生物类群
人类活动对生态环境的影响	1. 鱼菜共生系统的物质循环再生原理 2. 人工生物浮床对白马河的生态修复 3. 巴西龟放生对环境造成的影响

例如，课题"××年秋冬季闽江河口湿地水鸟资源调查"需要调查水鸟的生境出现率，于是研究小组采用样方法和样线法进行观测、估算动植物的数量。通过调查活动，学生学习了植物分类检索表和鸟类图鉴的使用方法，记录调查数据并尝试建立数学模型，分析解决调查中遇到的问题，总结出不同季节水鸟迁徙和湿地群落结构变化的规律，理解物种在群落中的地位和作用，形成"人与自然和谐共生"的绿色发展观。

又如，课题"在土壤中寻找降解生活垃圾的微生物"的研学目标是提高环境中生活垃圾的自然降解效率，在土壤中寻找并分离降解生活垃圾的纤维素降解菌、塑料袋降解菌等微生物。研究小组对选择性培养基的配方进行多次尝试和优化，经过筛选、纯化和鉴定等过程，初步获得了具有一定降解能力的目标微生物。该研学活动通过项目式任务驱动，促进学生掌握微生物选择培养技术，形成利用微生物为人类生产实践服务的意识，提高应用所学知识分析和解决问题的能力，建立物质与能量观，发展工程思维和批判性思维。

基于《生物与环境》模块的项目式研学，探究内容丰富，能引导学生在真实探究情境中学习并解决问题，提高实验操作技能、获取和处理信息的能力，从生态学视角认识生命，感受科技进步和生态文明建设成就，同时进一步巩固知识、磨砺思维，为学生建立生态意识、环保意识及践行绿色低碳生活方式奠定基础。

三、开展项目式研学活动，彰显课程育人价值

根据《生物与环境》模块项目式研学的课程目标及内容，开展项目式研学活动，激发学生探究实践的兴趣，促进学生主动参与跨学科实践，由"解题""做题"学习方式向

"解决问题""做人做事"转变，彰显课程育人价值。

（一）制订研学任务清单，开展分工合作的项目式研学活动

依托烟台山与闽江湿地公园等乡土资源，开展以"烟台山生物多样性""寻美闽江湿地""人类活动对生态环境的影响"为主题的项目式研学活动。研学过程分为研学准备、研学活动和研学汇报三个阶段，在不同的研学阶段均制订分工明确的任务清单：准备阶段，围绕感兴趣的生态现象提出问题并规划活动内容；活动阶段，运用生命观念和科学方法解决实际问题；汇报阶段，可以采用演示文稿、视频剪辑、研究报告等多种方式展示研学活动的成果。

制订任务清单要充分考虑学生的知识储备和认知规律，坚持研学活动的实践性和安全性。设计野外实践、模拟实验及社会调查等活动应该细化任务，明确分工，充分调动学生的积极性和主动性，让学生尝试运用所学知识解决实际问题，引导学生进行自主、合作、探究学习，以研促学，从生态学视角认识生命，用摄影、文学作品记录家乡生态文明建设的成就。学生通过项目式研学活动，修正和加深了对生态学核心概念的认识，合作精神、表达能力也得到了提高，科学思维活动更加细致深入，更好地达成研学目标。

（二）以问题驱动探究，开展多学科融合的项目式研学活动

基于《生物与环境》的研学课程，将学生置身于真实的探究情境中，在情境中学以致用，培养多学科融合的问题解决能力，实现研学活动的多样化和个性化。

生态研学活动需要辨别动植物的种类并采用多种方法估算种群密度。例如，水鸟的多样性既能提供生态位信息，也是监测环境质量的重要指标。研究小组可以自行选择研究方向，但都要对水鸟进行观测与记录。限于学生的设备（包括单筒望远镜＋三脚架、双筒望远镜连接单反设备）与观测水平，学生调查结果的偏差很大。研究小组通过检索，使用样线法统计雁鸭类、秧鸡类、鹤鹬类、鸻鹬类、鸥类、鸠鹟类、鹭类等常见水鸟，并对设备改进、多角度观察、方法取舍等探究方案展开讨论，提出共同遵守的记录原则，体现研学活动多学科融合的理念。

养殖场和海产品交易市场也能为学生课题研究提供思路。某学生在花蛤苗交易市场发现传统人工计数存在很大误差，他将该问题作为研究性学习课题，发明了一种人工智能图像识别装置，制订了图像采集的相关标准，提高了统计花蛤苗数量的效率与准确度，并申请相关专利，为减小花蛤苗交易的计数误差提供了有价值的思路与方法。

基于《生物与环境》的研学课程，不仅培养了学生的科学素养，还滋养了学生的人文素养。湿地公园独特壮观的自然景色带动了古诗词和摄影绘画的学习热情，通过调查滩涂围垦、湿地修复等人类活动对植物和动物的影响，从政治、经济和社会等多方面论

证生态文明建设的伟大成果。这些项目式研学课程为学生奠定了未来参与生态文明建设的知识基础、能力基础和观念基础，具有独特的育人价值。

四、注重过程性评价，定期交流研学成果

项目式研学课程不能简单用纸笔测试作为评价方式，应该定期进行过程性评价，采用学生自评、互评、导师评价相结合的多元评价方式，从生命观念、科学思维、科学探究、社会责任等维度进行设计。学生成果展示包括演示文稿、视频剪辑、美篇、研究报告等多种形式，通过导师点评和同伴互评，引导学生对活动参与、任务完成等情况进行总结与反思，梳理研学实践成果，形成小组的调查观点。一些有价值的议题还可以整理成为科研论文，参与青少年科技创新大赛，为生态学问题的解决建言献策。

项目式研学课程是以体验促成长的课程。该课程充分利用烟台山、闽江湿地公园等乡土资源，让学生有机会探索身边环境中具有挑战性的问题，尝试从科学、技术、社会和工程等多层面进行探究与实践，主动参与生态问题的讨论与解决，在探究、实践过程中构建生态学概念，关注人与自然在互动关系中产生的问题，对培养具备生态文明素养的未来建设者具有重要的意义。

第 4 节　项目化"微科创"：高中科学教育实践探索

构建高质量科学教育体系，培养大批具有科学家潜质的青少年，实现拔尖科技创新人才自主培养，应从基础教育抓起，贯穿小学、初中、高中直至高等教育的全过程。而高中阶段科学教育的宗旨是厚植家国情怀，培育具备科学家潜质、愿意投身科研事业的创新型人才。其实施途径：一是开展科学探究与实践，通过亲身参与实验、观察、调查等活动，经历提出问题、设计实验、获取数据、分析结果并得出结论等科学研究的过程；二是培养科学思维能力，即获取和使用证据来回答问题的能力，包含辩证思维能力、创新思维能力及实验探究能力等科学素养；三是培养科学态度，涵盖周密实证、审慎质疑、探求真知、公正客观、理性分析等对待科学研究的态度；四是培养社会责任感，即培养能够独立思考、敢于实践创新、又视对社会的贡献为其人生第一要义的个人。

在党中央大力加强科学教育的号召下，我国基础教育的科学教育正昂扬奋进。然而，目前基础教育阶段的科学教育还存在一些难点和堵点。如科学教育观念意识薄弱，基础教育阶段过于强调应试，拔尖创新人才培养意识缺位，忽视对学生的科学探究兴趣

和科学精神的培养；科学教育的师资不足，专业素养和教学能力有待提高；科学教育课程体系缺乏整体规划和创新性，需要统筹各学段科学课程设计，强化实验教学和跨学科学习；校内外科学教育资源的有效利用和整合不够深入，未能建立协同网络；科学教育评价机制不完善，现有的评价体系过于依赖考试成绩，忽视了学生的科学素养和创新能力。因此，唯有凝聚各方主体共识，找准科学教育的发力点，才能提升科学教育质量和水平。

一、科学教育的发力点

（一）汲取"STEM"课程理念，加强科学探究能力培养

科学教育的核心内容涵盖了科学知识、科学方法、科学思维、科学态度和科学实践等方面，其目的是培养学生的科学素养，使学生能够理解科学原理，运用科学方法解决问题，并形成对科学和技术的积极态度。而"STEM"是一种涵盖科学（Science）、技术（Technology）、工程（Engineering）和数学（Mathematics）四个领域的跨学科教育实践模式。"STEM"课程注重跨学科教学方法，旨在通过整合这四大领域的知识来培养学生的创新思维和实践能力，注重实践应用和技术开发，其与科学教育在培养方向上基本一致。"STEM"课程鼓励学生参与实践和探究，有助于学生更好地理解科学概念，并将理论知识应用于具体问题的解决中；"STEM"课程注重将技术应用和工程实践融入科学教育中，有助于提升学生的技术素养和工程素养。科学教育的内容与"STEM"课程模式的结合能够为学生提供动态丰富、交叉融合、实践创新的学习体验，从而更加自信地迎接未来的挑战。

（二）推进项目化"微科创"，构建科学教育的教学范式

项目化"微科创"实践是一种以学生为中心，注重实践操作和创新思维的教育方法。项目化"微科创"的特点：一是项目化。以真实问题驱动为导向、以持续性科学创新为核心、以成果展示答辩为主要组织形式，鼓励学生在问题驱动下开展主动探究学习、应用迁移学习和基于深度理解的表现性学习。二是微型化。指课题研究的范围比较小，或有的课题虽然不小，但学生只做其中一部分，以适合中学生从事研究的精力和时间有限的特点。三是创新性。驱动学生用科学思维进行实验探究，提出解决问题的新思路，在研究过程中培养科研意识、科学思维和创新能力。四是融合性。在问题解决过程中综合数学、物理、化学、生物学、信息技术、工程学等跨学科知识，实现跨学科融合，促进学生从多角度分析问题。

项目化"微科创"实践教学可以与学科大单元教学相结合。实践教学包含六个环

节：一是项目主题。选择紧扣学科知识、与学生生活紧密相关的主题，如环境保护、节能减排、健康生活等，能够引起学生的共鸣和兴趣，增加学生的参与度。二是问题驱动。学生的学习以问题为导向，在解决实际问题的过程中学习科学知识和技能。三是探究合作。学生自主探究，在小组合作中分享想法、资源和成果，这种合作不仅能够增强学生的团队意识，还能够促进知识的交流和创新思维的碰撞。四是实践操作。学生通过动手实践，包括制作模型、进行实验、搜集数据等活动，来验证自己的想法和解决方案，在实践中学习和成长。五是反思评估。在项目结束时，学生需要对自己的工作进行反思和评估，总结学到的知识和技能以及在项目开展过程中遇到的问题和解决方法。六是成果展示。学生以多种形式将项目成果展示给同学、教师和家长，如制作展板、进行口头报告、制作视频等，这不仅能够锻炼学生的表达能力，还能够增强学生的自信心。

（三）借鉴"科学身份"建构，深化科学教育评价改革

国际学生评估项目（PISA）2025科学素养测评框架增加了对"科学身份"的评价维度。"科学身份"不仅仅包括个人在科学领域的专业知识和技能，还包括了个人对科学的态度、价值观，以及如何看待自身与科学的联系。这启示科学教育应当引导学生通过跨学科学习方法来增强学生解决现实问题的能力；应从培养正确的科学态度出发，通过多种方式来培养和强化学生的科学身份，从而激发学生对科学的热爱和奉献精神，并影响他们未来对科学相关职业道路的选择。在教学评价方面，不仅要关注学生的科学知识和能力，更要重视其道德情感，从而促进学生对科学的深刻理解和个人认同，形成坚实的科学身份。

二、项目化"微科创"带动科学教育的实践策略

2024年福州高级中学（以下简称"福高"）被教育部遴选为首批"全国中小学科学教育实验校"。学校结合"人文特色，科创领先，体艺协同"的多元融合发展目标，以项目化"微科创"推进科学教育中小学段纵向贯通、校内校外横向联动的一体化发展，重点培育拔尖人才和普及发展学生群体科学素养，探索构建一个全面立体的学校科学教育体系。

（一）建构科学教育的课程体系

科学教育课程体系是促进学生科学素养和创新能力提升的重要载体。基础教育阶段的科学教育主要包括科学相关学科的教育教学和基于项目驱动的科技创新实践活动。多维度、系统化的中小学科学教育课程体系包含学科基础课程、大学先修课程、跨学科课程及项目实践课程等。将"科创"分为"大科创""小科创""微创新"等不同层次，让

中小学阶段的"科创"实践人人可为。为此福高构建了"行远"课程体系，包括基础学科的国家课程、多样化可选择的科学教育类校本课程、社团活动课程和研学课程。例如，"生命科学"课程群中，第一层级是生物学基础课程，包含必修模块、选择性必修模块。教师围绕"生命观念""科学思维""科学探究"和"社会责任"等核心素养目标，基于课程标准的目标要求和教学内容，设计各模块的教学目标及学业要求，为学生学习生命科学打下坚实基础。第二层级是生命科学类校本课程。教师根据本校和本区域的教育资源、师资力量、教学条件以及学科特色，自主开发生命科学领域的课程，旨在为更高层级的科学实践研究或职业生涯打下深厚的基础。学校开设的"生命科学"校本课程群有"福州特色动植物研究""急救常识"等现实生活应用类，"园艺生态学""食品安全"等职业规划发展类，"植物组织培养""细胞与分子生物学"等学业发展类。第三层级是研究实践类的研学课程，是针对有意愿选择从事生命科学相关领域研究的学生开设的综合实践类课程，让学生亲身体验科技魅力，激发创新意识，实现从"读科学、记科学"向"懂科学、用科学"的转变，普及问题意识、研究意识、创新意识的养成教育。学校推荐优秀的研学成果参加市级以上青少年科技创新大赛，其中"可移动式墙面植物自动养护系统建构和应用""焦化废水污泥中真菌分离及转化研究"等项目化"微科创"实践成果获奖，促进了拔尖创新人才的培育。

（二）拓展科创实践的资源空间

科学实践的空间建设能够为学生提供科学实践操作、探索科学原理和开展科学探究的环境，促进学生把学到的理论知识应用到实践中。学校注重以科学家精神等科学教育价值引领空间建设，系统规划理化生实验、信息技术、劳动教育及综合实践等课程的教学空间和教学装备，在建设高品质理化生实验室的基础上，打造了科创场馆组群，建有天时科技广场、小平科技创新实验室、生物分子实验室、人工智能教室、NOBOOK虚拟实验室、GGB数学实验室等丰富的科学类功能教室，以及创建生物·地理、物理·数学等跨学科复合型综合实验教学环境。学校立足科创实践教育的实际需求，在实验室和教学装备配置标准的基础上，拓展实验空间、实验设备和实验资源，为各学段学生进行科学课程的基础实验、拓展实验和科创研究创造优越条件。学校还打造了"邓稼先纪念馆"，让学生深入学习邓稼先为科学事业舍身探索、为国家和民族鞠躬尽瘁的事迹，弘扬科学家精神。

（三）激活社会资源的协同培养

为拓展科创资源，福高采取"1＋N"方案：突出以学校为主体这个"1"，在构建科技创新教育体系过程中，将高校、科研机构、高新企业等各方面的"N"个社会资源和力量整合起来，形成以学校教育为主体，社会资源为支撑的多元化、开放性的科学教育模式。

  福高开展"请进来""走出去"系列活动，统筹协调科技馆、高校、科学教育实践基地等共建单位，丰富和完善立体的科学教育体系，拓展科学实践教育资源，加强"校＋基地"深度合作机制。学校先后与福建省科技馆、福州大学电力系统与装置产业研究院、福建师范大学化学与材料学院、福建农林大学金山水土保持科教园等形成"校＋基地"科技教育共同体，开展跨学科实践类研究。例如，生物、地理跨学科校本课程对接福建农林大学金山水土保持科教园，学生在科教园里考察人工模拟降雨演示区、室内岩石和土壤剖面标本馆等场馆，福建农林大学教授结合地理现象为学生讲解其中蕴含的自然科学原理。通过实地考察学习，学生深刻认识到科学技术在水土保持中的重要作用，激发了环保意识和社会责任感。2023年学校还借力"英才计划"，积极培养遴选拔尖学生提前进入高校实验室，获得与科学家导师交流及参与科研项目的机会，对拔尖人才实施贯通式培育。

（四）建立师生协同的发展机制

  建立师生协同发展的科学教育培养机制是提升教育质量、促进学生全面发展的关键。"乐群名师"学习共同体是福高以引领教师的学科素养和教学能力提升，造就高层次学科教学团队为宗旨而搭建的平台。学校通过"乐群名师"学习共同体，鼓励教师参与科研项目，以科创实践提升自身的科研能力和教学水平，促进教师之间的跨学科交流与合作，以丰富教学内容和方法。依托"乐群名师"学习共同体，学校组建了优秀的科技辅导员团队，形成了师生协同发展的教育生态，在项目化"微科创"进程中，实行项目课题导师制，让教师与学生建立长期的指导和合作关系。师生在共同参与"微科创"项目研究中，促进知识和经验的交流与传承，建立有效的反馈和评价机制，师生互评互学，教学相长。

（五）健全科创教育的评价机制

  科学教育评价方案是一种旨在评估和提升学生科学知识和技能的教育策略。它通常包括一系列评价工具和方法，用于衡量学生在科学领域的学习成果、理解程度和应用能力。评价不仅是一种反馈手段，更是一种激励和促进的工具。当评价注重科学实践的过程和成果时，学生将更加注重实践过程中的探索和发现，从而更加深入地理解科学原理和方法。同时，评价过程中对科学态度和社会责任的重视，有助于引导学生树立正确的价值观和道德观。例如，在"构建美丽乡村"项目化学习中，通过对立体农业的案例分析、问题讨论等方式，引导学生思考科技创新对社会经济发展、环境可持续发展的影响，从而增强学生的社会责任感和可持续发展意识。为完善科学教育评价体系，学校推动"家校社"联动以丰富"科创实践"的过程性评价。科学教育的推进不仅仅以学校为实施主体，还需要"家校社"联动，发挥学校、家长、社会的协同作用，让多元主体参与评价，比如社区对学生活动参与程度等进行评价；家长对学生参与项目体验的投入程度等进行评价；学校结合学生参与社团活动、科技活动以及竞赛活动的表现等进行综合素质评价；学生之间可根据一定的评估标准对彼此的实践和成长进行互评。评价方式可采取定量评价和定性评价相结合。

道阻且长，行则将至。福高以项目化"微科创"策略带动科学教育的体系建构和价值引领，通过大力实施科技创新教育行动，形成科学布局、均衡发展、先行示范的科学育人校园生态，并在课程建设、学科竞赛、实验实践、评价改革等方面筑牢科学教育根基，以首批"全国中小学科学教育实验校"建设为契机，驱动实现具有福高特色的"科创·人文"双循环发展目标，为普通高中科学教育提供实践新样态。

第 5 节　高中生物学科单元实践型作业设计

在当前教育改革的背景下，高中生物学科单元实践型作业设计的重要性日益凸显。优质的作业设计不仅能激发学生的学习兴趣，还能有效提升学生的实践能力和学科核心素养。当前的高中生物教育面临着课程改革的新要求，不仅要注重学生对生物学基础知识的掌握，还要重视学生的核心素养发展，特别是科学探究和问题解决能力的培养。在这一背景下，单元实践型作业设计的研究具有重要的理论意义和现实意义。

一、国内外研究现状

国内外关于高中生物学单元实践型作业设计的研究已取得一定成果，但相对于传统的知识型作业，实践型作业的研究还处于起步阶段，在理论深入、实践推广和评价体系建设等方面还存在不足，需要通过不断的探索和实践，进一步完善相关的教育教学策略。在国内，研究主要集中在作业的设计原则、实施效果、存在问题和对策等方面。国际上，一些国家的教育体系中已经将实践型作业作为学生学习的重要组成部分。例如，新加坡的 STS（科学、技术、社会）教育项目，强调通过实践活动促进学生对科学概念的理解和应用。

要提高实践型作业的教学效果，需要从作业设计、实施策略、评价机制等方面进行深入探索。例如，设计具有挑战性和创新性的实践型作业题目，提供充足的物质和设施支持，建立多元化的评价体系等。同时，应结合当地的教育资源和社会环境，设计与实际生活紧密相关的实践型作业，以增强学生的学习动力和实际应用能力。

二、单元实践型作业设计的着力点

2023年5月，教育部办公厅发布的《基础教育课程教学改革深化行动方案》指出，要关注核心素养导向的作业设计。这一方案不仅明确了作业的目的和功能，还对作业设计提出了聚焦核心素养导向的新要求。因此，实践型作业成为了"双减政策"和"素养导向"背景下作业设计的发展趋势。这种作业形式不仅打破了单一、机械和枯燥的传统作业模式，还为减轻学生负担和推动学科教学改革提供了重要支持。

（一）注重作业设计与真实情境的结合

依据建构主义学习理论，当学习过程与日常生活紧密相关时，不仅有助于学生掌握理论知识，还能增强其分析、判断和决策的能力，进而促进核心素养的发展。单元实践型作业的设计应当重视与学生日常生活、社会热点等真实情境的紧密联系，确保作业具有实际意义和实践价值。例如，在探索生态系统知识的过程中，可以安排学生参与社区环保活动、研究周遭环境问题或调查本地生物多样性等实践活动。这样的作业设计能够点燃学生的学习热情，提高他们解决现实问题的技能，并加深对知识的领悟。将单元作业与具体情境相结合，不仅有助于学生从多角度、多层次解决问题，还能帮助学生提升综合应用知识的能力，为应对未来复杂多变的社会挑战奠定基础。

（二）融入跨学科元素，促进知识整合

单元实践型作业的设计应突破单一学科的限制，注重跨学科融合应用，以帮助学生构建多学科知识的联系和形成整体认知。依据STEM教育理念，将科学、技术、工程和数学等多学科知识融合在一个主题任务中，能够更全面地培养学生的综合素质和创新能力。例如，在"研究光照强度对植物光合作用影响"的作业中，可以将生物学的实验设计与数学的数据分析相结合，利用物理学的光学测量原理获取光照强度数据，同时引入信息技术工具进行数据可视化处理。通过跨学科整合，引导学生从多个学科的视角思考问题，拓展解决问题的思路，培养学生的系统性思维。学生在完成作业的过程中，需要综合运用不同学科的知识，从而实现知识的迁移与创新。

（三）引入议题式作业，激发学生深度思考

议题式作业以开放性、综合性的问题为核心，聚焦社会热点、科技前沿或生活实际中的复杂议题，鼓励学生通过多维度的探究和分析提出解决方案。例如，以"如何改善城市空气质量"为主题，要求学生从生物学、化学和环境科学的角度出发，搜集数据、分析原因、提出改进措施。议题式作业的最大特点是开放性，没有标准答案，需要学生

结合已有知识，自主查阅资料、组织团队讨论，并从不同学科的视角综合分析问题。这种作业形式能够帮助学生在实践过程中建立知识网络，提升解决复杂问题的能力，同时增强他们对社会责任的认知高度与思考深度。

三、单元实践型作业设计的基本原则

单元实践型作业设计应确保作业的设计真正符合教学目标，有效促进学生核心素养的发展，并给予学生实际操作的机会，从而提高学生解决实际问题的能力。单元实践型作业设计应遵循以下几个基本原则。

1. 核心素养导向。教师应充分分析课程标准、教材和学情，关注课程标准要求的生命观念、科学思维、科学探究和社会责任维度。

2. 作业的系统性与整体性。作业设计应有单元整体意识，关注作业的整体性和系统性，围绕单元核心概念展开，将各知识点串联起来，形成完整的知识体系，同时立足作业的结构化布局，将单元作业分为若干作业组，每组指向一个次位概念，确保作业内容全面覆盖且重点突出。

3. 作业的实践性与可操作性。实践型作业的特点是将理论知识与实际操作相结合，因此，设计的作业应具有明显的实践操作性，能帮助学生将所学知识应用到实际问题的解决中，发展其实践操作能力和问题解决能力。教师应以问题为导向，设计能够激发学生深度思考的问题，让学生在解决问题的过程中构建核心概念。教师应创设与现实生活相关的情境，让学生在情境中运用所学知识解决问题，增强学习的实用性和趣味性。教师设计的作业应具有明确的操作步骤和操作要求，确保学生能够根据作业要求独立完成或在教师指导下完成，还要考虑时间、设备、安全等实际操作条件。

4. 作业的多样性与灵活性。可以采用多样化的作业形式，如书面作业、资料搜集、方案设计、实验报告等，满足不同学生的学习需求。根据学生的实际情况和反馈，灵活调整作业的难度和量度，确保作业既具有挑战性又不过于繁重。

5. 关注作业反馈与改进。利用信息技术等工具和手段，及时批改作业并给予反馈，帮助学生了解自己的学习状况并及时调整学习策略。根据作业情况的反馈和学生的意见，不断优化作业设计的内容和形式，提高作业的有效性和针对性。

6. 作业的可持续性。单元实践型作业应鼓励学生进行长期的学习和实践，而不是一次性的任务。通过持续的实践活动，学生可以不断深化知识的理解和技能的发展。

四、单元实践型作业的设计流程

设计流程的第一步是深入分析单元教学内容。这包括对课程标准的解读、教学目标的明确以及教学重点与难点的识别。在这个阶段，教师需要对所教授的单元进行全面的内容分析，确保对单元的核心概念和知识点有深入的理解。第二步是根据分析结果，制订具体的单元作业目标。单元作业目标应当与单元教学目标保持一致，并围绕学生的核心素养进行设计。目标的制订应具体、明确且可执行，以便学生在完成作业时能够清晰地知道学习目标和期望学习成果。第三步是设计单元实践型作业的具体内容，包括确定作业的类型（如实验设计、调查报告、项目报告等）、选择或设计适合的学习材料、创设具体的问题和情境，以及设计评估标准和评价方式。在这一过程中，教师需要确保设计的作业既能够激发学生的学习兴趣，又能够有效促进学生核心素养的发展。第四步是实施单元实践型作业。这涉及作业的布置、学生的独立完成以及教师的指导与支持。在这个阶段，教师需要跟踪学生的作业进展，并提供必要的指导和帮助，确保每位学生都能在完成作业的过程中获得成长。第五步是对单元实践型作业的结果进行评价与反馈。评价不仅包括对学生作业质量进行评估，还包括对学生的学习过程、学习态度和核心素养的发展进行综合评价。通过反馈，教师向学生指出其在学习中的进步和需要改进的地方，帮助学生调整学习策略，促进学生全面发展。

综上所述，高中生物学科单元实践型作业的设计流程（图 3-5-1）包括对单元教学内容的分析、单元作业目标的制订、作业内容的设计、作业的实施以及评价与反馈五个关键步骤。通过这一流程的系统设计和实施，可以有效提升教学质量，促进学生核心素养的发展。

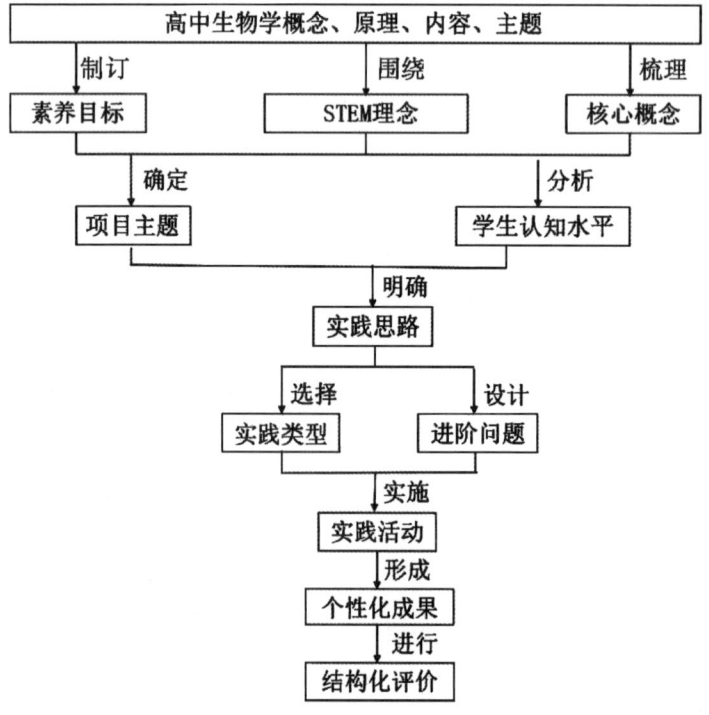

图 3-5-1　高中生物学科实践型作业的建立模型

五、实践型作业对单元教学目标达成的促进作用

（一）基于核心素养的持续性评价有利于单元教学目标的达成

在单元教学过程中实施持续性评价能够实现单元教学的"高结构""强关联""共成长"的特性，通过统整而非叠加的系统学习方式拓展知识框架、发展思维品质、完善情感价值，促进学生核心素养全面发展。单元教学不仅要以整体的目标任务为驱动，促进学生对单元主题或概念的深刻理解，还要积极践行"教—学—评一致性"的理念。而持续性评价是从单一的学习结果评价转向对学习结果、学习过程、学习实践并重的评价，通过把学生学习的目标任务转化成"问题式"的评价任务，进而根据目标达成情况调控学习过程、指导教学改进：一是持续性评价维度体现在自主、合作、探究的学习方式上，以生为本、依标施教的价值追求上以及回答问题、发现问题、自评互判的学习情境上；二是持续性评价方式多样化，包括课后自测评价、实践调研评价、文献查阅评价、实验探究评价、专题小结评价、实物作品评价等；三是持续性评价的目标随着单元教学任务的推进而不断调整，能够有效引导学生关注学习目标，激发元认知；四是持续性评价应贯穿整个单元学习过程，帮助学生自我监控和分析学习目标的达成情况，从而主动调整和改进学习进程，使得单元学习更具梯度、深度和效度。

（二）项目化学科实践型作业能够有效促进核心素养的培养

项目化学科实践型作业作为一种创新的作业模式，其在生物学科中的应用已被证明可以有效提升学生的生物学学习力。通过学科实践型作业，学生能够在实际操作中深入理解和应用生物学知识，发展核心素养。核心素养的培养不仅包括知识和技能的掌握，还包括探究实践、科学思维、合作学习和创新能力等的发展。

项目化学科实践型作业是通过实际项目的设计和实施，让学生在解决实际问题的过程中学习和成长。这种实践型作业能够激发学生的学习兴趣，提高学习积极性，并促进生物学学科核心素养的全面发展。在完成项目化学科实践型作业的过程中，学生需要进行信息的搜集、资料的整理、实验的设计与实施，以及结果的分析和总结。这些过程不仅锻炼了学生的知识应用和实践操作能力，还促进了学生的逻辑思维和批判性思维的发展。

此外，项目化学科实践型作业还鼓励学生通过小组合作完成项目任务，学生可以学习如何与他人沟通、协作，这对于培养其团队协作能力和社交能力具有重要意义。在项目的执行过程中，学生需要对自己的学习负责，这种责任感有助于学生形成积极的学习态度和良好的学习习惯。

附：基于项目式学习的单元作业设计示例

一、实践性作业——"小小面点师"

随着烘焙技术的发展，面包也慢慢变成了我们日常生活中经常食用的食物。面包的类别和制作方法多种多样。

其中，布里欧修面包的制作方法如下。

1. 面包配方：鸡蛋 700 g、细砂糖 120 g、耐高糖干酵母 13 g、高筋粉 1 kg、盐 20 g、黄油 500 g。

2. 制作步骤：

（1）将鸡蛋、细砂糖、耐高糖干酵母、高筋粉、盐按顺序加入搅拌缸，搅拌均匀后，加入黄油直到面团能均匀拉出薄膜。

（2）将面团取出，进行第一次发酵（约 30~40 min）。

（3）将发酵好的面团取出，整形揉成圆形，进行第二次发酵（约 1 h）。

（4）将发酵好的面团放入模具中，表面刷上准备好的糖水，并在中间留出空隙，放上小的面团。

（5）放入烤箱，200 ℃烘烤 15 min。

请同学们根据以上步骤，在家里完成面包的制作，并分享给家人和朋友。制作过程与成品以照片或视频的形式展示（如制作失败，则需分析失败原因，可文字说明或视频解说）并完成以下思考题。

1. 面包制作过程中酵母的作用原理是什么？
2. 耐高糖酵母在酒精生产中有怎样的应用价值？

作业设计说明：

要　点	内　容
材料出处	微信公众号"东京烘焙职业人"文章《各种面包傻傻分不清楚，4 种方法一篇搞清楚》
设计意图	引导学生将所学知识应用于实际生活，学会用知识解答生活中遇到的问题，以及引导学生热爱劳动，弘扬劳动精神。实践性作业在评价过程中选用多元评价方式，将学生自评、同伴互评、教师评价相结合
涉及的知识	酵母菌的细胞呼吸

续表

要　点	内　容
考查的能力	动手操作能力、语言表达能力、综合应用能力
试题难度	中等难度
适用类型	课前作业

二、基础性作业——"跟着科学家一起思考"

1. 面包工业中常常使用含糖面团来制作甜面包，但高糖环境不利于酵母的生长。研究人员通过诱变育种的方式获得一株能在高糖环境中生长、发酵产生乙醇和二氧化碳的耐高糖酵母菌株。下列相关叙述错误的是（　　）。

A. 连续利用紫外线诱变可以大幅提高酵母菌的耐糖能力

B. 人工诱变过程中，酵母菌其他基因也会发生突变，体现了基因突变的不定向性

C. 高浓度的糖分会引发高渗胁迫，并最终使细胞失水死亡

D. 紫外线诱变育种后获得的耐高糖菌株是人工诱变的结果

作业设计说明：

要　点	内　容
材料出处	2024·天津·一模
设计意图	以面包高糖发酵为情境制造冲突，展示育种方法，引导学生在学习过程中联系生活，体会科学应用于生活
涉及的知识	诱变育种的原理、基因突变的特点
考查的能力	获取信息能力、理解分析能力
试题难度	中等难度
适用类型	课中作业

2. 下列有关"探究培养液中酵母菌种群数量的动态变化"实验的叙述，错误的是（　　）。

A. 将酵母菌接种到培养液后应进行酵母菌第一次计数，获得种群密度初始值

B. 本实验自变量是培养时间，应每天定时取样测定并绘制酵母菌数量变化曲线

C. 使用血细胞计数板计数，需将培养液滴于盖玻片边缘，用吸水纸在另一侧吸引

D. 影响酵母菌种群数量动态变化的因素有营养条件、振荡转速、接种量等

作业设计说明：

要　点	内　容
材料出处	2020·江苏·高考真题
设计意图	了解酵母菌生长规律及测定方法
涉及的知识	酵母菌的生长规律、血细胞计数法
考查的能力	获取信息能力、理解分析能力
试题难度	中等难度
适用类型	课中作业

3. 葡萄酒酿造过程中，发酵液中酒精、糖、二氧化硫的浓度变化会影响酵母菌的生长及发酵活性。研究人员选育出耐高糖的酵母应用于葡萄酒的大规模生产，发酵罐如右图所示。下列叙述错误的是（　　）。

A. 结构1和结构2有利于实现发酵过程的控温
B. 通入无菌空气的目的是促进酵母菌的增殖
C. 该发酵罐内发酵速度较野生酵母慢
D. 结构3可以使酵母菌和营养物质充分接触

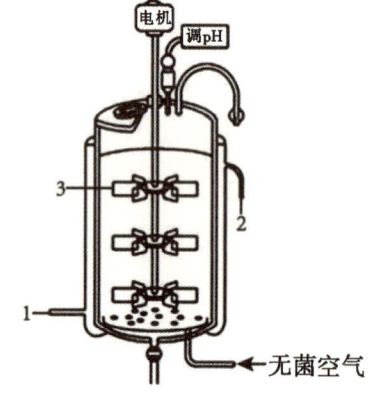

作业设计说明：

要　点	内　容
材料出处	2023—2024学年高二下·河南·阶段练习
设计意图	通过对发酵罐的分析，了解大规模发酵的特点及菌种选育的意义
涉及的知识	发酵工程的基本流程
考查的能力	获取信息能力、理解分析能力、图像分析能力
试题难度	中等难度
适用类型	课中作业

4. 葡萄酒酿造过程中，发酵液中酒精、糖、二氧化硫的浓度变化会影响酵母菌的生长及发酵活性。研究人员按照下图所示的流程对收集到的废酒糟酵母资源进行系统实验研究，筛选出耐高糖的酿酒酵母，应用于葡萄酒酿造。请分析回答下列问题。

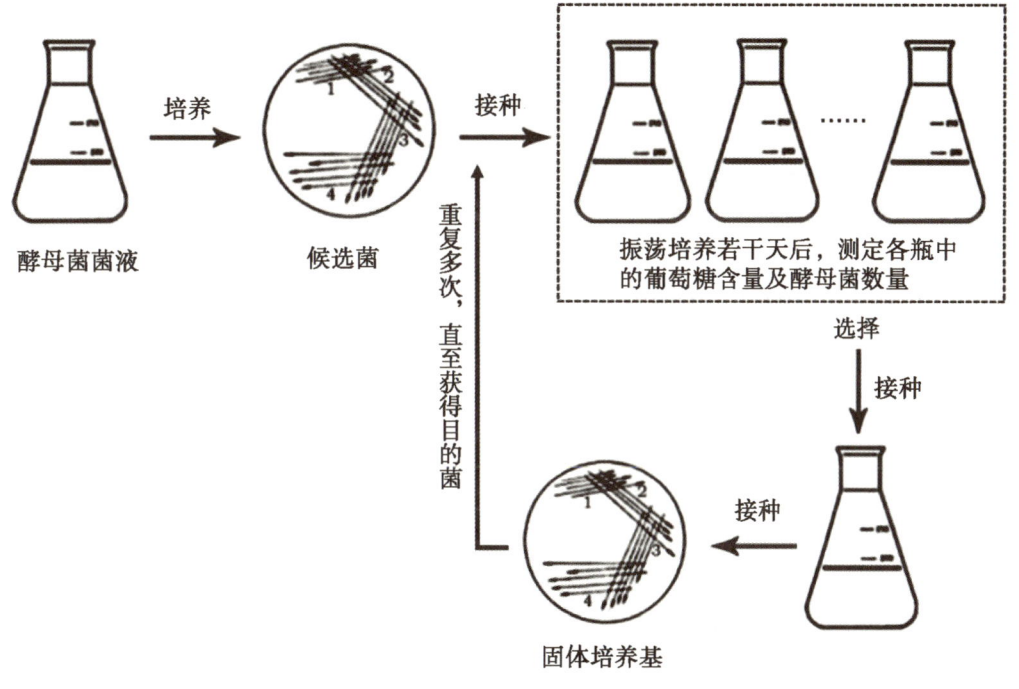

（1）上述实验中，培养液能为酵母菌的生长提供_____四类营养物质；振荡培养后，可依据各瓶培养液中的_____来筛选目的菌。

（2）若要研究酵母菌发酵活性，培养若干天后，应选择_____的培养液，接入新的培养液中继续培养，目的是_____。

（3）若要研究目的菌的生长状况，可吸取部分培养液，利用_____方法对活菌进行计数，运用这种计数方法一般较实际值偏_____（填"高"或"低"），原因是_____。

（4）传统发酵技术往往会造成发酵产品品质不一，因此利用目的菌进行大规模发酵培养时，通常要进行哪些改进（至少写两点）？_____。

作业设计说明：

要　点	内　容
材料出处	人教版选择性必修3第1章复习与提高、2020年全国Ⅰ卷
设计意图	以实验流程为素材，训练学生阅读流程图、分析实验、综合应用的能力
涉及的知识	微生物的纯培养技术、微生物的计数方法、发酵工程的基本流程
考查的能力	获取信息能力、理解分析能力、实验探究能力
试题难度	中等难度
适用类型	课中作业

三、探究性作业——"像科学家一样思考"

（一）探究培养液中酵母菌种群数量变化的影响因素

构建酵母菌菌液中细胞数量与吸光度的标准曲线

1. 实验目的：构建酵母菌菌液中细胞数量与吸光度的标准曲线。

2. 实验材料：酵母菌菌液、酵母浸出粉胨葡萄糖培养基（YPD 培养基，配制方法：称取 10 g 酵母提取物、5 g 蛋白胨、20 g 葡萄糖，置于 1 L 的烧杯中；加入约 800 mL 去离子水，充分搅拌溶解；将溶液定容至 1 L，高温高压灭菌 25 min，室温保存）、无菌水、血细胞计数板、分光光度计等。

3. 实验步骤：

（1）酵母菌菌液的稀释：按照下表进行稀释。

（2）吸光度测定：取 1 mL 不同浓度的酵母菌菌液，于分光光度计中测量，获得 600 nm 处的吸光度，记录在下表中。

（3）用血细胞计数板计数。

4. 实验结果：

（1）实验原始记录表如下。

编号	酵母菌菌液/μL	YPD 培养基/μL	吸光度 A_{600}	中方格酵母菌平均值	每毫升培养液中酵母菌数量/（$\times 10^6$ 个/mL）
1	500	1000			
2	600	900			
3	750	750			
4	1000	500			
5	1500	0			

（1 mL 培养液中的酵母菌数量＝中方格酵母菌平均值$\times 25 \times 10^4$）

（2）构建数学模型：绘制酵母菌菌液中细胞数量与吸光度的标准曲线。

请在以下直角坐标系中绘制出酵母菌菌液中细胞数量与吸光度的标准曲线（注意标明横、纵坐标与曲线名称）。

5. 实验结论：

（二）探究不同培养条件对培养液中酵母菌种群数量变化的影响

1. 实验目的：探究_____（如温度、转速、葡萄糖浓度等）对培养液中酵母菌种群数量变化的影响。

2. 实验材料：酵母菌、YPD 培养基、无菌水、分光光度计、锥形瓶、恒温培养箱等。

3. 实验步骤：

参照以下范例设计并实施探究活动。

步骤	范式	例：探究不同温度对工业淀粉酶活性的影响
1	取材、编号、配制	取 6 支试管，编号 1～6，向 1～3 号试管加入等量的淀粉溶液，向 4～6 号试管加入等量的淀粉酶
2	前测（不一定所有实验均有）	/
3	对照处理	将 1、4 号试管放置在 0 ℃环境中，将 2、5 号试管放置在 60 ℃环境中，将 3、6 号试管放置在 90 ℃环境中，保温 5 min
4	培养、操作	将 4 号试管内的液体倒入 1 号试管中，5 号倒入 2 号，6 号倒入 3 号，充分振荡，在相应温度下继续保温 5 min
5	观察、后测、记录	向 1、2、3 号试管中加入碘液，检测淀粉剩余量并记录比较不同温度下的淀粉酶活性

作业设计说明：

要点	内容
设计意图	该实验是"探究培养液中酵母菌种群数量变化"的延伸。学生通过查阅资料，了解影响酵母菌生长的环境因素，进而设计、实施实验，并对实验结果进行解释说明，引导学生深刻领会环境因素对生物生长的影响是综合作用的结果，认同数学模型的构建有利于对数据的处理和现象的分析。同时，探究性作业采用多元化的评价方式，将学生自评、同伴互评、教师评价相结合 备注：针对不同层次的学生，探究实验可以实验设计的形式呈现或以开展实验后的结果汇报呈现
涉及的知识	微生物培养技术、微生物的计数方法、数学模型的构建、种群数量变化模型
考查的能力	综合应用能力、实验探究能力

续表

要　点	内　容
试题难度	中等难度
适用类型	课中作业

（三）角色扮演——讲好"酵母故事"

酵母菌作为单细胞真核微生物，既是研究真核生物基本生命过程及其调控机制的经典模式系统，也是重要的工业微生物。对生物的生理或代谢功能进行改造，以满足产业化需要，是生物技术的重要研究领域。同学们作为"科研人员"，需要向投资方介绍工程菌株的开发流程及优势，以寻求投资方的资助，该如何介绍呢？（要求：以 4~5 个同学为小组，选择一株经基因工程定向改造的酿酒酵母菌株，了解其研究背景、研究思路、实验流程、成果转化，并制作 PPT 进行展示）

作业设计说明：

要　点	内　容
材料出处	原创
设计意图	学生通过搜集相关资料并进行汇报，提升归纳与概括能力，角色扮演有助于学生进行职业体验，更好地明确生物学对于人类的生产生活的意义，学会运用所学的知识来解决实际的生活问题
涉及的知识	微生物的培养技术、基因工程、细胞工程、发酵工程
考查的能力	获取信息能力、综合应用能力、实验探究能力
试题难度	中等难度
适用类型	课后作业

第二部分
国家课程实验校本化实施案例

第四章　验证性与探究性学科实践活动

实验1　用显微镜观察多种多样的细胞

【实验目的】

1. 学习制作动物、植物和微生物细胞临时装片的方法，熟练掌握高倍显微镜的操作步骤，比较不同细胞的异同点。

2. 认识细胞的多样性和统一性，通过观察多种生物材料，运用比较、归纳等方法深入理解细胞学说。

【实验原理】

细胞是生物体的基本结构单位。构成生物体的细胞是多种多样的。借助显微镜观察细胞的基本形态结构等特征，从而认同细胞的多样性和统一性。

【材料用具】

1. 材料：草履虫、小球藻、水绵、洋葱鳞片叶、黑藻、蚕豆叶、紫鸭跖草、鸭血细胞、人血涂片、口腔上皮细胞、酵母菌、大肠杆菌、发菜等。

2. 试剂：清水、生理盐水、碘液。

3. 器材：光学显微镜、盖玻片、载玻片、镊子、刀片、滴管、牙签等。

【实验步骤】

1. 植物细胞临时装片的制作和观察。

高等植物的细胞结构基本一致，可以通过观察洋葱鳞片叶内表皮细胞或黑藻叶片细胞来认识植物细胞。制作临时装片的步骤总体概括为：擦→滴→撕→展→盖→染→吸。

以制作洋葱鳞片叶内表皮细胞临时装片为例，在载玻片的中央滴一滴清水，在洋葱鳞片叶内表皮上用刀片划一个小口，沿着小口用镊子撕取一小块表皮，把撕下的表皮浸入载玻片上的水滴中并用镊子展平，盖上盖玻片，用碘液染色，用吸水纸将多余的染料吸去，然后放在显微镜下观察。

2. 动物细胞临时装片的制作和观察。

人体细胞和动物细胞的形态、结构基本一致，可以通过观察自己的口腔上皮细胞临时装片来认识动物细胞。

在载玻片中央滴一滴生理盐水，漱口后，用牙签在口腔内侧壁上轻刮几下，把牙签附有碎屑的一端放在载玻片上的生理盐水中，轻涂几下，盖上盖玻片，加一滴稀碘液染色，放在显微镜下观察。

3. 微生物细胞临时装片的制作和观察。

微生物实际上并不是生物分类学中的一个门类，它是用肉眼无法观察到的微小生物的统称。以酵母菌为例，在载玻片中央滴一滴培养液，用镊子夹取盖玻片，使其一边先接触载玻片上的培养液，再缓缓放下（避免产生气泡），然后放在显微镜下观察。

【实验结果】

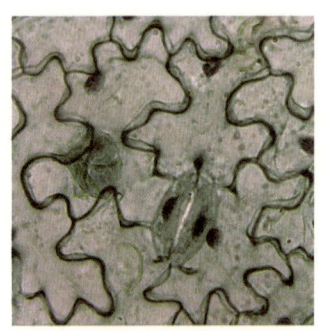

蚕豆叶下表皮（10×40）

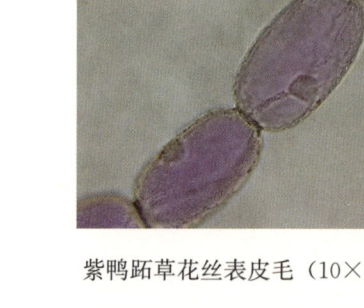

紫鸭跖草花丝表皮毛（10×40）

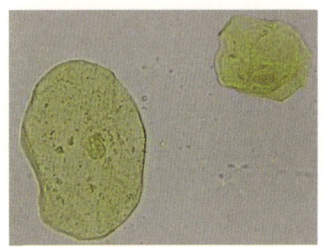

口腔上皮细胞（10×40）

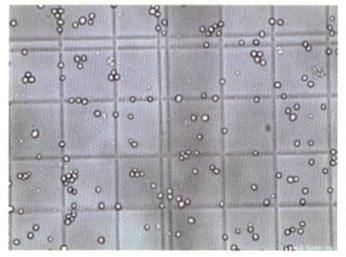

酵母菌（10×40）

图 4-1-1　光学显微镜下的生物细胞

【实验关键及注意事项】

1. 要先在低倍镜下找到清晰的物像，并把目标移至视野中央后才能换成高倍镜进行观察。使用高倍镜观察时，勿用粗准焦螺旋调节焦距，以免损伤物镜和装片。

2. 指导学生在显微镜视野中区分细胞、气泡或污点，判断污点所在的位置；选择碘液对观察材料进行染色，观察细胞核的存在。

3. 观察与比较不同材料的显微物像，思考视野下真实细胞与细胞模式图的不同，理解科学家建立细胞学说的困难。

4. 认真观察显微镜下不同细胞的形态，用生物绘图法描绘出 1~2 种不同细胞的基本形态结构。

【教学建议】

1. 本实验的编排逻辑是从感性认识到理性比较，学生通过动手制作临时装片，以及亲身的观察和体验，构建对细胞基本结构的认知，并从中认识到尽管细胞多种多样（多样性），但都有着相似的基本结构（统一性）。显微镜是生物学研究的工具，本实验重在培养学生学会熟练操作显微镜的技能。

2. 随着物镜放大倍数的增加，在显微镜下能够观察到更细微的结构。因此可以借助显微镜的不同放大倍数进行观察，领悟科学发现离不开技术的支持。

黑藻叶下表皮（10×10）

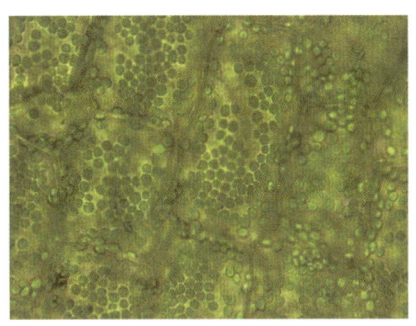
黑藻叶下表皮（10×40）

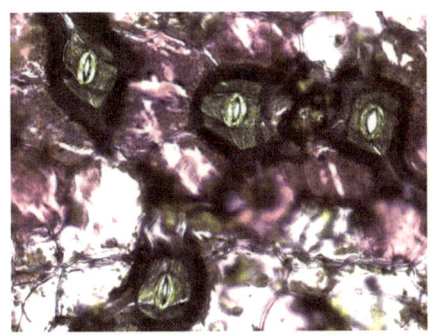
紫鸭跖草叶下表皮示气孔（10×10）

紫鸭跖草叶下表皮示气孔（10×40）

图 4-1-2　不同放大倍数的生物细胞

3. 所选取的血细胞、口腔上皮细胞、洋葱表皮细胞等都是学生在初中生物学实验课上已观察过的。在此基础上，增加观察细胞的种类，如小球藻、水绵、黑藻、发菜等，有利于学生了解形形色色不同细胞的共同结构特点。通过对单细胞生物如原生动物的观察，可以更好地理解细胞是生物体结构和功能的基本单位。

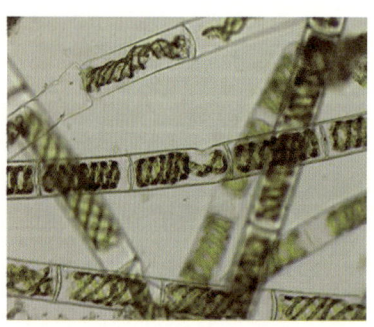
水绵（10×40）

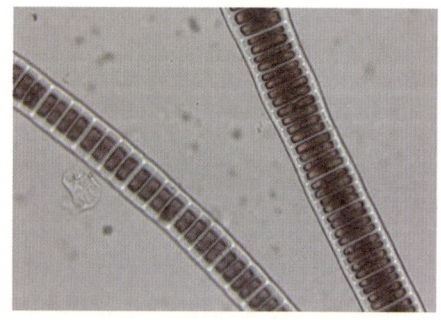
发菜（10×40）

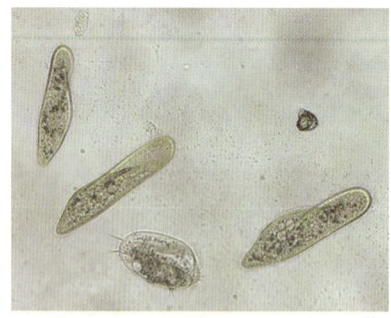
草履虫 & 游仆虫（10×10）

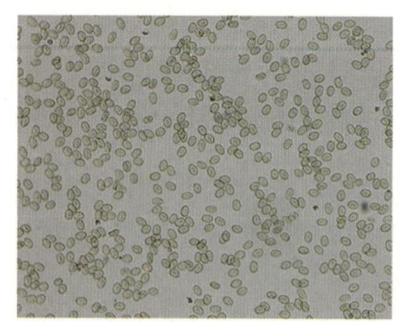
鸭血细胞（10×10）

图 4-1-3　形形色色的生物细胞

4. 引导学生通过对不同种类生物材料的影像观察并进行比较、归纳和概括，思考显微镜视野下真实细胞与细胞模式图的不同。该实验不仅仅是要求学生掌握显微镜的使用方法，更在于引导学生理解在细胞学说建立过程中抽提"细胞"这一概念的困难，从而领悟科学发现的过程和特点。

实验 2　探究植物细胞的吸水和失水

【实验目的】

1. 使用显微镜观察植物细胞质壁分离和复原，理解细胞渗透失水和吸水的原理；学会引流法的操作技能和临时装片的制作方法。

2. 观察不同浓度的溶液对细胞吸水或失水的影响，利用该原理解释植物水分代谢的问题。

【实验原理】

将有些萎蔫的菜叶浸泡在清水中，不久，菜叶就会变得硬挺。将白菜剁碎做馅时，常常要放一些盐，稍过一会儿就可见到有水分渗出。对农作物施肥过多，会造成"烧苗"现象。这些现象都说明，植物细胞会发生吸水或失水现象，细胞的吸水或失水与外界溶液的浓度有关。

当植物细胞的细胞液浓度小于外界溶液的浓度时，细胞液中的水就透过原生质层进入外界溶液中，使细胞壁和原生质层都出现一定程度的收缩。由于原生质层比细胞壁的伸缩性大，当细胞不断失水时，原生质层就会与细胞壁逐渐分离开来，也就是逐渐发生了质壁分离。当细胞液的浓度大于外界溶液的浓度时，外界溶液中的水就透过原生质层进入细胞液中。整个原生质层就会慢慢地恢复成原来的状态，使植物细胞逐渐发生质壁分离复原。

【材料用具】

1. 材料：紫色洋葱鳞片叶、茶花、月季、垂花悬铃花、水绵、黑藻、海苔等。
2. 试剂：3%、5%、10%的 NaCl 溶液，10%的蔗糖溶液，10%的葡萄糖溶液，5%的 KNO_3 溶液，清水。
3. 器材：刀片、镊子、滴管、载玻片、盖玻片、吸水纸、显微镜等。

【提出问题】

1. 植物细胞在什么情况下吸水或失水？
2. 植物细胞与动物细胞的吸水和失水有何异同？

【作出假设】

1. 细胞吸水和失水取决于细胞与外界溶液的浓度差。
2. 植物细胞的原生质层是选择透过性膜；植物细胞有细胞壁，细胞壁的伸缩性较原生质层小。

【实验步骤】

1. 选取新鲜有色组织，用刀片在有色组织表皮上划一方框，用镊子撕取表皮。在洁净的载玻片上滴一滴清水，将撕下的表皮放在水滴中展平，盖上盖玻片，制成临时装片。（注：黑藻叶、水绵等可直接制片。）
2. 用低倍显微镜观察表皮细胞中央液泡的大小，以及原生质层的位置。
3. 从盖玻片的一侧滴入蔗糖溶液，在盖玻片的另一侧用吸水纸吸引。这样重复几次，有色组织表皮就浸润在蔗糖溶液中。
4. 用低倍显微镜观察，看细胞的中央液泡是否逐渐变小，原生质层在什么位置，细胞大小是否变化。
5. 在盖玻片的一侧滴入清水，在盖玻片的另一侧用吸水纸吸引。这样重复几次，有色组织表皮又浸润在清水中。
6. 用低倍显微镜观察，看中央液泡是否逐渐变大，原生质层的位置有没有变化，细胞的大小有没有变化。

【实验结果】

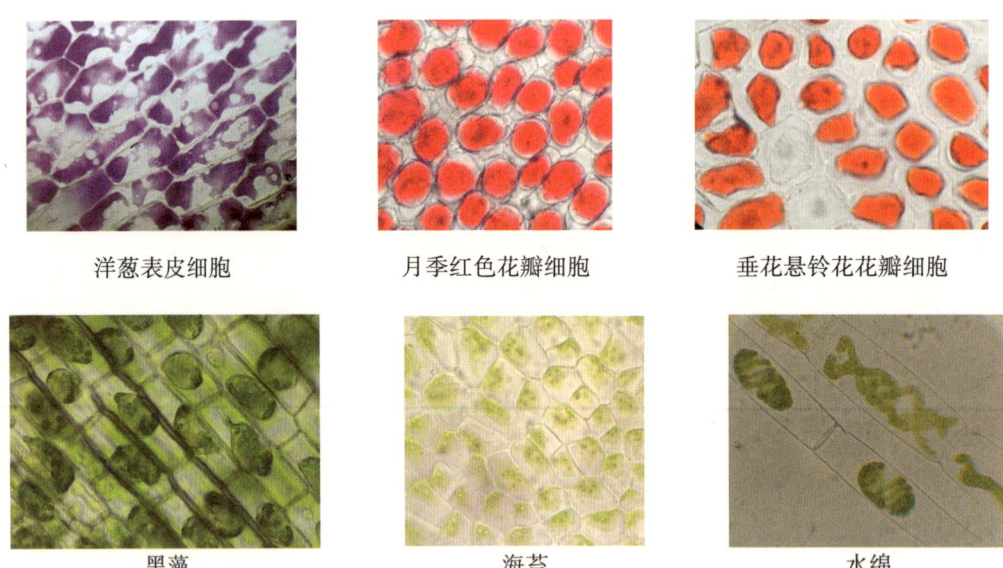

图 4-2-1　不同有色组织的质壁分离现象

【实验关键及注意事项】

1. 本实验材料选择的要求：①实验材料必须是活细胞。②选择洋葱鳞片叶外表皮等有色组织作为实验材料，制作的临时装片较容易看到质壁分离现象。

2. 不同材料的制片难度和观察效果不同。大型花瓣的表皮与皮下组织较容易分离而得到单层细胞，但由于不同植物组织表面张力不同，有的组织表皮容易卷曲，导致显微镜下容易看到细胞重叠或者制片容易产生气泡而影响观察效果。8 种实验材料的制片特点和观察效果比较如下表所示。

材料	取材部位	撕取表皮难度	气泡	颜色
洋葱	紫色鳞片叶外表皮	++	++	紫
黑藻	小叶片	不需撕取	+	绿
水绵	丝状体	不需撕取	+	绿
紫鸭跖草	叶下表皮	+	+	紫红
月季	花瓣表皮	+	+++	红
茶花	花瓣表皮	+	++	红、粉
美人蕉	花瓣表皮	+	++	红、黄
巴西野牡丹	花瓣表皮	++	++	紫

注：+表示相比较而言的难度和气泡的多少，+越多表示越难、越多。

3. 有色花瓣中央液泡色彩鲜艳，质壁分离现象明显；而白色花瓣等无色材料由于液泡颜色浅，质壁分离时原生质层与细胞壁的轮廓界限不分明，因此不容易观察到明显现象，但将视野调暗增加对比度后也能观察到质壁分离现象。

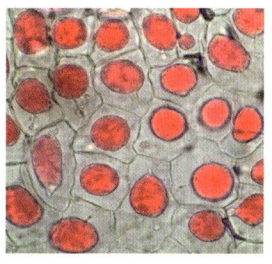
红色茶花花瓣

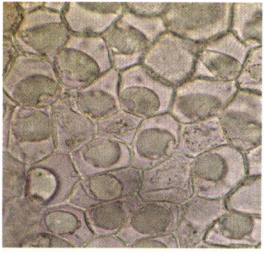
白色茶花花瓣（暗视野）

图 4-2-2　茶花花瓣的质壁分离现象

【教学建议】

1. 本实验是探究性实验，学生通过实验观察到植物活细胞发生了质壁分离与复原现象，证明了之前的假设，即原生质层是选择透过性膜，一个细胞就是一个渗透系统，细胞吸水和失水取决于细胞与外界溶液的浓度差。

2. 质壁分离与复原现象是植物正常生命活动的普遍现象，对植物的适应性有重要意义。根据这一现象还能进行许多课题的探究，本课题的拓展实验包括：①探究植物细胞外界溶液浓度与质壁分离的关系（同材料同溶液不同溶液浓度）；②探究不同植物细胞的质壁分离与复原现象（同溶液同浓度不同材料）；③比较蔗糖与葡萄糖溶液对洋葱表皮细胞质壁分离的影响（同材料同浓度不同溶液）；④探究 KNO_3 溶液引发洋葱表皮细胞质壁分离和自动复原的适宜浓度。

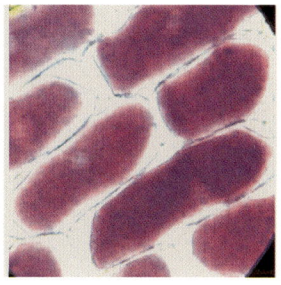
3％NaCl 溶液

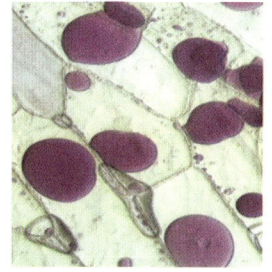
10％NaCl 溶液

图 4-2-3　洋葱表皮细胞在不同浓度 NaCl 溶液中的质壁分离现象

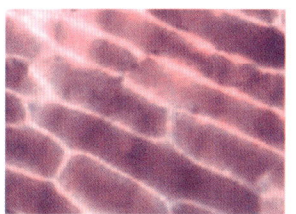
10％蔗糖溶液

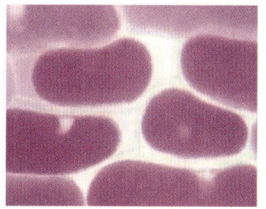
10％葡萄糖溶液

图 4-2-4　洋葱表皮细胞在相同浓度不同溶液中的质壁分离现象

3. 教师拓展实验材料的来源能丰富学生的课堂体验。当学生观察到"各色"质壁分离与复原现象时，他们对质壁分离和复原现象的讨论就不再局限于现象本身，而是从多层面上认识植物细胞水分代谢的共性与差异性，理解质壁分离与复原现象对植物正常生命活动的重要意义。

实验 3 观察根尖分生组织细胞的有丝分裂

【实验目的】

1. 学会制作洋葱根尖细胞有丝分裂装片。
2. 识别植物细胞有丝分裂不同时期的特点。
3. 绘制植物细胞有丝分裂简图。

【实验原理】

在高等植物体内，有丝分裂常见于根尖、芽尖等分生区细胞。由于各个细胞的分裂是独立进行的，因此在同一分生组织中可以看到处于不同分裂时期的细胞。染色体容易被碱性染料着色。通过在高倍显微镜下观察各个时期细胞内染色体的存在状态，就可判断这些细胞处于有丝分裂的哪个时期，从而认识有丝分裂的整个过程。

【材料用具】

1. 材料：洋葱、大蒜、水仙、风信子等。
2. 试剂：卡诺氏液、解离液、改良苯酚品红染液（或甲紫溶液）、乙醇、清水等。
3. 器材：显微镜、培养皿、滴管、载玻片、盖玻片、镊子、刀片、剪刀、吸水纸等。

【实验步骤】

1. 根尖的培养与预处理。

洋葱、大蒜成熟后即进入休眠期，需解除休眠后方能用于观察有丝分裂的实验。可在根尖培养前向洋葱、大蒜喷少量水后装进袋子，放入冰箱冷藏室 3~5 d，再放入清水中于室温下发根。

除去洋葱、水仙、风信子外层干死的鳞片叶，剥去大蒜的膜质鳞皮，用细竹签串起蒜瓣，选择杯口大小适中的烧杯，让实验材料的底部与烧杯内的水面接触，每天换水，室温培养至根长到 2 cm 左右时，将培养装置放入冰箱冷藏室低温处理 24 h。

2. 根尖的固定。

于上午 10：30~11：30，取洋葱、水仙和风信子的根尖及已发根的蒜瓣（大蒜根较细，待需要时再剪取），用卡诺氏液浸泡 24 h，经 80％的乙醇处理 0.5 h 后再转移到 70％的乙醇中，放入冰箱冷藏室备用。

3. 临时装片的制作。

（1）解离：剪取根尖 2～3 cm，放入盛有 15％盐酸和 95％乙醇的混合液（1∶1）的培养皿中，解离 8～10 min。

（2）漂洗：用镊子从解离液中取出根尖，放入清水中漂洗 3 遍，每遍 3～5 min。

（3）染色：将根尖放在载玻片上，用镊子截取含分生区的乳白色根尖尖端（2～3 mm），去除根尖的其余部分。滴一滴改良苯酚品红染液，用钝头镊子在染液中直接将根尖捣碎，染色几分钟后盖上盖玻片。

（4）压片：将吸水纸覆盖在盖玻片上，在平坦的桌面上用铅笔带橡皮头的一端轻轻敲打盖玻片，使根尖离散成均匀的云雾状。

4. 有些分裂的观察。

（1）在低倍镜下找到形态较好的分裂相，再换成高倍镜观察，仔细观察有丝分裂各时期细胞内染色体形态和分布的特点。

（2）在分生区中观察若干个视野，每个视野中的细胞数尽可能相同，每个视野为一个样本，统计视野中处于各时期的细胞数，记录在下表中。

细胞周期		样本 1	样本 2	总数	每一时期的细胞数/计数细胞的总数
分裂间期					
分裂期	前期				
	中期				
	后期				
	末期				
计数细胞的总数					

【实验结果】

在显微镜视野中可以观察到分生区不同分裂相的细胞（不同实验材料只要处理得当，均可观察到各时期的分裂相）。

分裂间期：有丝分裂前的准备阶段，该时期细胞看似处于静止状态，核仁明显，有分散的染色质，其实内部正进行活跃的 DNA 复制、蛋白质合成等。

前期：细胞核变大，染色质丝螺旋缠绕、缩短变粗成为具有一定形态的染色体。前期末核膜破裂，核仁消失。

中期：染色体移向细胞中央，染色体的着丝粒排列在细胞中央的一个平面上。

后期：染色体在纺锤丝的牵引下分成形态和数目完全相同的两组，分别移向细胞的两极。

末期：到达细胞两极的两组子染色体，通过解旋、伸长变细成为染色质丝，核膜形成，核仁重现，纺锤体消失，在两个细胞核之间形成新的细胞壁，分裂成为两个子细胞，就进入下一个细胞周期的间期状态。

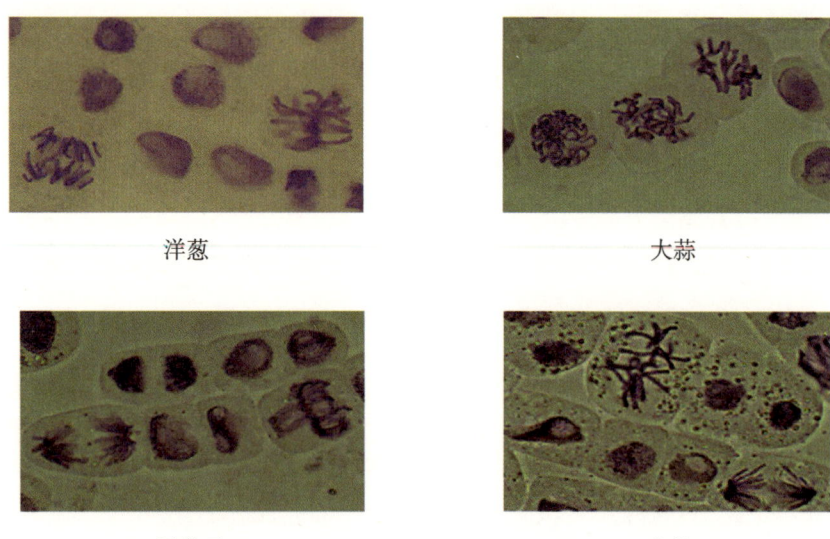

图 4-3-1　植物细胞的有丝分裂

【实验关键及注意事项】

1. 根尖的取材时间非常重要。不同植物的根尖分裂旺盛的时间有所差异，如洋葱在 11 时左右和 15～16 时，大蒜在 10 时、13 时左右，根尖分生区细胞分裂较旺盛，在这个时间取材实验效果较好。

2. 应取根尖分生区细胞所在的部位进行实验。学生实验经常犯的错误是取植物的根，随意剪下一段进行实验，导致实验失败，这是因为分生区细胞的位置在距根尖 2～3 mm 的位置上，所以要注意取材的位置。

3. 装片制作的关键步骤是解离。解离不充分，会导致细胞重叠，不易分离；适度解离可使细胞体积适度膨胀，以利于染色体更好地分散；解离过度，细胞会腐烂，所以解离要适度。

4. 漂洗的目的是洗去根尖上的解离液，防止解离过度而影响染色效果。漂洗时间可稍长些，有利于细胞体积膨胀。

5. 染色时，必须掌握好染色液的浓度和染色时间。染色不能过深，否则无法观察；也不能过浅，否则不易辨清染色体的形态和数目。

6. 不同材料的解离和染色时间可通过预实验摸索。只有细胞充分分散、染色清晰，才能观察到清晰的分裂相细胞。

【教学建议】

1. "观察根尖分生区组织细胞的有丝分裂"是高中生物学教材中的经典实验，通过制作临时装片及观察植物细胞有丝分裂过程，直观地了解细胞有丝分裂的特征。现行中学教材推荐的实验材料是洋葱根尖，应该指出的是不同的地域和季节都有适合开展该实验的材料，如大蒜、水仙、风信子等。由于实验材料、试剂、气温、实验时间的不同，因此实验中试剂的浓度、各步骤所需的时间可能有所不同，这就要求教师应通过课前预实验筛选出最佳的实验材料并摸索适宜的实验条件，以便在实验课上更好地发挥教师的主导作用，提高实验的成功率。

2. 每个装片统计 5～6 个视野，分别统计各视野中的细胞总数和前、中、后、末期的细胞数，根据公式计算分裂指数和某时期的分裂指数，前者可以反映细胞分裂的活跃程度，后者可以了解不同细胞分裂时期的持续时间。通过多次重复观察和计数，将静态知识动态化，让学生熟悉实验方法，提高实践能力和表达能力。

3. 本实验不仅是生物学实验教学的重要内容，也为学生完成其他探究实验奠定一定的基础。如"探究影响植物细胞有丝分裂的外界条件"实验中，通过比较某植物在不同温度、化学药剂等条件下根尖细胞的分裂指数来了解环境条件对植物生长发育的影响。图 4-3-2 为发根的洋葱鳞茎置于 4 ℃冰箱冷藏处理 48～72 h 后与对照组的有丝分裂后期比较图，实验组中出现个别细胞染色体数目加倍的现象。

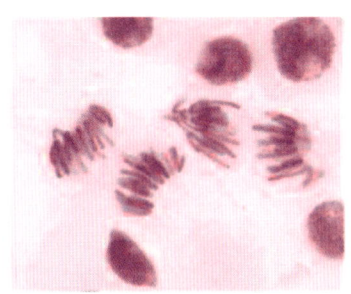
对照组（常温）

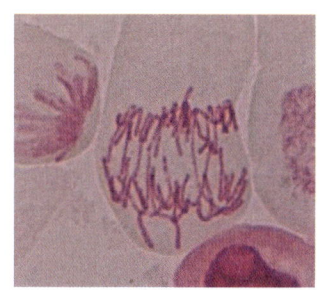
实验组（低温）

图 4-3-2　洋葱细胞有丝分裂后期对比

附：试剂的配制。

1. 解离液：质量分数为 15％的盐酸和体积分数为 95％的乙醇，按体积比 1∶1 混合。

2. 卡诺氏液：无水乙醇∶冰醋酸按体积比 3∶1 混合。

3. 0.02 g/mL 甲紫溶液：将 2 g 甲紫溶于 100 mL 质量分数为 2％的乙酸溶液中。

4. 改良苯酚品红染液。

母液 A：取 3 g 碱性品红，溶解在 100 mL 的 70％乙醇中（可长期保存）。

母液 B：取母液 A 10 mL，加入 90 mL 的 5％苯酚水溶液（两周内使用）。

苯酚品红染液：取母液 B 45 mL，加入 6 mL 冰醋酸和 6 mL 37％甲醛。

改良苯酚品红染液：取 2~10 mL 苯酚品红染液，加入 98~90 mL 的 45％冰醋酸和 1.8 g 山梨醇。改良苯酚品红染液配成后可立即使用，但着色能力较差，一般在配制两周后染色能力显著增强。

5. 醋酸洋红染液：取 45 mL 冰醋酸，加蒸馏水 55 mL，煮沸后徐徐加入洋红 1 g，搅拌均匀后加入 1 颗锈铁钉，煮沸 10 min，冷却后过滤，贮存在棕色瓶内。

实验 4　探究酶催化的专一性、高效性以及影响酶活性的条件

【实验目的】

1. 在"比较过氧化氢在不同条件下的分解"实验中，探究用酵母研磨液代替猪肝研磨液的可行性。
2. 在"探究酶的专一性"实验中，探究蔗糖酶对淀粉和蔗糖的水解作用。
3. 在"影响酶活性的条件"实验中，探究 pH 对淀粉酶活性的影响。

【实验原理】

酶是活细胞产生的一类具有生物催化活性的有机物，其催化功能具有高效性、专一性等特点。绝大多数酶是蛋白质，其催化活性受温度、pH 等诸多因素的影响。

酶的催化作用受温度的影响很大，适当提高温度可以加快酶促反应速率。通常温度每升高 10 ℃，反应速率加快一倍左右。但由于大多数酶是蛋白质，温度过高会引起蛋白质变性，导致酶失活，如当温度超过 80 ℃时，唾液淀粉酶的活性完全丧失。因此，酶促反应速率达到最大值以后，随着温度的升高，反应速率反而逐渐下降，以至完全停止反应。酶促反应速率达到最大值时的温度称为该酶的最适温度。一般情况下，动物体内的酶最适温度为 35~40 ℃（如唾液淀粉酶催化的最适温度为 37~40 ℃）；植物体内的酶最适温度为 40~50 ℃；细菌和真菌体内的酶最适温度差别较大，有的酶最适温度可高达 70 ℃。高于或低于最适温度时，酶促反应速率降低。0 ℃左右的低温虽然使酶的活性明显降低，但此低温条件下酶的空间结构仍然保持稳定，因此在适宜的温度条件下酶的活性可以恢复。

酶的活性受 pH 的影响也极为显著。通常各种酶只有在一定的 pH 范围内才具有活性。酶活性最高时的 pH，称为该酶的最适 pH。低于或高于最适 pH 时，酶的活性降低。不同酶的最适 pH 不同。动物体内的酶最适 pH 大多为 6.5~8.0（如唾液淀粉酶催化的最适 pH 介于 6.2~7.4 之间），但也有例外，如胃蛋白酶的最适 pH 为 1.5；植物体

内的酶最适 pH 大多为 4.5～6.5。过酸、过碱会使酶的空间结构遭到破坏，使酶永久失活。

【材料用具】

1. 材料：安琪酵母。

2. 试剂：3% H_2O_2 溶液、5% $FeCl_3$ 溶液、3% 可溶性淀粉溶液、3% 蔗糖溶液、1% 淀粉酶溶液、1% 蔗糖酶溶液、0.1 g/mL NaOH 溶液（甲液）、0.05 g/mL $CuSO_4$ 溶液（乙液）、0.01 mol/L HCl 溶液、0.01 mol/L NaOH 溶液、0.01 mol/L $NaHCO_3$ 溶液、淀粉琼脂培养基（1% 淀粉、1% 琼脂）、碘液、蒸馏水、石英砂等。

3. 器材：10 mL 刻度试管及配套硅胶塞、量筒、一次性滴管、试管架、研钵、卫生香、火柴、点样瓷板、培养皿、滤纸片、镊子、水浴锅等。

【实验步骤】

1. 比较过氧化氢在不同条件下的分解。

（1）制备 10% 酵母研磨液：称取 0.5 g 活性干酵母、1 g 石英砂，置于预冷的研钵中，研磨至粉状，加入 5 mL 蒸馏水，混合均匀，研磨约 5 min，备用。

（2）取 3 支洁净的试管，如下表编号，并分别注入 2 mL 3% H_2O_2。

编号	试 剂	催化剂	蒸馏水	备 注
1	2 mL 3% H_2O_2	—	蒸馏水（2滴）	演示对照
2	2 mL 3% H_2O_2	5% $FeCl_3$（2滴）	—	
3	2 mL 3% H_2O_2	10% 酵母研磨液（2滴）	—	

（3）如上表，向 1、2、3 号试管中分别滴入 2 滴蒸馏水、5% $FeCl_3$ 溶液、10% 酵母研磨液。

（4）用硅胶塞塞住试管口，观察试管中产生的气泡数量。一段时间后，将带火星的卫生香分别插入上述试管中，观察卫生香复燃情况。

2. 探究酶的专一性。

操作步骤	编 号					
	1	2	3	4	5	6
1	2 mL 可溶性淀粉溶液			2 mL 蔗糖溶液		
2	1 mL 1% 淀粉酶	1 mL 1% 蔗糖酶	1 mL 蒸馏水	1 mL 1% 淀粉酶	1 mL 1% 蔗糖酶	1 mL 蒸馏水
3	室温下保温 10 min					

续表

操作步骤	编号					
	1	2	3	4	5	6
4	加入斐林试剂（甲液、乙液各 1 mL，混匀），65 ℃水浴 2~3 min					
5	观察实验现象					
实验现象						

3. 探究 pH 对淀粉酶活性的影响。

（1）方案一。

①取 1 块点样瓷板，选取其中 6 个凹穴（分别编号为 1~6），如下表所示向相同编号的凹穴中滴加相应溶液。

编号	所加溶液
1	淀粉酶液（2 滴）＋蒸馏水（2 滴）
2	0.01 mol/L HCl（2 滴）＋蒸馏水（2 滴）
3	0.01 mol/L NaHCO$_3$（2 滴）＋蒸馏水（2 滴）
4	淀粉酶液（2 滴）＋0.01 mol/L HCl（2 滴）
5	淀粉酶液（2 滴）＋0.01 mol/L NaHCO$_3$（2 滴）
6	蒸馏水（4 滴）

②取 6 块大小相同的滤纸片，分别编号为 1~6，将滤纸片浸在相应凹穴的溶液中；用镊子将浸润了各种溶液的滤纸片转移到淀粉琼脂培养基上，37 ℃孵育约 30 min。

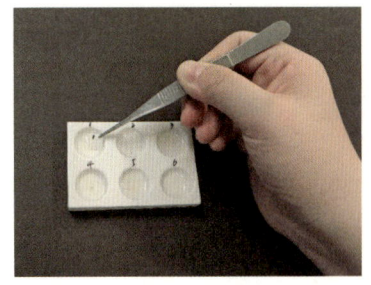
图 4-4-1　滤纸片浸润在凹穴的溶液中

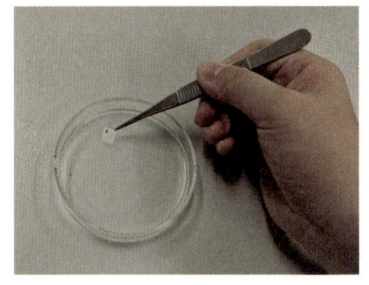
图 4-4-2　浸润的滤纸片转移到淀粉琼脂培养基

③将碘液倒入培养皿内，旋转约 1 min 后，用自来水缓缓冲去淀粉琼脂培养基上多余的碘液。

④观察培养基表面并比较各清晰区的直径，记录各区域的清晰度。

（2）方案二。

操作步骤		编　号					
		1	2	3	4	5	6
1	1% α-淀粉酶	1 mL	1 mL	1 mL	—	—	—
2	0.01 mol/L HCl	—	1 mL	—	1 mL	—	—
3	0.01 mol/L NaOH	—	—	1 mL	—	1 mL	—
4	蒸馏水	1 mL	—	—	1 mL	1 mL	2 mL
5	3%可溶性淀粉	1 mL	1 mL	1 mL	1 mL	1 mL	1 mL
6	25 ℃（室温）反应 10 min						
7	分别滴加 2 滴碘液，观察各试管颜色变化						
	实验现象						

【实验结果】

1. 比较过氧化氢在不同条件下的分解。

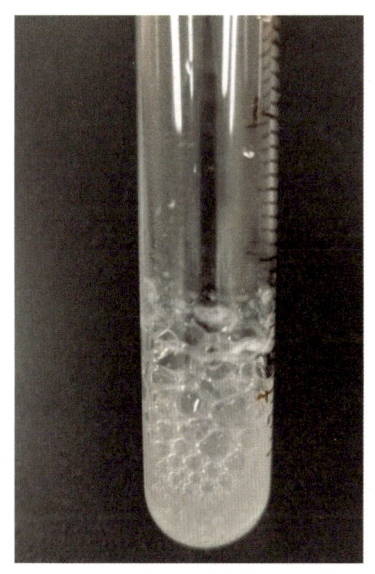

图 4-4-3　酵母研磨液
分解 H_2O_2 的气泡量

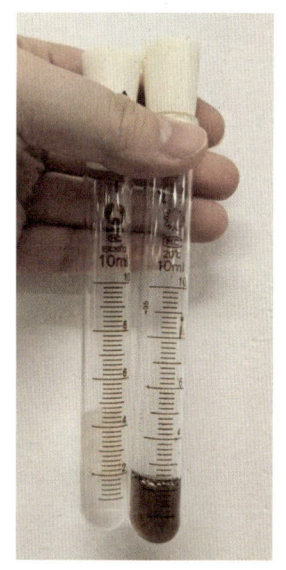

图 4-4-4　酵母研磨液和 $FeCl_3$
溶液分解 H_2O_2 的气泡量对比

酵母研磨液中气泡的生成速率和生成量都高于 $FeCl_3$ 溶液。需要注意的是，气泡的生成速率和生成量与 H_2O_2 的分解速率并不是完全对等的关系。蛋白质是一种助泡物，其吸水后能形成水凝胶性质的表面膜，有助于溶液中泡沫的生成与稳定。反应体系中 O_2 的生成量并非决定气泡量的唯一因素。相同时间内反应体系中泡沫的多寡不足以说明反应体系中 O_2 的生成速率的快慢，只能作为初步的判断依据。

由于用硅胶塞塞住试管口集气，两支试管内的氧气含量都较丰富，卫生香都有复燃现象。盛有酵母研磨液的试管中气泡产生得更快速、更密集，打开硅胶塞时能听见"嘭"的一声，表明氧气已集满，且卫生香在试管较高处已复燃，现象极为明显。

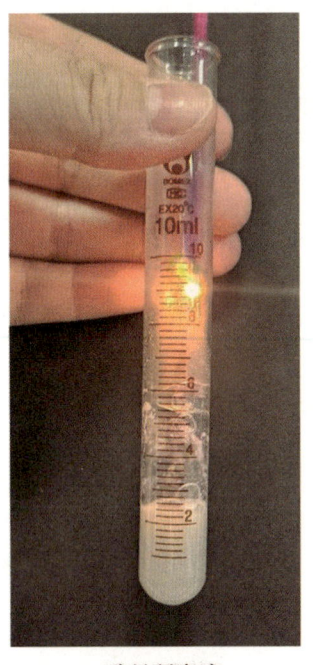 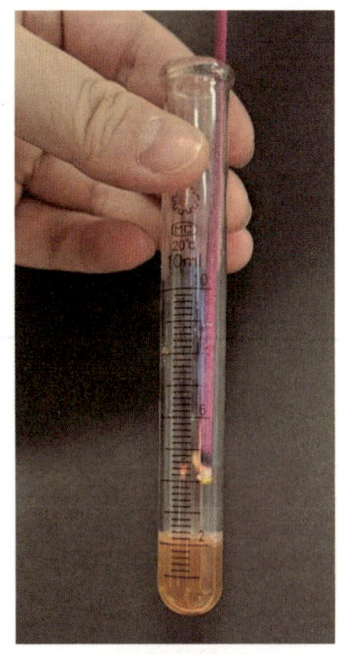

酵母研磨液　　　　　　　　FeCl₃溶液

图 4-4-5　卫生香的复燃情况对比

2. 探究酶的专一性。

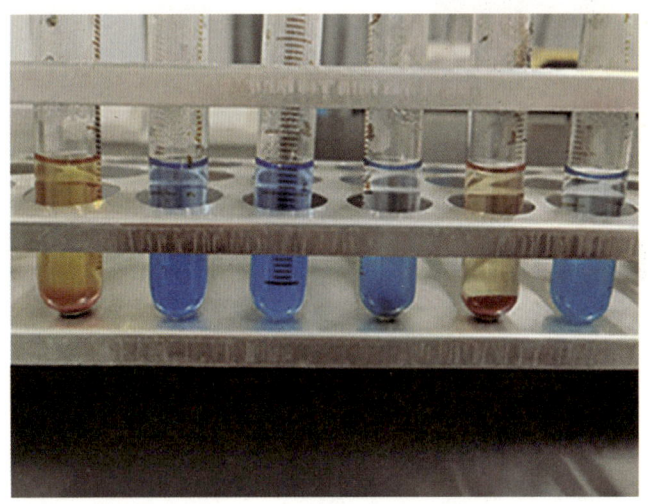

图 4-4-6　从左往右依次是 1～6 号试管反应结果

1 号和 5 号试管中有砖红色沉淀，2 号、3 号、4 号和 6 号试管中均无砖红色沉淀。由此可见，1 号试管中的淀粉被分解成还原糖并产生显色反应，5 号试管中的蔗糖被分解成还原糖并产生显色反应。

3. 探究 pH 对淀粉酶活性的影响。

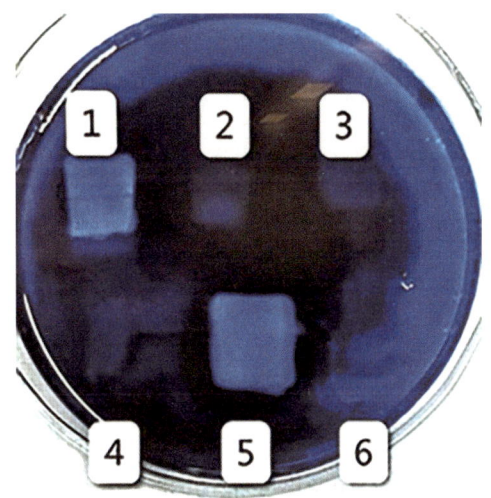

图 4-4-7　探究 pH 对淀粉酶活性的影响实验结果

1 和 5 区域中的淀粉被淀粉酶分解得较为彻底，2、3、4 和 6 区域淀粉分解现象不大明显。这说明该淀粉酶在中性和弱碱性环境中活性较高，而在酸性环境中活性较低。

【实验关键及注意事项】

1. 探究酶催化的高效性实验中，打开硅胶塞后需立即将卫生香竖直放入试管。若操作速度较慢，O_2 流失过多，则实验现象不明显；若卫生香未竖直放入试管，则易因为接触管壁上的液体或气泡而熄灭。

2. 探究 pH 对酶活性的影响实验中，需提前在培养皿底部进行 1~6 区域的标记，再将编号为 1~6 的滤纸片转移到淀粉琼脂培养基上。若事先未进行标记，直接将编号为 1~6 的滤纸片转移到淀粉琼脂培养基上孵育并进行碘液染色，则滤纸片会因碘液的加入而上浮，导致混淆。

【教学建议】

1. 探究酶的催化特性实验是高中生物学的经典实验，包括探究酶催化的高效性、酶催化的专一性以及温度和 pH 对酶活性的影响。本实验不仅能帮助学生深入理解酶的基本特性，还能培养学生的实验技能、观察能力和科学思维。在实验过程中，学生需要仔细观察实验现象，如气泡产生的速度、卫生香燃烧的程度等，并据此分析酶的催化效率和专一性。通过对照实验，学生可以更全面地理解酶活性的调控机制，认识到生命现象的多因素调控特点。学生可根据本实验进行拓展探究，如探究酶激活剂和酶抑制剂对酶活性的影响、底物浓度对酶促反应的影响等。

2. 探究酶的催化特性实验是高中生物学的经典实验，由于该实验的设备条件较容易满足，较多中学都能在高一开展本实验的实验课。教师在实验设计时，需要综合考虑实验材料的可获取性、实验步骤的复杂度、实验结果的显著性以及实验室的现有条件等多个因素，选择适宜在本校开展的实验方案。

实验 5　叶片中色素的提取和分离、用简易光谱仪观察色素的吸收光谱

【实验目的】

1. 探究叶片中的色素种类。
2. 进行叶片中色素的提取和分离。
3. 用简易光谱仪观察色素的吸收光谱。

【实验原理】

叶绿体色素分布于类囊体薄膜上，具有亲脂性，能溶于有机溶剂，故可用乙醇将它们从叶片中提取出来。

不同色素在有机溶剂中的溶解度不同，在吸附载体上的吸附能力不同，因此，不同色素随着有机溶剂在吸附载体上扩散的速度也就不同，从而可以将它们彼此分离，这种物质分离的方法称为层析法。

聚酰胺薄膜层析分离：聚酰胺是一类化学纤维，对很多极性物质具有吸附作用，这是由于聚酰胺分子中的"—CO—"或"—NH—"能与被分离物质分子中的"—OH"或"=O"形成氢键，如酚类（包括黄酮类等）和酸类（核酸、氨基酸等）是以其羟基与酰胺键中的羰基形成氢键。被分离物质与聚酰胺形成氢键能力的强弱，决定其吸附能力的差异。层析时，流动相从薄膜表面流过，被分离物质在溶剂和薄膜之间发生吸附、解吸附、再吸附、再解吸附，从而使混合物中不同吸附能力的物质得以分离。

当光线通过光栅片的时候会发生衍射和干涉，不同波长的光会分散开，形成不同颜色的光带，即光谱。

叶片烘干后研磨保存。这是由于叶片粉碎有利于色素的充分释放，烘干处理能有效去除水分，提升脂溶性色素的提取效果，同时避免色素分解或细胞内容物破坏色素，增强色素稳定性，提高提取效率。

【材料用具】

1. 材料：经干燥处理的叶片（如木槿、苋菜、菠菜、白菜等的叶）、黑色卡纸。
2. 试剂：95％乙醇、蒸馏水。
3. 器材：茶漏、聚酰胺薄膜、组织培养瓶（直径 3 cm、高度 8 cm）、电子秤、研钵、烧杯、毛细吸管、剪刀、小刀、直尺、三角板、铅笔、双面胶、光栅片等。

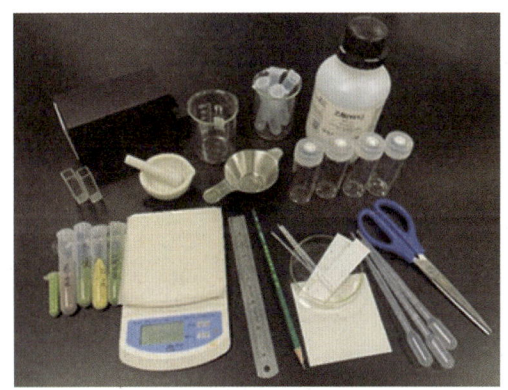

图 4-5-1　材料用具

【实验步骤】

1. 设计和制作简易光谱仪。

（1）了解光栅片的工作原理。

（2）设计简易光谱仪的立体模型。

（3）绘制光谱仪图纸。

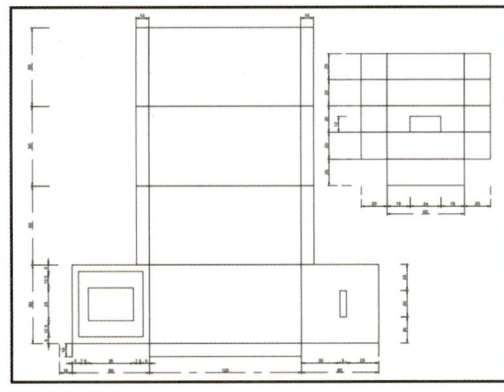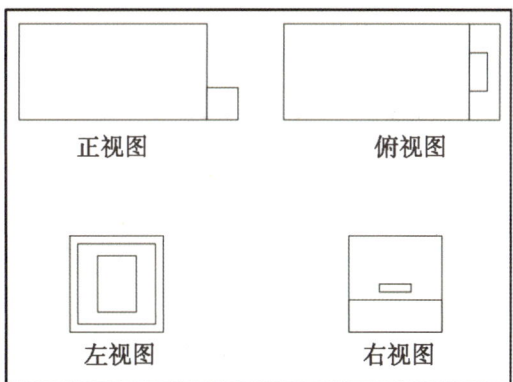

图 4-5-2　设计 CAD 图纸和光谱仪的三视图

（4）根据图纸在 A3 黑色卡纸上画出图形。

（5）剪裁、折叠、粘贴，制作光谱仪立体结构。

（6）粘贴 600 Lines/mm 光栅片。

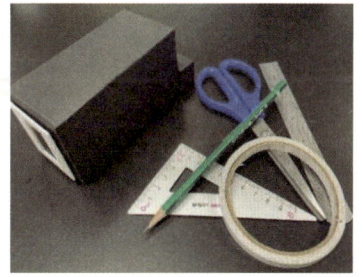

图 4-5-3　制作简易光谱仪

2. 光合色素的提取。

（1）干燥和粉碎：叶片提前干燥（65 ℃，烘干 24 h），粉碎后保存。

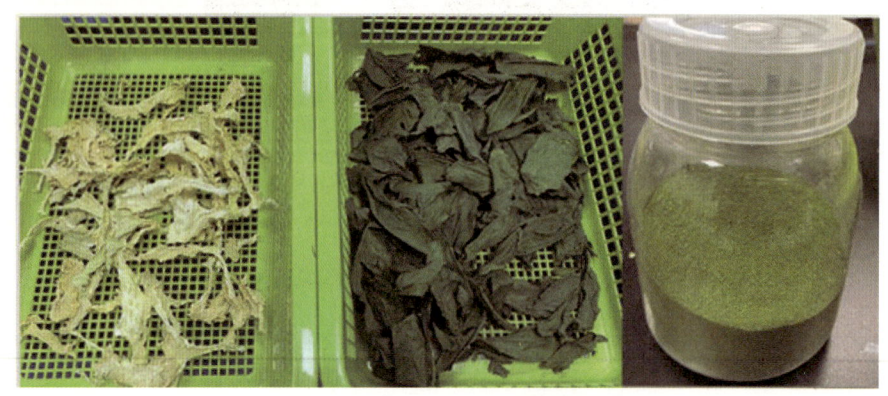

图 4-5-4　实验材料的干燥、粉碎与保存

（2）研磨：称取 1 g 叶片粉末，放入研钵中，加入 4 mL 95％乙醇，研磨成匀浆。

图 4-5-5　称量和研磨

（3）过滤：将茶漏放在烧杯上，把叶片匀浆倒入茶漏进行过滤，可在研钵中再加入 2 mL 95％乙醇使叶片匀浆洗脱过滤，得到色素提取液（可根据不同植物材料选择合适的网孔）。

图 4-5-6　过滤

3. 光合色素的分离。

（1）制备层析薄膜：将聚酰胺薄膜剪成 2 cm×8 cm 大小，并用铅笔在离底部约 1 cm 处画线。

（2）点样：用毛细吸管吸取提取液，在距离薄膜底边约 1 cm 处打点或者画线，待晾干后根据情况重复点样 1~2 次。

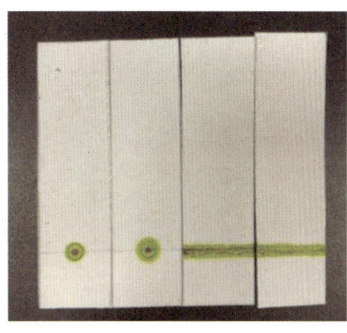

图 4-5-7　吸取、点样或画线

（3）层析：将适量的 95％乙醇倒入组织培养瓶（直径 3 cm、高度 8 cm）中，将薄膜（点样端朝下）轻轻放入，注意点样线不能触及层析液，旋紧瓶盖，进行层析分离（不同色素在聚酰胺薄膜和 95％乙醇之间的分配系数差异较大，可使色素充分分离）。

（4）观察与记录：持续观察色素在薄膜上的分离现象，直至各色素带的相对位置不变后，取出晾干，记录薄膜上各色素带的颜色和位置。

4. 不同叶片色素吸收光谱的观察。

（1）稀释：吸取 0.5 mL 色素提取液加入装有 9.5 mL 95％乙醇的离心管内（或根据实际情况进行适当稀释），混匀。

（2）加样：取两支塑料比色皿，分别加入 4 mL 稀释提取液和 95％乙醇，放置在简易光谱仪前方卡槽中。

（3）观察：对着光源观察并记录光带情况。

（4）对比：每个小组成员各完成一种叶片色素提取液的稀释和加样，然后互换比色皿进行观察，对比并记录不同叶片材料吸收光谱的差异。

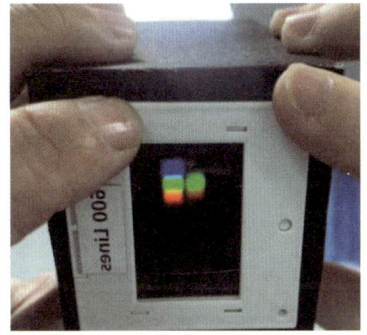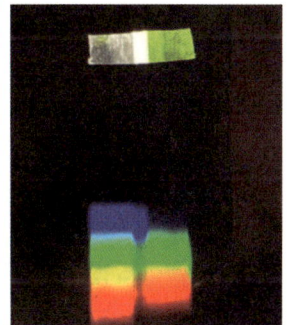

图 4-5-8　观察对比吸收光谱（卡槽中的比色杯内分别盛有 95％乙醇、色素溶液）

【实验结果】

1. 简易光谱仪模型。

图 4-5-9　制作完成的简易光谱仪

2. 不同叶片色素的层析结果。

将不同叶片的色素条带进行整理和对比，木槿绿叶和黄叶在类胡萝卜素（叶黄素、胡萝卜素）上并没有明显的差异，但是木槿绿叶中的叶绿素明显多于木槿黄叶；白菜的叶绿素含量极少，肉眼上几乎只能看到类胡萝卜素的条带；菠菜叶光合色素的层析结果与苋菜相似，最上面是叶黄素，紧接着是胡萝卜素，而后是叶绿素 a 和叶绿素 b。

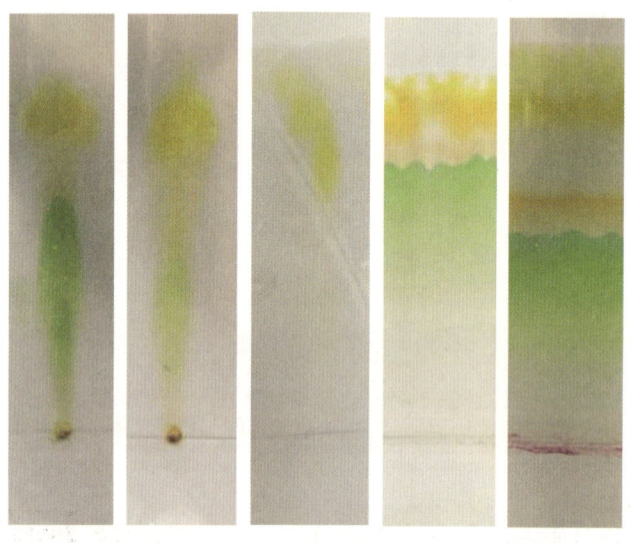

图 4-5-10　不同色素层析条带对比（依次为木槿绿叶、木槿黄叶、白菜叶、菠菜叶、苋菜叶）

不同叶片中色素的种类见下表。

色素条带	叶 片					
	木槿绿叶	木槿黄叶	白菜叶	菠菜叶	苋菜叶
第一条	叶黄素	叶黄素	叶黄素	叶黄素	叶黄素
第二条	胡萝卜素	胡萝卜素	胡萝卜素	胡萝卜素	胡萝卜素
第三条	叶绿素 a	—	—	叶绿素 a	叶绿素 a
第四条	叶绿素 b	—	—	叶绿素 b	叶绿素 b
第五条	—	—	—	—	苋菜红素

注：色素条带的次序为从上到下。

查阅资料发现，苋菜红素并非光合色素，因此增设一组实验。将层析液由95％乙醇替换成清水，实验结果显示，4种脂溶性色素不随着水在聚酰胺薄膜上吸附而分离，只有苋菜红素发生了分离，从而验证了苋菜中的这种特殊色素是水溶特性。

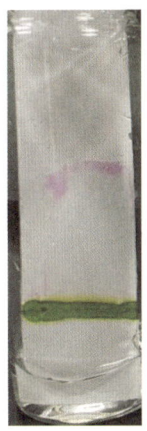

图 4-5-11　苋菜叶片色素条带（层析液：左为95％乙醇，右为清水）

3．不同叶片色素的吸收光谱。

实验结果显示，不同叶片的光合色素存在差异，不同叶片色素的吸收光谱也会出现相应的变化。木槿黄叶和白菜叶的光合色素为类胡萝卜素，与对照组相比可以看出其吸收的主要是蓝紫光；木槿绿叶和菠菜叶的光合色素与木槿黄叶和白菜叶相比多了叶绿素，其对红光的吸收明显增加，且对蓝紫光的吸收量也有提高。由此可推测类胡萝卜素主要吸收蓝紫光，叶绿素主要吸收红光和蓝紫光。

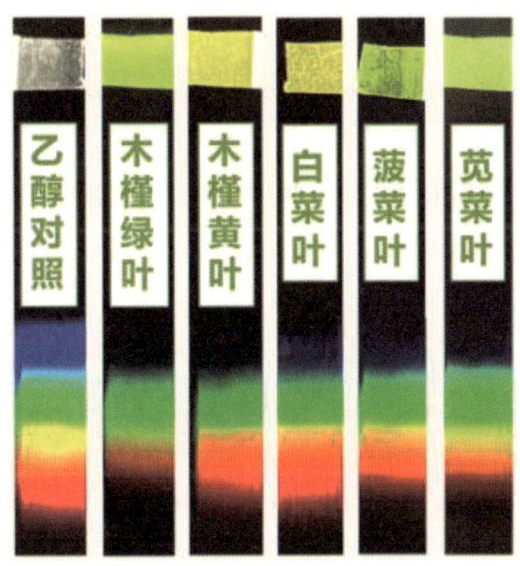

图 4-5-12　不同叶片色素的吸收光谱

【实验关键及注意事项】

1．制作简易光谱仪时，画图要尽量准确，否则会影响成品质量和后续观察。

2. 用组织培养瓶进行层析时，注意拧紧瓶盖。

3. 利用聚酰胺薄膜层析分离色素所需的时间较久，耐心等待一段时间，实验效果更明显。有条件的可以用延时摄影记录变化过程。

4. 通过比较得出不同色素与吸收光谱的关联，从而推测出色素的吸收光谱。

【教学建议】

1. 教学实施。

建议安排4课时完成，其中设计和制作简易光谱仪安排1课时，光合色素的提取、光合色素的分离以及不同叶片色素吸收光谱的观察各安排1课时。教师需要引导学生紧紧围绕"如何通过合理选择人工光源增加作物产量"这一关键问题开展实践活动，通过创设有层次、具有递进关系的驱动性子问题，借助任务驱动，激发学生的学习内驱力，亲身参与实践，逐步达成学习目标。

2. 设计和制作简易光谱仪。

为了观察到光合色素的吸收光谱，从而为最终选定适宜的人工光源提供依据，首先需要制作用于观察光合色素的工具。教师可引导学生综合运用生物学、物理、通用技术等学科知识和技能，自行设计并动手制作简易光谱仪。

3. 光合色素的提取和分离。

教师可以提前引导学生查阅资料，了解光合色素的化学特性及提取和分离的一般方法，课上完成不同叶片光合色素的提取和分离，并指导学生根据色素条带的对比得出不同叶片光合色素种类和相对含量的差异。四种叶绿体色素本身就有颜色，可以作为判断依据。叶绿素a呈蓝绿色，叶绿素b呈黄绿色，叶黄素呈黄色，胡萝卜素呈橙黄色。需要注意的是，与传统的光合色素分离实验相比，本实验的吸附载体和层析液都作了改变，层析分离结果中色素条带的排列顺序也发生了改变，从顶端至画线端依次为叶黄素、胡萝卜素、叶绿素a、叶绿素b。这要求学生能根据实验现象（条带颜色）实事求是地判断色素的种类，不要求刻意记忆色素带的顺序。基于本实验，教师还可以进一步引导学生分析变黄的木槿叶片中色素种类会有怎样的变化，对其光合作用又有什么影响，进而引导学生理解植物因缺乏叶绿素，光合作用效率会降低，以及植物通过落叶减少植株有机物的消耗和水分的散失，以更好地适应环境。

4. 不同叶片光合色素吸收光谱的观察和实验拓展。

借助自制的简易光谱仪对色素提取液进行观察，对比得出不同叶片色素吸收光谱的差异。教师应注重引导学生结合实验结果分析不同叶片光合色素差异所导致的相应吸收光谱的变化情况。通过对比分析，学生能够自主建立光合色素和主要吸收光质之间的联系，理解植物主要吸收红光和蓝紫光。为了选出对植物生长最有利的人工光源，还可以进一步拓展探究红光和蓝光应该如何配比使用，引导学生以生菜等容易种植的作物为实验材料，探究促进其生长的最佳光质组合。

由于此项任务实验周期较长，建议教师合理安排课内外时间完成教学，课内实验安排 2 课时完成，其中 1 课时进行生菜种植，1 课时进行数据测定和分析。

实验实施：①生菜种子播种于育苗盘，分层放置在组培架上，分别在白光和不同红光（660 nm）、蓝光（450 nm）组合的 LED 光源下培养 20 天；②每组随机选取 5 株测定叶片数、株高、主根长和鲜重后取平均值；③将实验结果记录在下表。

光质组合	叶片数/片	株高/cm	主根长/mm	鲜重/g
白光				
红光∶蓝光＝1∶2				
红光∶蓝光＝1∶1				
红光∶蓝光＝3∶2				
红光∶蓝光＝2∶1				
红光∶蓝光＝3∶1				

根据实验结果，引导学生分析什么样的光质组合促进生菜生长的效果最佳，由此可以选择该光质组合作为植物工厂栽培生菜的最佳人工光源。需要注意的是，由于不同植物生长所需的光质存在差异，同种光质对植物不同生长阶段的影响也不尽相同，因此，在实际的生产实践中还需要根据具体情况进行相应实验后再选择合适的光源。

5. 叶绿素荧光现象观察的实验拓展。

观察色素提取液时，对着光源看到试管内提取液呈绿色，背着光源看到试管内提取液呈红色，这是因为对光观察时，看到的是叶绿素的吸收光谱，由于色素提取液吸收绿光最少，故观察到的是绿色透射光，而背光观察时，看到的是叶绿素分子受激发后产生的发射光谱，也就是荧光，因此，色素提取液在反射光下呈红色。

对光　　　　　　　　　背光

图 4-5-13　色素提取液对光观察和背光观察

教师可以适当拓展叶绿素荧光的原理和应用。目前，叶绿素荧光作为光合作用研究的探针，得到了广泛的研究和应用。叶绿素荧光不仅能反映光能吸收、激发能传递和光化学反应等光合作用的初反应过程,而且与电子传递、质子梯度的建立及ATP的合成、CO_2的固定等过程有关。几乎所有光合作用过程的变化均可通过叶绿素荧光反映出来,而荧光测定技术不需破碎细胞,不伤害生物体,因此通过研究叶绿素荧光来间接研究光合作用的变化是一种简便、快捷、可靠的方法。

6. 过程性评价。

教师可以不同实验对应的学习目标作为评价依据,在每个任务的实施中均要及时对学生进行评价,如实验操作的规范性、色素层析结果、简易光谱仪制作成品质量等,让学生对任务实施过程和成果进行反思、论证、拓展和提升,确保下一个任务能够顺利完成,培养学生的科学探究素养。

实验 6 探究抗生素对细菌的选择作用

【实验目的】

1. 通过观察细菌在含有抗生素的培养基上的生长状况,探究抗生素对细菌的选择作用。

2. 能够理解耐药菌的出现与抗生素选择之间的关系,形成合理使用抗生素的意识。

【实验原理】

抗生素是一类由微生物或其他生物生命活动过程中合成的次生代谢产物或其人工衍生物,在很低浓度时就能抑制或干扰他种生物(包括病原菌、病毒等)的生命活动。抗生素及其产生菌的种类很多,其抗菌谱和作用机制各异。一般情况下,一定浓度的抗生素会杀死细菌,但变异的细菌可能产生耐药性,从而存活下来。

抗生素药敏纸片是临床检测细菌对抗生素药物敏感性的一种诊断制品,每张纸片直径 6 mm,含有所示浓度抗生素,纸片两面清晰印有抗生素编码缩写和剂量。纸片法是目前使用最为广泛的细菌药敏测定方法之一,其方法是将浸有抗生素药物的纸片贴在涂有细菌的琼脂平板上,抗生素药物在琼脂平板上向四周扩散,其浓度呈梯度递减,因此在纸片周围一定距离内的细菌生长受到抑制,培养后会形成一个抑菌圈,通过测定抑菌圈的直径即可判定受试菌的药敏性。

【材料用具】

1. 菌种:野生型大肠杆菌。

2. 试剂:LB 肉汤培养基、LB 肉汤琼脂培养基、无菌水、75% 乙醇、多种药敏纸片。

3. 器材：9 cm 培养皿、接种环、涂布器、酒精灯、超净工作台、恒温摇床、恒温培养箱、烘干箱、直尺、记号笔、镊子、高压蒸汽灭菌锅、250 mL 锥形瓶、500 mL 烧杯、玻璃棒、量筒、移液器、移液枪头、报纸、橡皮筋、软木塞、打火机、1.5 mL EP 管（微型离心管）、电子天平、药匙、称量纸、电磁炉、锅、试管、pH 试纸、封口膜、空白药敏纸片等。

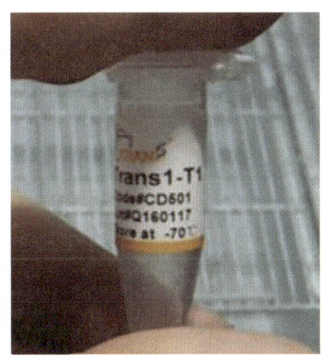

图 4-6-1　大肠杆菌

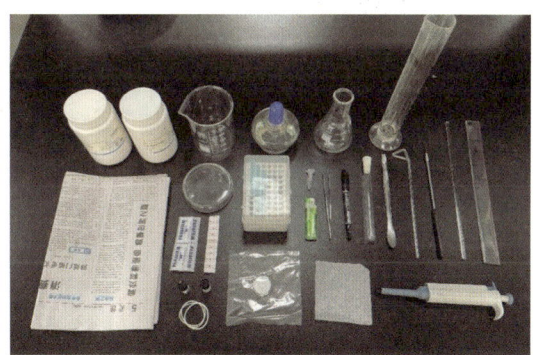

图 4-6-2　实验试剂

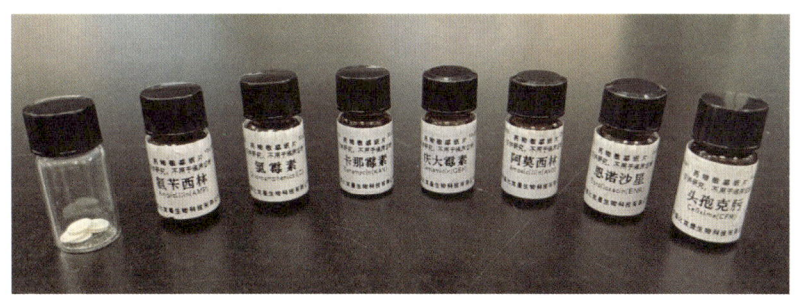

图 4-6-3　药敏纸片

【实验步骤】

1. 菌株的活化。

将大肠杆菌从 −80 ℃冰箱取出，待其完全融化后，在超净工作台中，用无菌接种环蘸取少量菌液，在平板上划线。置于 37 ℃恒温培养箱中培养 12 h，直至平板上长出单菌落。

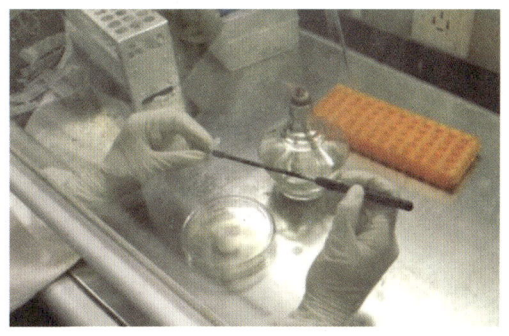

图 4-6-4　大肠杆菌的活化

2. 菌株的培养。

在超净工作台中，用移液枪头将单菌落挑到盛有 5 mL 液体培养基的试管中，置于 37 ℃、转速为 220 r/min 的恒温摇床中培养 12~16 h，此时细菌处于对数生长期。

图 4-6-5　菌株的培养（恒温摇床）

3. 编号。

用记号笔在培养皿的底部画两条相互垂直的直线，将培养皿分为四个区域，分别标记为 1~4，其中 1 为空白对照。

4. 接种与培养。

选择处于对数生长期的大肠杆菌为实验材料，在超净工作台中，用移液器吸取 100 μL 菌液转移到平板上，用无菌涂布器将其均匀地涂抹在培养基平板上。

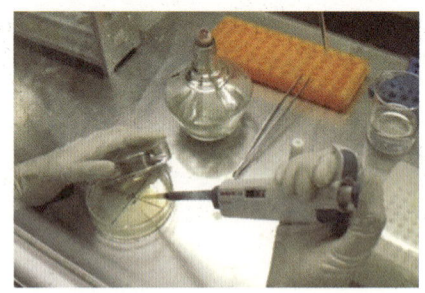

图 4-6-6　向平板内接种大肠杆菌

5. 放置药敏纸片。

用无菌的镊子先夹取一张空白药敏纸片放在区域 1 的中央，再夹取三张含抗生素的药敏纸片分别放置在区域 2~4 的中央，用镊子轻压使其贴紧，盖上皿盖（药敏纸片均需距离培养基边缘 15 mm 以上）。

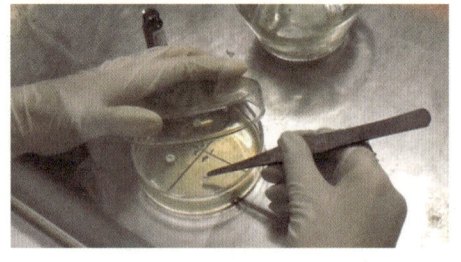

图 4-6-7　放置药敏纸片

6. 恒温培养。

将培养皿倒置于 37 ℃的恒温培养箱培养 12 h。

图 4-6-8　恒温培养箱中培养

7. 观察、测量与记录。

观察培养基上细菌的生长状况，以及纸片附近是否出现抑菌圈。用十字交叉法测量每个实验组中抑菌圈的直径，并取平均值。

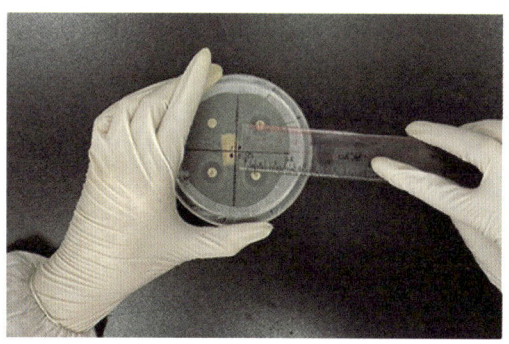

图 4-6-9　抑菌圈尺寸的测量

8. 传代培养。

用移液枪头挑取抑菌圈边缘的菌落，接种至液体培养基中，重复步骤 3～7，记录每一代培养物抑菌圈的直径。

实验结果记录表（示例）如下表所示。

抗生素	抑菌圈直径/cm		
	第一代	第二代	第三代

【实验结果】

1 号平板中，顺时针编号 1～4 分别是：空白滤纸片，卡那霉素（KAN）滤纸片，氨苄青霉素滤纸片（AMP），利福平（RA）滤纸片。

2号平板中，顺时针编号1~4分别是：空白滤纸片，氯霉素（C）滤纸片，氨苄青霉素滤纸片（AMP），利福平（RA）滤纸片。

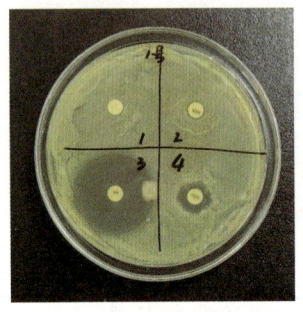 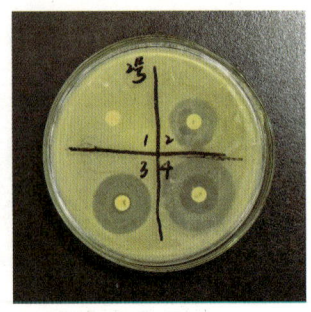

图4-6-10 大肠杆菌生长结果

【实验关键及注意事项】

1. 整个实验过程必须严格进行无菌操作。

2. 将菌液转移到培养皿之前，要先将盛有菌液的试管振荡混匀，防止细菌沉降到底部，导致所取到的细菌浓度下降。菌液取样不宜过多，以约100 μL为宜。

3. 在进行涂布之前，培养基平板不能过于干燥，涂布时应确保菌液均匀分散到平板表面。

4. 在恒温培养箱中培养微生物时，需要倒置平板，以减缓培养基水分的蒸发，同时也为了取用方便，因为培养皿盖大而底小，如果正放，取用时很容易只拿到盖子，造成培养皿内培养基的暴露，可能会出现污染或者培养皿掉落等情况。

5. 实验结束后，应将耐药菌、培养基、纸片等进行高温灭菌处理，避免污染环境。

【教学建议】

1. 考虑到实验的安全性，如大肠杆菌容易造成污染，教师可以引导学生思考，如果不使用大肠杆菌，可以使用哪些简便易获取且无毒无害的菌类，同样可以进行抗生素的筛选实验。

2. 在实验结束后进行知识拓展，介绍抗生素在医学、农业等领域的广泛应用以及面临的挑战，引导学生思考如何将所学知识应用于实际生活，如合理使用抗生素、预防细菌耐药性等，此外，还可以鼓励学生关注最新的科研成果和技术进展，拓宽其视野和知识面。

3. 通过实际操作与观察，学生能够清晰地了解到耐药菌是自然状态下原本就存在的菌株，领悟"适应是自然选择的结果"，明白抗生素的滥用只会不断对耐药菌进行筛选，最终导致超级细菌的产生，从而珍爱生命，拒绝滥用抗生素。

实验 7　小球藻种群数量变化的检测

【实验目的】

用显微镜直接计数法和比浊计数法分别对培养液中小球藻种群数量进行检测，并对上述两种方法进行比较分析。

【实验原理】

1. 显微镜直接计数法。

显微镜直接计数法是将适量待测微生物样品悬浮液置于血细胞计数板上，在显微镜下直接对微生物进行计数的便捷方法。在具体的实验过程中需要将微生物悬浮液稀释至适当浓度，以让每小格的微生物数量达到适于计数的范围内。由于血细胞计数板所能容纳的液体体积是固定的，因此观察并计算固定容积下的微生物数量，再通过公式可以估算出微生物的总数。该方法主要缺陷是测得的是微生物总数，不能区分死、活微生物。可以借助染色的方法将死、活细胞区别开来，从而降低计数的误差。

2. 比浊计数法。

比浊计数法测定微生物数量的原理是以微生物生物量与悬浮液的浑浊程度成正比为基础，利用比浊计或分光光度计测定浊度或吸光度，间接推断样品中的微生物总量。实验过程中若样品悬浮液浓度过大，则需稀释适当倍数，使浊度或吸光度介于 $0.1\sim0.8$。由于比浊计数法具备操作简单、可连续测定、能直接获得数据等优点，目前广泛应用在生产实践中，但存在衰亡期死细胞数量较多、吸光度准确度低、无法区分死细胞和活细胞等问题。

3. 标准曲线。

本实验通过测定一系列已知种群密度的小球藻的吸光度，建立小球藻的吸光度和种群密度的曲线，获得函数关系，利用该函数关系，可由待测样液的吸光度匹配出样液的种群密度，用于样液的定量分析。

【材料用具】

1. 材料：小球藻藻液。
2. 试剂：无菌水。
3. 器材：显微镜、血细胞计数板、分光光度计（或比浊计）、离心管、平板电脑等。

【实验步骤】

1. 小球藻的培养。

（1）按照正常藻种和水混合比例为 1∶3，以及 2‰的培养液添加量进行培养。

（2）将配制好的小球藻藻液置于 25 ℃、光照适宜的组培架上静置培养。每隔半天振荡摇匀。

（3）每隔 24 h 取样，待测。

2. 小球藻的计数。

（1）显微镜直接计数法。

分别取 1 d、2 d、3 d、4 d、5 d 的培养液 1 mL 加入 1.5 mL 离心管中，不同培养时间的培养液振荡均匀后进行适当稀释，采用血细胞计数板（25×16 型）直接计数：吸取稀释后的藻液从血细胞计数板中间平台与盖玻片接触的边缘处加样，使藻液自行渗入并充满计数室，待小球藻全部沉降到计数室底部后在显微镜下计数并记录，小球藻数量在 30～300 之间为有效计数范围，对每个样品重复计数 3 次，取其平均值。小球藻数目 $= A \times 25 \times 10 \times 1000 \times B = 250000 \times A \times B$（个/mL），其中 A 为计数板中 5 个中方格内的小球藻数目平均值，B 为培养液的稀释倍数。

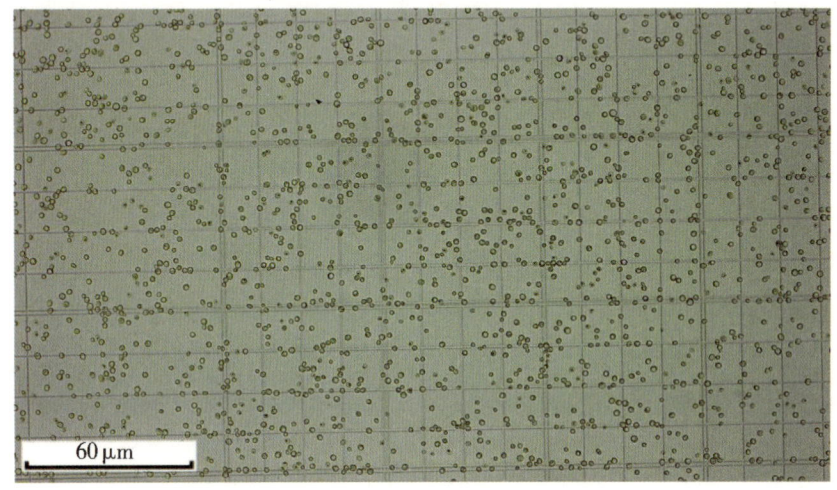

图 4-7-1　血细胞计数板计数

将每一天的数据记录在表 1 中。

表 1　显微镜直接计数法

天数	稀释倍数	中方格小球藻数目平均值	每毫升培养液中小球藻数量/（10^6 个/mL）
1 d			
2 d			
3 d			
4 d			
5 d			

（2）比浊计数法。

①小球藻藻液的稀释。

取 5 个离心管并做好标记，按照表 2 中的编号进行稀释，获得梯度稀释的五种小球藻标准液。

②吸光度测定。

取 800 μL 不同浓度梯度的小球藻藻液加入微量比色皿中，设定分光光度计的波长为 680 nm，用无菌水作为对照调零后，测定样液的吸光度，记录在表 2 中。

表 2　标准曲线的构建

编号	小球藻藻液/μL	无菌水/μL	吸光度 A_{680}	中方格小球藻数目平均值	每毫升培养液中小球藻数量/（10^6 个/mL）
1	500	1000			
2	600	900			
3	750	750			
4	1000	500			
5	1500	0			

（注：1 mL 培养液中的小球藻数量＝中方格小球藻数目平均值×25×10^4。）

③血细胞计数板计数。

分别取 10 μL 不同浓度的小球藻标准液，滴于血细胞计数板盖玻片的边缘，让液体缓缓渗入，静置一段时间后，在显微镜下观察并对 5 个中方格进行计数，换算成种群密度（每毫升培养液中小球藻数量），记录在表 2 中。

④构建数学模型。

绘制每毫升藻液中小球藻细胞数量与吸光度的标准曲线。将 5 组数据填入电脑平板的表格区域，即可获得标准曲线与回归方程。

⑤分别取 1 d、2 d、3 d、4 d、5 d 的培养液 1 mL 加入 1.5 mL 离心管中，按照不同稀释倍数分别对不同培养时间的样品进行稀释，将稀释后的培养液作为待测小球藻培养液进行测定。以无菌水为空白对照，在 680 nm 波长下测定不同培养时间待测小球藻培养液的 A_{680}，样液 A_{680} 应在 0.2~0.8，每份样品测定 3 次，取平均值并记录在表 3 中。

表 3　比浊计数法测定待测藻液细胞数

天数	稀释倍数	吸光度 A_{680}	依据标准曲线计算每毫升培养液中小球藻数量/（10^6 个/mL）
1 d			
2 d			

续表

天数	稀释倍数	吸光度 A_{680}	依据标准曲线计算每毫升培养液中小球藻数量/(10^6 个/mL)
3 d			
4 d			
5 d			

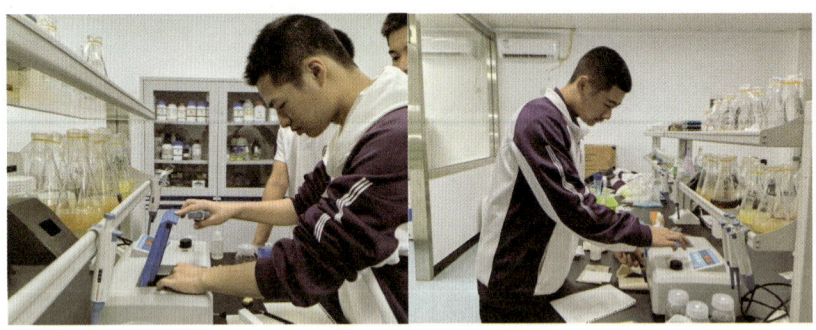

图 4-7-2　测定吸光度

【实验结果】

根据实验结果构建得到小球藻种群数量动态变化模型。

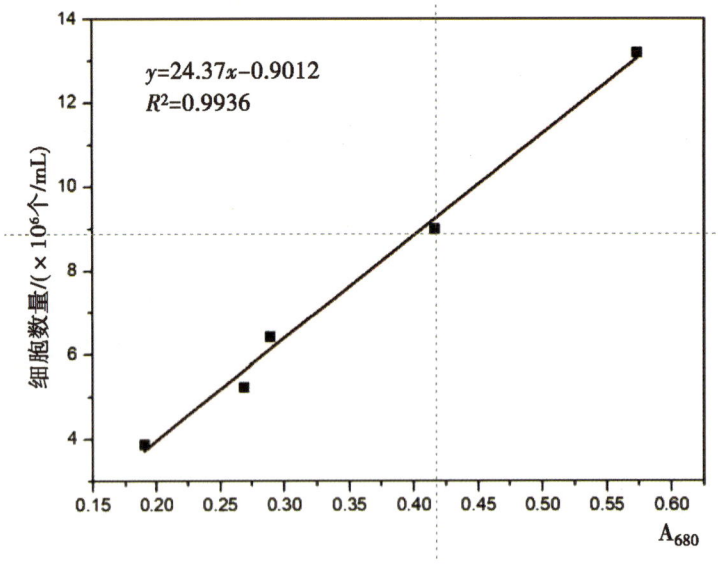

图 4-7-3　小球藻吸光度与细胞数量的标准曲线

【实验关键及注意事项】

1. 用比浊计数法测定吸光度，吸光度会随着时间的延长细胞的沉降而变化。因此所有样品的测定需在一定时间内完成，以免影响种群数量定量的准确度。

2. 由于操作误差导致标准品读数严重偏离线性曲线的应舍去。标准曲线的 R^2 指的是决定系数。R^2 值越接近 1，吻合程度越高；R^2 值越接近 0，吻合程度越低。

3. 未知样品浓度可以根据标准曲线方程计算得出，注意需要乘以样品的稀释倍数。

4. 如果得到的吸光度不在检测范围内，需重新稀释样品后再次测定。

【教学建议】

种群数量的变化是实验教学的一个重要内容，研究种群数量变化可以帮助学生理解生物生长的规律和影响因素。

1. 理论与实践相结合：在实验前，先向学生介绍小球藻的生长特性、种群增长曲线的概念以及影响生长的因素等理论知识。

2. 设计实验方案：引导学生自行设计实验方案，包括选择适当的接种比例、控制实验条件（如温度、光照等）、确定采样时间和测量方法（如显微细胞计数法、浊度测定法等）。

3. 分组合作：鼓励学生分组进行实验，促进团队合作和交流。

4. 数据记录与分析：要求学生详细记录实验数据，并引导学生对数据进行整理、分析和解释，以绘制种群增长曲线。

5. 讨论与反思：组织学生讨论实验结果，比较不同小组之间的数据差异，探讨可能的原因，并反思实验设计和操作中的不足。

6. 拓展探究：鼓励学生探索不同条件下小球藻种群数量的变化，如改变培养基营养成分、温度等，观察这些变化如何影响种群增长曲线。

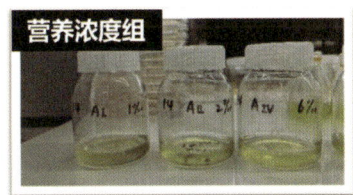
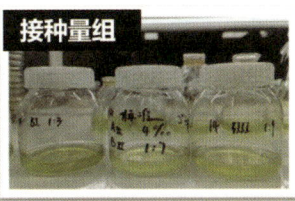

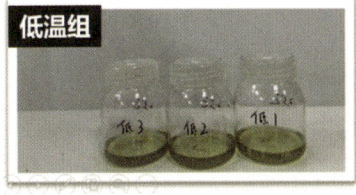

图 4-7-4　探索不同条件下小球藻种群数量变化

实验 8　植物组织培养

【实验目的】

1. 掌握植物细胞脱分化与再分化、植物离体形态发生与发育、植物生长物质的作用机制等基础理论知识。

2. 掌握培养基的配制，以及高压蒸汽灭菌锅等仪器设备安全、规范使用的方法。

3. 熟悉植物组织培养的基本操作过程，如外植体的选择与处理、无菌操作、环境条件控制等。

4. 根据各类植物材料对培养基的特异性需求，选择合适的培养基配方，合理调控组织培养物的脱分化和再分化状态。

【实验原理】

1. 植物组织培养。

植物细胞具有全能性，即植物细胞经分裂和分化后，仍具有产生完整生物体或分化成其他各种细胞的潜能。高度分化的植物组织细胞，在适宜的条件下能体现出全能性。植物组织培养是指将离体的植物器官、组织或细胞等，培养在人工配制的培养基上，给予适宜的培养条件，诱导其形成完整植株的技术。这些离体培养的植物器官、组织或细胞被称为外植体。目前植物组织培养技术已在物种快速繁殖、作物脱毒、单倍体育种、突变体育种、远缘杂交、人工种子培育、种质保存、次生代谢产物生产和基因工程等方面发挥重要的作用。

2. 外植体离体培养。

在植物离体形态发生过程中，外植体可以先通过脱分化形成愈伤组织，愈伤组织再分化形成植株，也可以直接从外植体上产生不定器官（芽、根）或胚状体。另外，在去茎尖培养时，往往会诱发侧芽的萌发，形成芽丛或一定数量的萌发枝。将产生的芽丛分割成单芽或小芽丛，将萌发枝分割成含侧芽的茎段，转接入新鲜培养基中继续增殖，或转入生根培养基中诱导根的形成，最终实现植株的再生。

3. 植物生长调节剂。

植物组织培养中使用的激素种类及含量需要根据不同的研究目的而定。植物生长调节剂是诱导愈伤组织形成的重要因素。对某些植物材料而言，生长素和细胞分裂素对保持愈伤组织的快速生长是必要的，特别是两者结合使用时，能更强烈地刺激愈伤组织的形成。细胞分裂素和生长素用量的比例将决定细胞分化方向。可以利用细胞分裂素的浓度高于生长素时促进生芽的原理进行生芽培养。一般认为，矿质元素浓度较低时有利于生根，所以生根培养时一般选用无机盐浓度较低的培养基作为基本培养基。无机盐浓度较高的培养基，应稀释一定的倍数再使用。如在生根、壮苗时，多采用 1/2 或 1/4 的 MS 培养基。一般生根培养基中要完全去除或仅用很低浓度的细胞分裂素，并加入适量的生长素，进行生根诱导。

【材料用具】

1. 材料：金线莲、铁皮石斛、胡萝卜等外植体。
2. 试剂：MS 培养基粉末（含琼脂、蔗糖等）、5％次氯酸钠、75％酒精、蔗糖、琼脂、6-苄氨基腺嘌呤（6-BA）、α-萘乙酸（NAA）、2,4-二氯苯氧乙酸（2,4-D）、1 mol/L NaOH 溶液、1 mol/L HCl 溶液、蒸馏水、食用色素等。
3. 器材：培养室（培养箱）、超净工作台、高压蒸汽灭菌锅、干热灭菌烘箱、分析天平、pH 计（或 pH 试纸）、镊子、剪刀、解剖刀、培养瓶、药品瓶、烧杯、锥形瓶、量筒、培养皿、移液器、棉球、酒精灯和废液缸等。

【实验步骤】

1. 制备培养基。

（1）MS 培养基母液的配制（配方见下表）。

母液种类	成分	规定用量 /（mg/L）	母液 称取量 /mg	母液 定容体积 /mL	扩大倍数	配 1 L MS 培养基吸取量 /mL
大量元素	NH_4NO_3	1650	16500	1000	10	100
	KNO_3	1900	19000			
	$CaCl_2 \cdot 2H_2O$	440	4400			
	$MgSO_4 \cdot 7H_2O$	370	3700			
	KH_2PO_4	170	1700			
微量元素	KI	0.83	83	1000	100	10
	H_3BO_3	6.2	620			
	$MnSO_4 \cdot 4H_2O$	22.3	2230			
	$ZnSO_4 \cdot 7H_2O$	8.6	860			
	$Na_2MoO_4 \cdot 2H_2O$	0.25	25			
	$CuSO_4 \cdot 5H_2O$	0.025	2.5			
	$CoCl_2 \cdot 6H_2O$	0.025	2.5			

续表

母液种类	成分	规定用量/(mg/L)	母液称取量/mg	母液定容体积/mL	扩大倍数	配1 L MS培养基吸取量/mL
铁盐	$FeSO_4 \cdot 7H_2O$	27.8	2780	1000	100	10
	Na_2EDTA	37.3	3730			
有机物	肌醇	100	5000	500	50	10
	烟酸	0.5	25			
	盐酸吡哆醇	0.5	25			
	盐酸硫胺素	0.1	5			
	甘氨酸	2.0	100			

（备注：有条件的情况下，可直接选用 MS 培养基粉末，其已含有大量元素、微量元素、铁盐、有机物、蔗糖、琼脂，可按 41.74 g/L 的浓度配制。）

常见的诱导培养基有：愈伤组织培养基、芽诱导培养基、芽增殖培养基、生根培养基等。组培实验过程中，常根据实验具体需求调整培养基配方。

相关培养基配方如下表所示。

金线莲、铁皮石斛	芽诱导培养基	Ⅰ：MS+3.0 mg/L 6-BA+0.2 mg/L NAA+3%蔗糖+0.8%琼脂
		Ⅱ：MS+2.0 mg/L 6-BA+0.15 mg/L NAA+3%蔗糖+0.8%琼脂
	芽增殖培养基	Ⅲ：MS+1.0 mg/L 6-BA+0.1 mg/L NAA+3%蔗糖+0.8%琼脂
		Ⅳ：MS+50 g/L 香蕉汁+3%蔗糖+0.8%琼脂+0.1%活性炭
	生根培养基	Ⅴ：1/2MS（或 MS）+0.1~1.0 mg/L NAA+3%蔗糖+0.8%琼脂+0.1%活性炭
	继代培养基（通用）	Ⅵ：MS+0.5 mg/L 6-BA+0.5 mg/L NAA+土豆匀浆 30 g+蛋白胨 1 g+植培净 2 mL
胡萝卜	愈伤组织培养基	Ⅶ：MS+0.5 mg/L 6-BA+2.0 mg/L 2,4-D
	生芽培养基	Ⅷ：MS+2.0 mg/L 6-BA+0.2 mg/L 2,4-D
	生根培养基	Ⅸ：1/2MS+0.1 mg/L 2,4-D

（2）培养基的分装和灭菌。

培养基煮沸溶解，调 pH 至 5.8，分装于培养瓶中（大瓶加 50 mL、小瓶加 15 mL），放于高压蒸汽灭菌锅的层架中，灭菌（121 ℃，30 min），备用。

（3）培养基、器具的灭菌。

培养基、玻璃器皿、蒸馏水、刀具等用高压蒸汽灭菌锅 121 ℃灭菌 15~20 min（注意灭菌锅的正确和规范使用），灭菌后可放入烘箱中除去水汽备用。

（4）其他组培实验用品（用于切、分外植体）的准备。

①准备 2 个 1 L 的药品瓶，分别装入 1 L 双蒸水（ddH_2O）。

②准备 1 个直径大于或等于 100 mm 的玻璃培养皿，清洗干净后，用纸巾擦干，放入 10 张滤纸，盖好皿盖后，用报纸将培养皿包好并用皮筋扎紧。

③准备 2 把接种镊子和 1 把解剖刀，用报纸将其包好并用皮筋扎紧。

④准备 1 个 500 mL 的烧杯，依次用 8 层纱布和报纸包好烧杯口并用皮筋扎紧。

⑤将经高压蒸汽灭菌后的烧杯、玻璃培养皿、镊子和解剖刀放入 65 ~ 70 ℃的烘箱烘干，待用。

2. 金线莲、铁皮石斛的继代培养。

（1）先将接种工具、无菌水、培养基等置于超净工作台上，紫外消毒 30 min。

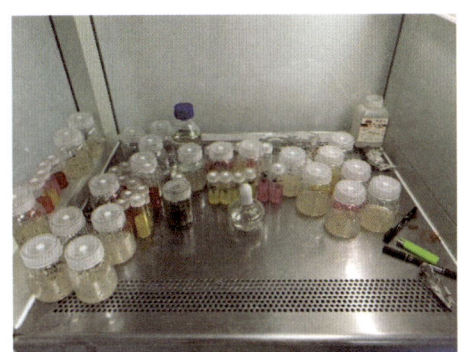 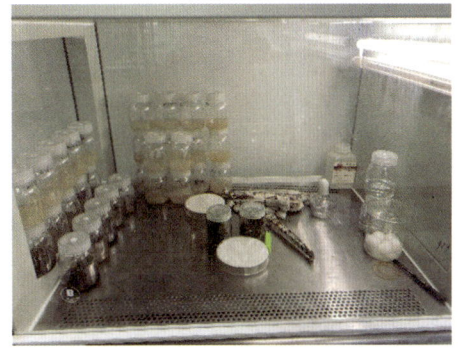

图 4-8-1　金线莲、铁皮石斛接种准备

（2）洗净双手，更换鞋帽，进入无菌操作室。

（3）点上酒精灯，火焰灭菌剪刀、解剖刀、镊子等器具。

（4）用酒精棉球擦拭具萌发枝或丛生芽的培养瓶。

（5）在超净工作台上取出萌发枝或丛生芽，置于灭菌的培养皿中，将萌发枝分割成含侧芽的茎段或将丛生芽切成单株的芽苗（金线莲可切段操作，铁皮石斛可直接分株）。

图 4-8-2　金线莲切段

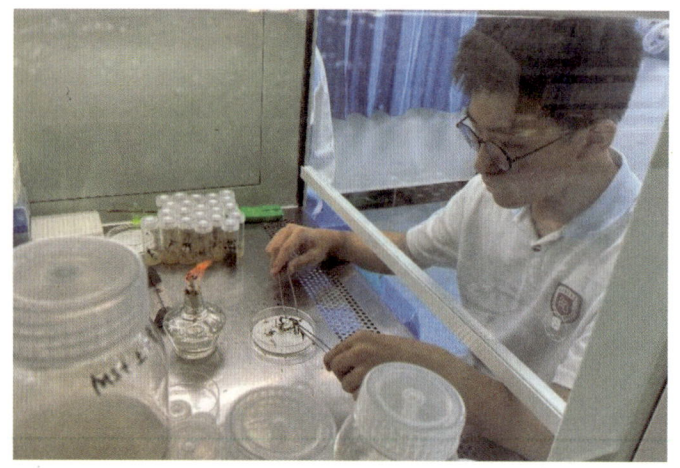

图 4-8-3　铁皮石斛分株

（6）在酒精灯火焰无菌区，将切开的茎段或丛生芽接种到新制备的继代增殖培养基中（Ⅳ），分株的芽苗接种到生根培养基中（Ⅴ）。

（7）将接种好的培养瓶转移到培养室中，温度 25 ℃±1 ℃，光照培养，每天光照约 14 h。

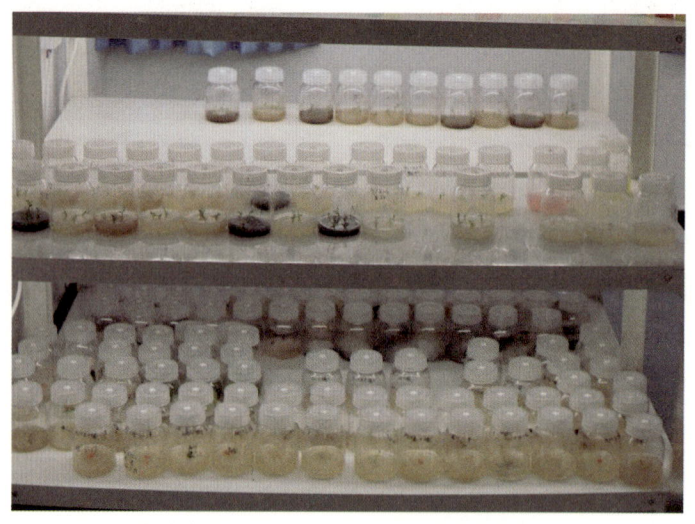

图 4-8-4　培养室光照培养

（8）2~3 周后可见新接种的茎段或丛生芽有明显生长，出现萌发枝或成团状的继代丛生芽，分株芽苗根系萌动并生长。

3. 胡萝卜植物组织培养。

（1）胡萝卜愈伤组织诱导。

①紫外消毒。

将灭菌并烘干的 500 mL 烧杯、镊子、解剖刀、培养皿、1 L 蒸馏水和 1 L 5％次氯酸钠溶液放入超净工作台中。用酒精棉球擦拭双手和超净工作台，开启紫外灯，消毒 15 min。

②清洗胡萝卜。

整根新鲜的胡萝卜用自来水充分洗净后，再用洗洁精清洗，用干净的纸巾或滤纸擦干胡萝卜表面的水分。

③消毒植物材料。

紫外消毒结束后，戴上一次性口罩与手套，用酒精棉球擦拭双手，点燃酒精灯，并将胡萝卜放入超净工作台。将解剖刀置于酒精灯外焰中灼烧 1~2 min，晾凉待用。接着用酒精棉球擦拭胡萝卜表面，置于培养皿中，用解剖刀将胡萝卜切成厚度约 1 cm 的圆片。将切好的圆片放入无菌的 500 mL 烧杯中，先用 75% 酒精消毒 30 s，无菌水冲洗 3 次，再用 5% 次氯酸钠溶液浸泡 5~8 min，无菌水冲洗 3~5 次，将胡萝卜圆片转移至干净的玻璃培养皿中，并用无菌滤纸吸去表面残留的水分，接着用解剖刀除去表面的白色组织，然后将胡萝小圆片等分为 6~8 个扇形组织块，最后去除韧皮部和木质部，留下形成层组织块（形成层位于木质部和韧皮部之间）。

④接种。

将接种镊子置于酒精灯外焰中灼烧 1~2 min，晾凉待用，接着在酒精灯火焰旁撕开平板培养基外侧的封口膜，用冷却的镊子夹取切好的胡萝卜形成层组织块，并将组织块的一侧嵌入培养基中。每培养皿接种 3~5 个外植体。盖好培养皿盖并用封口膜密封，之后将培养皿转移至恒温培养箱中培养。

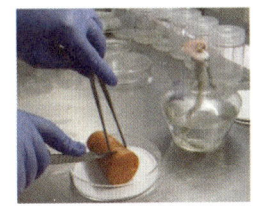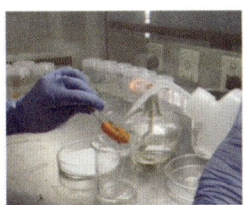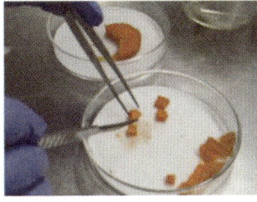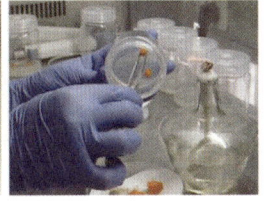

图 4-8-5 胡萝卜形成层组织块切取和接种

⑤培养。

培养温度 25 ℃±2 ℃，光照 14 h/d，光照强度 2000 lx。

（2）胡萝卜的继代芽培养。

无菌操作和实验准备同上。将胡萝卜愈伤组织放入超净工作台，用镊子取出愈伤组织，放在无菌培养皿中，将愈伤组织生长较好的部位切割下来转接到生芽培养基表面，注意切口面向下。将培养瓶转移至培养室内进行光照培养。

（3）胡萝卜芽苗的生根诱导。

无菌操作和实验准备同上。用镊子取出带芽的小簇苗，放在无菌培养皿中，用解剖刀把每一个小芽分开。用镊子把芽苗插入生根培养基中，每瓶接种 3~4 个芽苗。将接种的芽苗置于培养室内进行生根培养。

【实验结果】

1. 金线莲的继代培养。

图 4-8-6　金线莲瓶苗（分株、平放或插入培养基）

 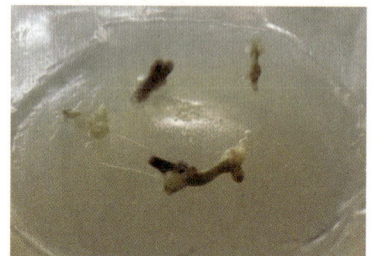

图 4-8-7　金线莲茎段萌动生长（丛生芽分生）

图 4-8-8　继代丛生芽发育成实生苗

2. 铁皮石斛的继代培养。

图 4-8-9　分株的铁皮石斛

图 4-8-10　诱导形成不同的铁皮石斛组织

（愈伤组织、根、丛生芽、萌发枝、团状的继代丛生芽）

图 4-8-11　继代培养的铁皮石斛丛生苗

3. 胡萝卜的组织培养。

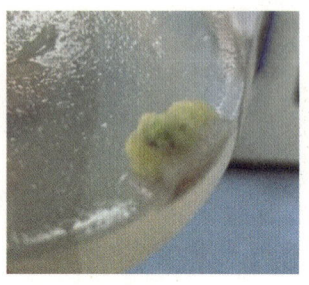

图 4-8-12　胡萝卜愈伤组织

图 4-8-13　胡萝卜继代芽苗生根

【实验关键及注意事项】

1. 配制 MS 培养基时，需要将培养基煮沸溶解。如使用电磁炉，注意开小火煮沸，防止粘锅。

2. 配制生长素类溶液，例如吲哚乙酸（IAA）、NAA、2,4-D、吲哚丁酸（IBA），应先用少量 95% 乙醇或无水乙醇充分溶解，或者用 1 mol/L 的 NaOH 溶解，然后用蒸馏水定容。配制细胞分裂素类溶液，例如激动素（KT），应先用少量 95% 乙醇或无水乙醇加 3~4 滴 1 mol/L 的盐酸溶解，再用蒸馏水定容。

3. 外植体材料的表面消毒，是组培技术的重要环节。根据不同的外植体材料，选择适当的消毒剂、合适的浓度和处理时间，并灵活掌握使用。

4. 接种时要防止交叉污染，镊子和解剖刀等工具每次使用前均应进行灼烧，晾凉后再使用。

5. 接种的外植体在瓶内要分布均匀，以保证必要的营养和光照等条件。

6. 接种时尽量避免做明显扰动气流的动作（如说笑、打喷嚏等），以免气流紊乱，造成污染。

7. 接种完毕，要做好标记工作，如材料名称、培养基种类和接种日期等。

8. 接种完毕，熄灭酒精灯，将原培养瓶盖拧紧，小心拿出继代培养瓶，置于组培架上，排列整齐，分组放好，进行培养。

【教学建议】

1. 教学实施。

植物组织培养是一项实用性与技术性较强的工作。为确保实验顺利进行，必须具备基本的实验设备条件。学生不仅需要熟练掌握植物离体培养的基本技术，包括培养基的配制、外植体的选择与处理、无菌操作、环境条件控制等，还需要具备植物细胞脱分化与再分化、植物离体形态发生与发育、植物生长物质的作用机制等基础理论知识，所以教师在授课过程中应注重对相关知识的梳理与铺垫。

2. 开展开放式植物组织培养。

受超净工作台条件的限制，可在教室内开展开放式植物组织培养，同样应遵循无菌操作原则。学生通过亲手采摘学校生物园内多种植物的茎段作为组织培养的外植体，经过消毒等系列步骤，规范使用无菌镊子等工具，将外植体接种到含芽诱导培养基的培养瓶中，后期还可继续追踪培养瓶中"小生命"的生根发芽之路，见证植株再生的过程。

金线莲、铁皮石斛、绿萝、红叶石楠等外植体的芽诱导开放式组织培养操作如下。

（1）接种准备同上述实验步骤。

（2）材料的预处理：选取健壮无病害的外植体枝条，去除枝条上的叶片，冲洗干净，擦干茎段表面的水分。

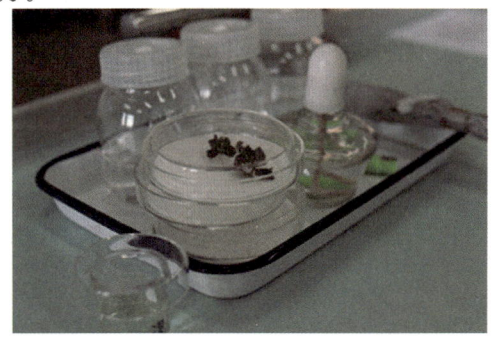

图 4-8-14　预处理的金线莲植株

（3）剪取茎段，进行消毒：用5%次氯酸钠溶液浸泡15~20 min，再用无菌水洗涤3~4次。取出消毒好的茎段材料，置于无菌培养皿中。

图4-8-15　预处理的外植体

（4）用剪刀、解剖刀将消毒茎段的两端切除后，按无菌操作规范，使用无菌镊子将茎段接种到含芽诱导培养基（Ⅰ或Ⅱ）的培养瓶中。

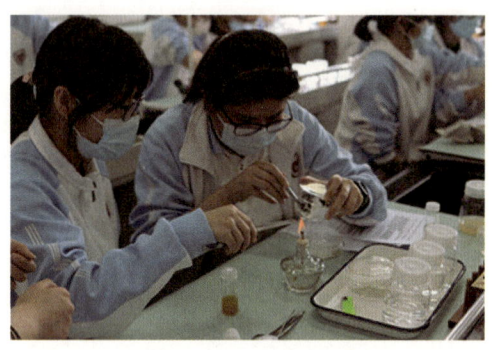

图4-8-16　开放式组培接种操作

（5）于培养室中25 ℃±1 ℃、光照条件下培养，每天光照约14 h。

（6）培养期间定期观察培养物生长和染菌情况，并及时做好染菌瓶的处理。

（7）约2周后可见茎节上新芽萌动。

（8）约一个月后丛生芽长成，可在超净工作台中切取新芽转接至新的继代芽增殖培养基（Ⅲ）中进行培养。

（9）将继代芽苗接种到生根培养基中继续培养至成苗。

（10）试管苗经驯化或炼苗后可移栽至土壤中定植。

3. 微型繁殖——让手指植物走进生活。

教材中的探究实践"菊花的组织培养"是一个教学重点，可以引导学生在课上尝试制作精美的手指植物。在配制培养基时可以添加食用色素调色，进而获得青翠欲滴的"手指石斛"、婀娜多姿的"手指金线莲"等，学生可以带回家常温培养，只要不时给它们晒晒太阳，它们便能够进行光合作用，轻轻松松延续生命。学生可以从植物组织培养的过程中获得情感体验，领悟现代技术的魅力。

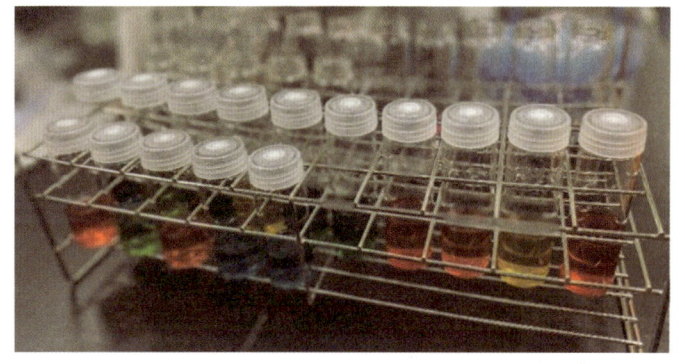

图 4-8-17　五颜六色的培养基

图 4-8-18　金线莲、铁皮石斛苗

图 4-8-19　上海青、番茄苗（无菌种子）

实验 9　探索生长素类调节剂促进植物生根的最适浓度

【实验目的】

1. 开展预实验，探索生长素类调节剂促进植物生根的最适浓度，领悟探究性实验的一般方法和步骤。

2. 理解适宜浓度的生长素类调节剂对植物生根的促进作用，探讨其具有两重性的生理机制，以及科学理论在应用到生产实践的过程中需要解决的实际问题。

3. 通过水培插条，持续观察记录，深入理解 α-萘乙酸（NAA）对植物生根的促进作用及其应用。

【实验原理】

生长素类调节剂是一类具有促进植物生长发育作用的化学物质，其中 NAA 是一种常用的生长素类调节剂，通过刺激植物细胞的伸长、分裂和分化，从而促进插条生根。不同植物对 NAA 的响应存在差异，且同一植物在不同生长阶段和条件下对 NAA 的敏感性也不同。

生长素所发挥的生理作用，受植物的种类、器官、成熟程度、环境条件等多种因素影响。一般情况下，生长素在浓度较低时促进生长，浓度较高时则抑制生长，甚至会杀死细胞；营养器官比生殖器官敏感；根比芽敏感，芽比茎敏感；幼嫩细胞比衰老细胞敏感；双子叶植物一般比单子叶植物敏感。因此，可以设置一系列浓度梯度的 NAA 溶液，通过对照实验，探索不同浓度的 NAA 对植物生根的影响，从而确定最适浓度范围，提高植物的繁育效率。

选用洋葱、大蒜、观音竹、鱼腥草等作为实验材料，是因为这些材料水培生根能力强，生长速度快，实验效果直观。

【材料用具】

1. 材料：洋葱、大蒜、观音竹、鱼腥草、当地主要绿化树种或花卉生长旺盛的一年生枝条等。

2. 试剂：NAA、清水等。可先配制 1 g/L 的 NAA 母液，配制时可加少许无水乙醇促进溶解。

3. 器材：烧杯、量筒、容量瓶、一次性滴管、培养瓶、锥形瓶、尺子或自制测量工具（如标记尺）、标签纸、签字笔等。

图 4-9-1　自制测量工具

【实验步骤】

1. 配制溶液。

精确称取 NAA 粉末，用清水配制成一系列浓度梯度的 NAA 溶液，浓度分别为 10^{-10} g/L、10^{-9} g/L、10^{-8} g/L、10^{-7} g/L、10^{-6} g/L、10^{-5} g/L、10^{-4} g/L、10^{-3} g/L、10^{-2} g/L、10^{-1} g/L（作为实验组），并设置清水对照组。

2. 材料处理。

（1）洋葱：选用长势、大小、重量一致的洋葱若干个，撕去最外层的表皮，不要破坏鳞片叶，露出鳞茎盘，备用。

（2）大蒜：选用长势、长度、粗细一致的蒜瓣若干瓣，蒜瓣去皮，注意保留蒜瓣底部的鳞茎盘，不要破坏或刮到蒜瓣组织。

（3）观音竹：选取长势一致、无病虫害的观音竹枝条，剪成长度一致、带有数个节的插条，去除插条上多余的叶片，仅保留顶端几片叶。

（4）鱼腥草：从生长良好的鱼腥草植株上选取健壮、无病虫害的枝条，剪成长度一致、带有数个节的插条，去除插条上多余的叶片。

3. 分组实验。

（1）洋葱组：将处理好的洋葱随机均分成 9 组，每组 1 个洋葱，设置 3 个平行实验组。

（2）大蒜组：将处理好的大蒜随机均分成 11 组，每组 1 瓣，设置 3 个平行实验组。

（3）观音竹组：将处理好的观音竹插条随机均分成 5 组，每组 1 根插条，设置 3 个平行实验组。

（4）鱼腥草组：将处理好的鱼腥草插条随机均分成 10 组，每组若干根插条，设置 3 个平行实验组。

图 4-9-2　鱼腥草培养

将以上各组实验材料分别用不同浓度的 NAA 溶液处理，确保鳞茎盘刚好触及液面或插条基部完全浸没于溶液中。在培养瓶、锥形瓶或烧杯上用标签纸分别标注 NAA 的浓度。再将实验材料置于适宜的光照、温度和湿度条件下培育。（为了检验实验设计的科学性和可行性，同时避免实验的盲目性和资源浪费，建议先做预实验以确定 NAA 溶液的浓度范围，预实验步骤同上。）

4. 观察并记录实验结果。

定期观察，并记录各组的生根数量、生根长度等。在水培过程中，水分会被吸收或蒸发，应采用同浓度补充的方法，添加相应浓度的 NAA 溶液。

图 4-9-3　生根数量统计、生根长度测量与记录

表格设计如下表所示（供参考）：

统计表（记录时间：××月××日，实验材料：××××）

时间	分组	清水	浓度1	浓度2	浓度3	一系列浓度梯度		
第1天	1							
	2							
	3							
	平均							
		（连续观察、记录并统计）						
第N天	1							
	2							
	3							
	平均							

【实验结果】

1. 洋葱、大蒜组。

洋葱和大蒜水培生根快，效果明显、直观。实验结果（图 4-9-4、4-9-5）表明，在所探索的 NAA 浓度范围内，在 10^{-7} g/L 浓度下 NAA 促进洋葱生根情况总体较好，在 10^{-8} g/L 浓度下 NAA 促进大蒜生根情况总体较好。

图 4-9-4 洋葱水培生根情况（从左到右依次为清水、10^{-10}~10^{-1} g/L 的 NAA 组）

图 4-9-5 大蒜水培生根情况（从左到右依次为清水、10^{-10}~10^{-1} g/L 的 NAA 组）

一系列浓度梯度的数据统计曲线图表明，洋葱和大蒜对 NAA 的响应不完全相同，这可能与它们的生长特性和生根机制有关。

（1）NAA 浓度对洋葱和大蒜生根数的影响。

洋葱和大蒜平均根数统计结果如下表所示。

NAA 浓度梯度/g·L^{-1}	清水	10^{-10}	10^{-9}	10^{-8}	10^{-7}	10^{-6}	10^{-5}	10^{-4}	10^{-3}	10^{-2}	10^{-1}
洋葱平均根数/条	12.6	13.6	13.3	16.2	23.7	13.9	7.4	5.2	4.3	2.2	0.14
大蒜平均根数/条	17.7	21	23	31	28	18	17.1	13.3	10.7	0.3	0

由图 4-9-6 可知，与对照组相比，NAA 浓度为 10^{-7} g/L 时对洋葱具有最大的促进效果，NAA 浓度为 10^{-8} g/L 时对大蒜具有最大的促进效果，表现为生根数最多。在 NAA 浓度为 10^{-5}~10^{-1} g/L 范围内，洋葱和大蒜均表现出生长受抑制。

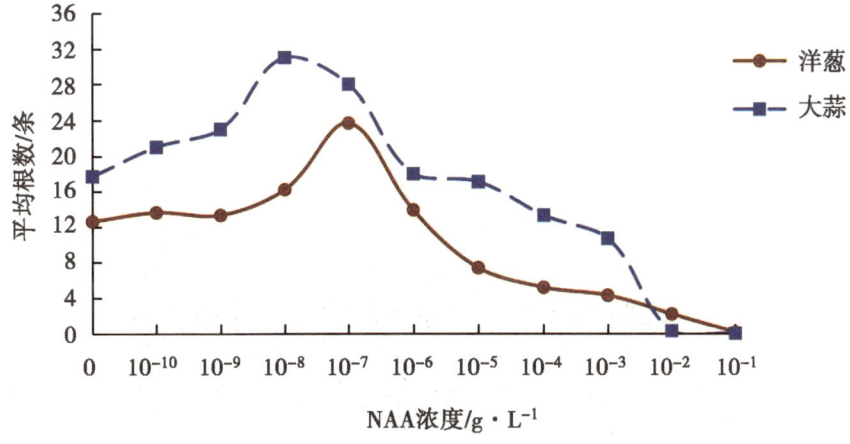

图 4-9-6 洋葱、大蒜平均根数随 NAA 浓度的变化

（2）NAA 浓度对洋葱和大蒜生根长度的影响。

洋葱和大蒜平均根长统计结果如下表所示。

NAA 浓度梯度/g·L^{-1}	清水	10^{-10}	10^{-9}	10^{-8}	10^{-7}	10^{-6}	10^{-5}	10^{-4}	10^{-3}	10^{-2}	10^{-1}
洋葱平均根长/cm	15.8	15	16.2	17.6	27.4	24.5	8.2	6.7	4.5	1.3	0.8
大蒜平均根长/cm	17.7	24	26	31	28	15.7	14.5	12.3	9.3	8.7	0

由图 4-9-7 可知，与对照组相比，NAA 浓度为 10^{-7} g/L 时对洋葱具有最大的促进效果，NAA 浓度为 10^{-8} g/L 时对大蒜具有最大的促进效果，表现为生根长度最大、生根速度最快。洋葱在 NAA 浓度为 $10^{-5} \sim 10^{-1}$ g/L 范围内，大蒜在 NAA 浓度为 $10^{-6} \sim 10^{-1}$ g/L 范围内，均表现为生长受抑制。

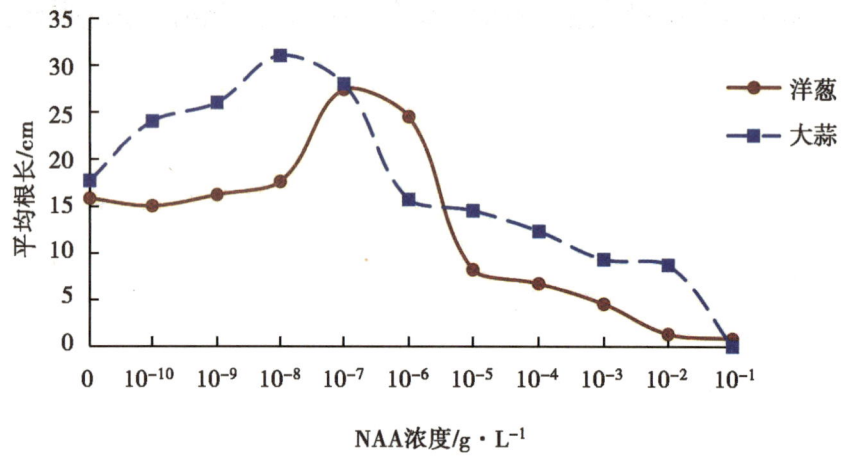

图 4-9-7　洋葱、大蒜平均根长随 NAA 浓度的变化

实验结果表明，NAA 对植物生根的作用具有两重性，表现为低浓度时起促进作用，高浓度时起抑制作用。

（3）NAA 浓度对蒜苗生长的影响。

进一步观察发现，在不同的 NAA 浓度下，蒜瓣顶端上长出的嫩芽和叶片的长度有所不同（如图 4-9-8）。与对照组相比，在 NAA 低浓度时表现为促进作用，在 NAA 高浓度时体现为抑制作用，推测 NAA 对蒜苗生长的调节作用也存在两重性。

图 4-9-8　蒜苗生长情况

2. 观音竹组。

观音竹的根长、根数统计结果如下表所示。

NAA 浓度梯度/g·L^{-1}	清水	10^{-8}	10^{-6}	10^{-4}	10^{-2}
平均根数/条	6	17	9	8	3
平均根长/cm	0.6	1.4	0.6	0.4	0.3

实验结果表明在 NAA 浓度为 10^{-8} g/L 时观音竹生根效果较好（如图 4-9-9）。本实验中，NAA 浓度为 10^{-4} g/L、10^{-2} g/L 的实验组均表现为抑制生长，说明 NAA 对插条生根的作用具有两重性。

图 4-9-9 观音竹生根情况

3. 鱼腥草组。

选择鱼腥草进一步探索同一材料不同部位对 NAA 的响应，结果表明：在适宜的 NAA 浓度下（如 10^{-7} g/L），NAA 促进鱼腥草生根；而在更高浓度下（如 10^{-4} g/L 以上），则对生根产生抑制作用。此外，NAA 对鱼腥草芽的分化也有一定影响，在 10^{-5} g/L 条件下，芽的分化最明显（如图 4-9-10），推测根的敏感性高于芽，在较高的 NAA 浓度下，NAA 对芽仍表现为促进作用。

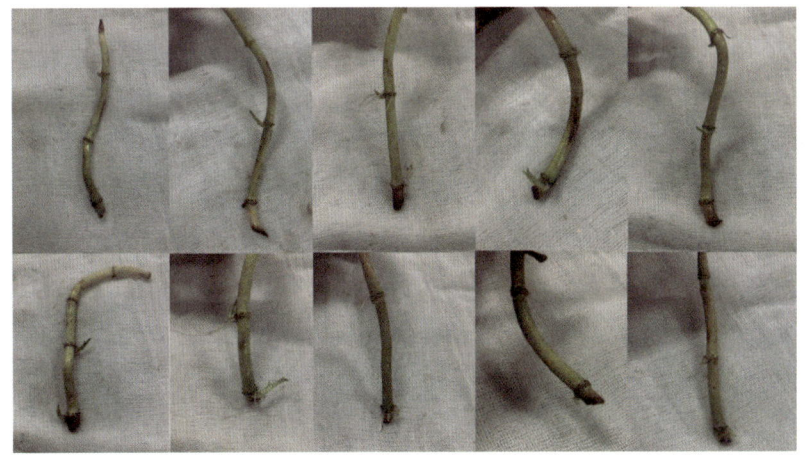

第一排：从左到右依次为清水、$10^{-10}\sim10^{-7}$ g/L 的 NAA 组
第二排：从左到右依次为 $10^{-6}\sim10^{-2}$ g/L 的 NAA 组
图 4-9-10 鱼腥草生根、生芽情况

【实验关键及注意事项】

1. 浓度梯度的设置应合理，预实验后可适当调整以确定最适浓度范围，同时设置对照组以排除干扰因素。

2. 水培时间及记录时间需根据植物种类和预实验结果确定，建议在根生长稳定期进行统计。

3. 保持光照、温度、湿度等条件一致，避免外界干扰因素对实验结果的影响。

4. 详细记录实验数据，采用统计方法分析数据，绘制图表直观展示实验结果。

【教学建议】

1. 实践体验。

在条件允许的情况下，教师应鼓励学生尝试多种实验材料，在课内外给予学生真实的实验体验。进行科学研究时，预实验的重要性不容忽视，它能为正式实验摸索条件，并检验实验设计的科学性和可行性，以免由于设计不周，盲目开展实验而造成人力、物力和财力的浪费。预实验的实施必须严谨，以避免不必要的资源浪费。

教师应规范实验教学流程，关注、把控以下教学细节：

（1）教师提前准备好实验材料和试剂，确保实验顺利进行。同时对学生进行必要的实验安全教育和操作培训。

（2）在实验过程中，教师应及时给予学生适当的操作指导，确保他们正确进行实验操作。同时，鼓励学生进行小组讨论，分享实验心得和发现，以促进学生之间的相互学习和团队协作。

（3）学生需要撰写详细的实验报告，包括实验目的、原理、材料、步骤、结果和讨论等内容，以加深对实验的理解。

（4）预实验中可能存在许多需要改进的地方，需要适时调整。例如，如采用小锥形瓶培养大蒜，替代最初用牙签串蒜瓣，可以减少染菌霉变。

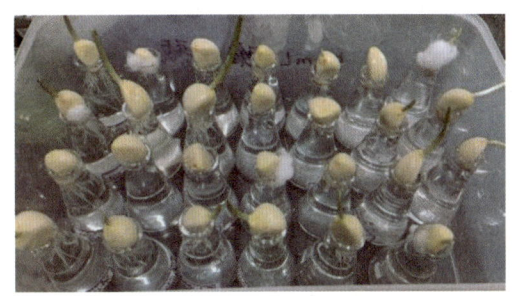

图 4-9-11 大蒜水培的不同处理方式

2. 个性化指导与科学探究。

教师应提供个性化的指导和支持，帮助学生更好地理解和实施实验。本次系列实验旨在探索生长素类调节剂（特别是 NAA）促进多种植物生根的最适浓度。通过水培法观察并记录植物的生根情况，学生不仅可以了解不同植物对 NAA 的响应差异，还能深入探究 NAA 对植物生根作用的两重性。

在实验结果交流时，教师应引导学生思考如何进一步探索最适浓度范围，并鼓励他们设计并实施恰当可行的进一步探究实验。通过小组合作学习，学生共同推进探究方案的设计和实施，提升团队协作和沟通能力。

3. 拓展实验与综合应用。

为了拓宽学生的研究视野和提升学生的实践能力，教师应鼓励学生尝试使用其他生长素类调节剂或不同植物材料进行实验。同时，可以引导学生探究生长素类调节剂在其他方面的应用（如促进果实成熟、延缓衰老等），以培养学生的综合应用能力。通过这些拓展实验，学生可以更深入地了解生长素类调节剂的作用机制和应用前景，为未来的科学研究和实践应用打下坚实基础。

实验 10 酵母菌的纯培养

【实验目的】

1. 熟练掌握酵母菌的培养技术，学会配制培养基、倒平板、无菌操作等基本的微生物实验操作。

2. 尝试通过平板划线法、稀释涂布平板法来分离获得纯化的酵母菌菌落，深入理解纯培养的本质是通过逐步稀释获得单一菌落。

【实验原理】

在微生物学中，在人为规定的条件下培养、繁殖得到的微生物群体称为培养物，而只有一种微生物群体的培养物称为纯培养物。由于在通常情况下纯培养物能较好地被研究、利用和保证结果的可重复性，因此把特定微生物从自然界混杂存在的状态中分离、纯化出来的纯培养技术是进行微生物学研究的基础。

1. 无菌技术。

微生物通常是肉眼看不到的微小生物，而且无处不在。因此，在研究和应用微生物的过程中，必须随时注意保持微生物纯培养物的"纯洁"，防止其他微生物的混入，同时所操作的微生物培养物也不应对环境造成污染。在分离、转接、培养纯培养物时要防止被其他微生物污染，自身也不污染操作环境的技术称为无菌技术，它是保证微生物学研究正常进行的关键。

（1）微生物培养的常用器皿及其灭菌。

实验器具：试管、培养皿等是最为常用的微生物培养器具，在使用前必须先进行灭菌，使容器中不含任何生物。

实验试剂：培养微生物的营养物质称为培养基，可以加到器皿中后一起灭菌，也可以单独灭菌后加到无菌的器皿中。

灭菌方法：最常用的灭菌方法是高压蒸汽灭菌，在 120 ℃加热 20 min 或 115 ℃灭菌 25 min，可达到灭菌的目的，它不仅可以杀灭所有的微生物，包括最耐热的某些微生物的休眠体，同时可以基本保持培养基的营养成分不被破坏。试管需要采用适宜的塞子塞口，通常采用棉花塞，也可用塑料膜等。

（2）接种操作。

由于打开器皿就可能引起器皿内部被环境中的其他微生物污染，因此微生物学实验的所有操作均应在无菌条件下进行。用接种环或接种针分离微生物时，应在酒精灯火焰旁或生物安全柜内进行操作。

2. 利用固体培养基获得纯培养。

固体培养基是用琼脂或其他凝胶物质固化的培养基。分散的微生物在适宜的固体培养基表面或内部生长，繁殖到一定程度可形成肉眼可见的、有一定形态结构的子细胞生长群体，称为菌落。当固体培养基表面众多菌落连成一片时，便称为菌苔。

（1）平板划线法。

通过接种环在固体培养基表面连续划线的操作，将聚集的菌种逐步稀释分散到培养基的表面。经数次划线后培养，可以分离得到单菌落。

（2）稀释涂布平板法。

稀释涂布平板法可用于分离微生物，也常用来统计样品中活菌的数目。当样品的稀释倍数足够高时，培养基表面生长的一个单菌落，来源于样品稀释液中的一个活菌。

【材料用具】

1. 材料：酵母菌。

2. 试剂：酵母浸出粉、蛋白胨、葡萄糖、琼脂、去离子水等。

3. 器材：培养皿、锥形瓶、涂布器、接种环、酒精灯、天平、烧杯、棉塞、牛皮纸、皮筋、离心管、移液器、高压蒸汽灭菌锅等。

【实验步骤】

1. 配制培养基。

YPD（酵母浸出粉胨葡萄糖）液体培养基（1 L）：称量 10 g 酵母浸出粉、5 g 蛋白胨、20 g 葡萄糖置于 1 L 的烧杯，加入约 800 mL 去离子水，充分搅拌溶解，将溶液定容至 1 L，115 ℃灭菌 25 min，室温保存。

YPD 固体培养基（1 L）：在 1 L YPD 液体培养基中加入 15 g 琼脂粉，摇匀，115 ℃灭菌 25 min，室温保存。

2. 倒平板。

待培养基冷却至 50 ℃左右时（可以用培养基瓶底接触手背，微微烫时即可开始操作），在酒精灯火焰附近倒平板。倒平板的具体操作步骤如图 4-10-1 所示。

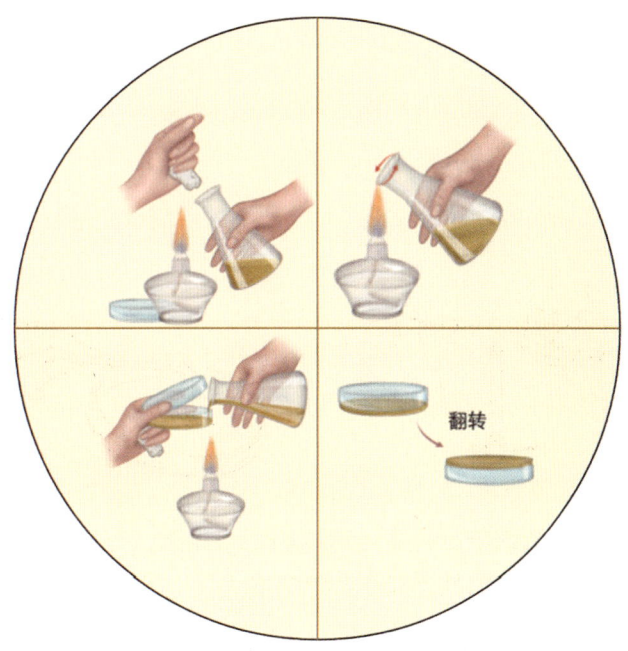

图 4-10-1　倒平板操作

3. 酵母菌的活化。

准确称取待测酵母菌样品 10 g，放入盛有 90 mL 无菌水的 250 mL 锥形瓶中，即为酵母菌菌液。

4. 平板划线法。

接种环在火焰上灼烧灭菌后冷却，用接种环蘸取酵母菌菌液，同时将培养皿打开一条缝隙，采用平板划线法，对酵母菌进行分区划线，晾干后倒置培养，于 30 ℃培养箱中培养1~2天。具体操作如图4-10-2所示。

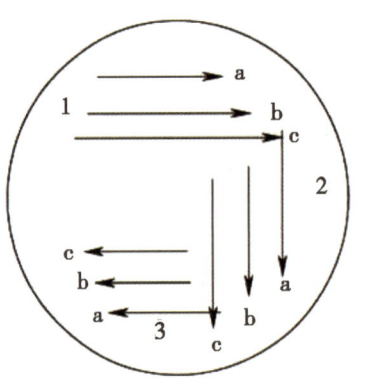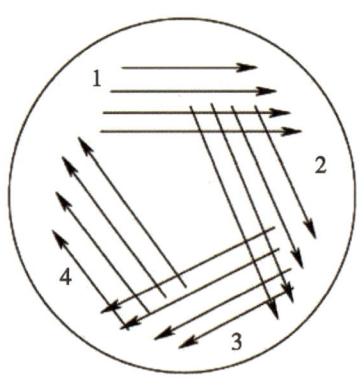

图4-10-2 平板划线法操作

5. 稀释涂布平板法。

酵母菌稀释液的制备：取7个离心管置于离心管架上，用移液器吸取1 mL酵母菌菌液于1号离心管中，即为10^{-1}酵母菌菌液；再用移液器吸取10^{-1}酵母菌菌液100 μL，移入装有900 μL无菌水的2号离心管中，吹吸3次，让菌液混合均匀，即成10^{-2}稀释液；接着用移液器吸取10^{-2}酵母菌菌液100 μL，移入装有900 μL无菌水的3号离心管中，吹吸3次，让菌液混合均匀，即成10^{-3}稀释液；以此类推，连续稀释，制成10^{-4}、10^{-5}、10^{-6}、10^{-7}等一系列稀释菌液。

涂布平板：用移液器吸取100 μL不同浓度梯度的稀释液，分别涂布在平板上，30 ℃过夜培养。

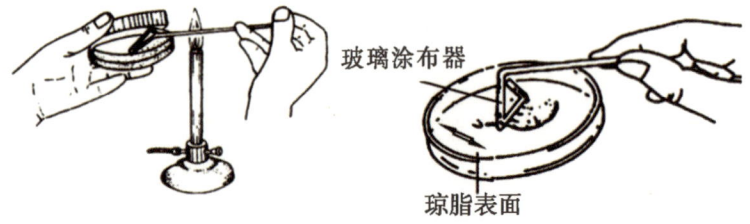

图4-10-3 稀释涂布平板法操作

【实验结果】

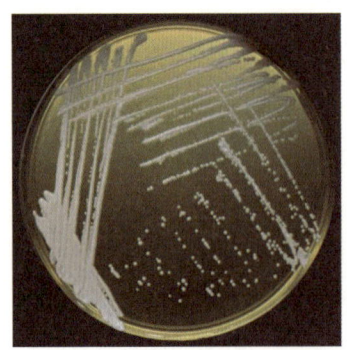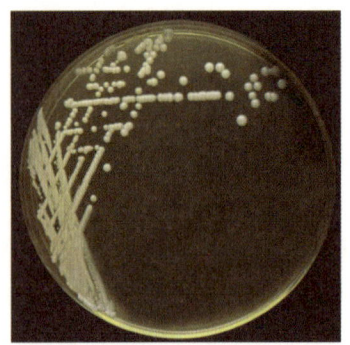

图4-10-4 平板划线法操作后的平板

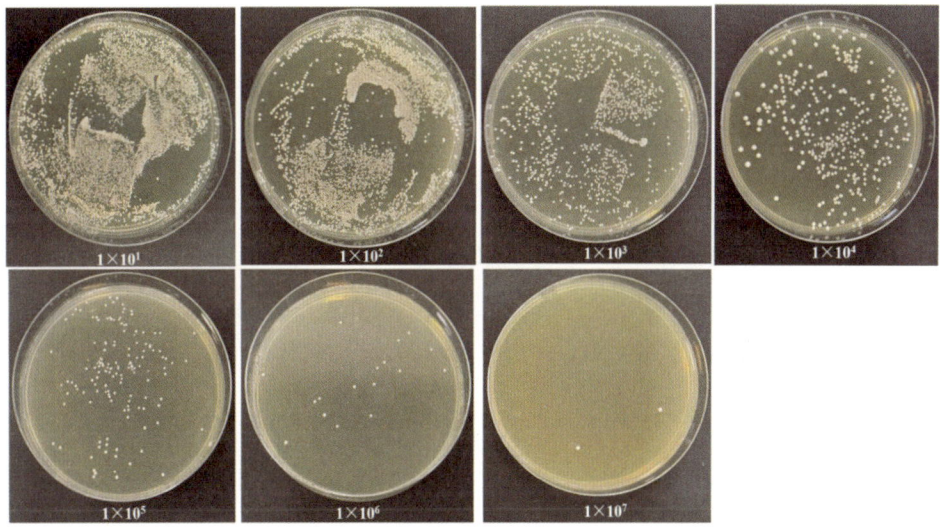

图 4-10-5　稀释涂布平板法操作后的平板

【实验关键及注意事项】

1. 微生物纯培养实验的重点在于无菌操作，操作过程中实验者需对双手进行消毒，超净工作台需要紫外消毒 30 min，相关的实验器材和试剂均需经过无菌处理。

2. 市面上购买的酵母菌需在温水中活化，若需加快实验进程，可将其置于摇床上振荡培养 30 min。

3. 学生在实验过程中常常因力度不当而划破培养基，教师可通过适当提高琼脂浓度、增加平板厚度等操作规避这一类现象产生。

4. 用平板划线法进行分区划线时，操作的第一步及每次划线之前都要灼烧接种环，在划线操作结束时仍需要灼烧接种环，每次灼烧后要等接种环冷却后再进行划线。第二次划线以及其后的划线操作总是从上一次划线的末端开始划线。

5. 用稀释涂布平板法涂布时应注意控制力度，以免划破平板，造成染菌。每次涂布完成后需待菌液被培养基吸收后再倒置培养。

【教学建议】

1. 本实验是微生物学的入门实验，让学生动手进行平板划线法和稀释涂布平板法操作，明确无菌操作流程，认同无菌操作在微生物学实验中的重要性。

2. 学生通过对两种分离微生物方法的学习，分析比较不同实验方法的原理、过程、结果。平板划线法既可以用于实现微生物纯培养，也可以用于菌种活化、菌种富集。稀释涂布平板法在实现分离微生物的同时可以对活菌进行计数、选择培养等。

3. 酵母菌是一类兼性厌氧微生物，对环境要求不高。教师在课后分析时还可以列举厌氧微生物、好氧微生物等不同生物的固体培养方法，让学生深入理解生物的多样性、生物与环境的适应性。

实验 11　土壤中分解尿素的细菌的分离与计数

【实验目的】

1. 掌握选择培养基的配制和灭菌方法。
2. 掌握土壤样品的取样和梯度稀释方法。
3. 从土壤中分离出分解尿素的细菌，并掌握其计数方法。

【实验原理】

1. 细菌对尿素的利用：尿素是一种重要的农业氮肥。尿素不能直接被农作物吸收，只有当土壤中的细菌将尿素分解成氨之后才能被植物吸收和利用。

土壤中的细菌之所以能分解尿素是因为它们能合成脲酶，将尿素分解成氨和二氧化碳，使培养基的碱性增强。在以尿素为唯一氮源的培养基中加入酚红指示剂培养细菌，若指示剂变红，则可初步确定该种细菌能够产生脲酶并分解尿素。

$$CO(NH_2)_2 + H_2O \xrightarrow{\text{脲酶}} 2NH_3 + CO_2$$

2. 实验室中微生物的筛选：人为提供有利于目的菌种生长的条件（包括营养、温度、pH 等），同时抑制或阻止其他微生物的生长。在此次实验中，采用选择培养基来筛选能够分解尿素的微生物。该培养基的氮源为尿素，只有能合成脲酶的微生物才能分解尿素，在以尿素为氮源的培养基中生长，而缺乏脲酶的微生物由于不能分解尿素，缺乏氮源而不能生长繁殖，从而选择出分解尿素的微生物。

3. 细菌计数。

（1）平板选择：常选取菌落数为 30～300 的平板作为菌落计数的标准。对于每一稀释倍数，应采用两个平板菌落的平均数，但若其中一个平板有较大片状菌落生长时，则不宜采用，而应选择无片状菌落生长的平板进行菌落计数，如若片状菌落不到平板的一半，而另一半菌落分布又很均匀，则可计数半个平板后乘 2 以代表这个平板的菌落数。

（2）计数方法：平板菌落计数时，一般用肉眼观察，用钢笔或蜡笔在平板上进行点数，必要时可借助放大镜检查有无遗漏的微小菌落。在计数出各平板菌落数后，求出同一稀释倍数菌落的平均数。

（3）菌数报告：①应选择平均菌落数在 30～300 之间的稀释倍数进行计数，再将平均菌落数乘以稀释倍数报告。②如有两个稀释倍数，其生长的平均菌落数均在 30～300 之间，则视两稀释液菌落数测定值之比来决定，如其比值小于 2，应报告其平均数；如大于 2，则报告其中较小的数字。③如所有稀释倍数的平均菌落数均大于 300，则应按稀释倍数最高的平均菌落数乘以稀释倍数报告。④如所有稀释倍数的平均菌落数均小于30，则应按稀释倍数最低的平均菌落数乘以稀释倍数报告。⑤如所有稀释倍数均无菌落生长，则以小于1乘以最低稀释倍数报告。⑥如所有稀释倍数的平均菌落数均不在30～300之间，其中一部分大于300或小于30时，则以最接近30或300的平均菌落数乘以稀释倍数报告。

【材料用具】

1. 材料：土壤。
2. 试剂。

（1）分离与鉴别尿素分解菌所用的选择培养基。

KH_2PO_4	1.4 g
Na_2HPO_4	2.1 g
$MgSO_4 \cdot 7H_2O$	0.2 g
葡萄糖	10.0 g
尿素	1.0 g
琼脂	25.0 g
无菌水	定容至 1 L

此外，还需添加0.02%酚红，灭菌后备用。

（2）酵母粉蛋白胨培养基（完全培养基）。

蛋白胨	10 g
酵母粉	5 g
NaCl	10 g
琼脂	25 g
无菌水	定容至 1 L

3. 器材：采样铲、牛皮纸、玻璃棒、移液器、涂布器、火柴、酒精灯、电子天平、高压灭菌锅、超净工作台、锥形瓶、培养皿、离心管、摇床、温度计、试管、培养箱等。

【实验步骤】

1. 土壤取样。

从肥沃、湿润的土壤中取样。先铲去表层土3 cm左右，再取样，将样品装入事先准备好的信封中。

图 4-11-1　土壤取样

2. 制备培养基。

配制酵母粉蛋白胨培养基和选择培养基，并灭菌。

对于相同稀释倍数的土壤溶液，在酵母粉蛋白胨培养基（完全培养基）上生长的菌落数目应明显多于选择培养基上的菌落数目，因此酵母粉蛋白胨培养基可以作为对照，用来判断选择培养基是否起到了选择作用。土壤溶液的稀释倍数一般选取 10^3、10^4、10^5。每个稀释倍数下需要准备 3 个选择培养基和 1 个酵母粉蛋白胨培养基，因此共需要 9 个选择培养基和 3 个酵母粉蛋白胨培养基。此外，还需要准备 5 个灭菌的离心管和一些灭菌的移液枪头。

图 4-11-2　制备培养基

3. 微生物的培养与观察。

将 5 g 土样加入盛有 45 mL 无菌水的离心管中（离心管的体积为 50 mL），充分摇匀；待大颗粒的土壤沉降至管底，即可吸取上部较为浑浊的土壤溶液 1 mL，转移至盛有 9 mL 无菌水的离心管中，再依次等比稀释至 10^5 稀释倍数；按照由 10^5 至 10^3 稀释倍数的顺序，分别吸取 0.1 mL 土壤溶液至固体培养基平板上，利用无菌涂布器进行平板涂布操作，直至土壤溶液完全分散、吸收于固体培养基中（注：按照浓度从低到高的顺序进行土壤溶液的吸取及平板的涂布，可不必更换移液器的枪头及涂布器）。

将涂布后的培养皿放在 37 ℃温度下培养。随着培养时间的延长，会有不同的菌落产生。比较完全培养基和选择培养基中菌落的数量、形态及颜色反应等，并做好记录。

图 4-11-3　微生物的培养与观察

4．细菌的计数。

当菌落数目稳定时，选取菌落数在 30～300 的平板进行计数。在同一稀释倍数下，至少对 3 个平板进行重复计数，然后求出平均值，并根据平板所对应的稀释倍数计算出样品中细菌的数目。

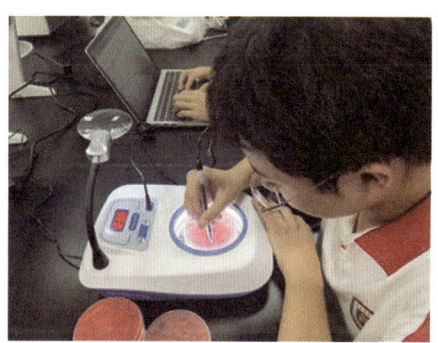

图 4-11-4　菌落的计数

不同稀释倍数	菌落数				2 个稀释倍数菌落数之比	菌落总数 CFU/mL	备注
	1	2	3	平均			
10^5							两位有效数字以后的数字采用四舍五入的方法修约
10^4							
10^3							

【实验结果】

可以观察到能分解尿素并使酚红培养基变红的菌落。通过平板菌落计数，可计算出土壤样品中所含的尿素分解菌的数量。

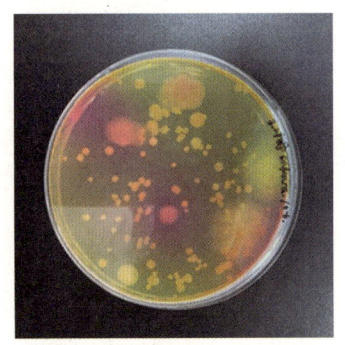

图 4-11-5　稀释涂布培养结果　　图 4-11-6　变红部分为目的菌株

【分析与交流】

1. 评价培养物中是否有杂菌污染以及选择培养基是否筛选出菌落：空白对照的培养皿在培养过程中没有菌落生长，说明培养基没有被杂菌污染。酵母粉蛋白胨培养基上的菌落数目明显大于选择培养基上的数目，说明选择培养基已筛选出一些菌落。

2. 评价样品的稀释操作是否成功：若得到了 2 个或 2 个以上菌落数目在 30～300 的平板，则说明稀释操作比较成功，并能够进行菌落的计数。

3. 评价重复组的结果是否一致：如果学生选取的是同一种土样，统计的结果应该接近。若结果相差太远，则可能操作有误，需要重做实验。

【实验关键及注意事项】

1. 为了保证实验计数的准确性，选择平板上菌落数大约在 30～300 个的平板进行计数。条件允许时每个稀释倍数最好接种 3 个以上的平板。

2. 用平板活菌计数法得出的菌落数，即菌落形成单位数（CFU），比土壤实际所含的菌数要少。

3. 设置对照的主要目的是排除实验组中非测试因素对实验结果的影响，提高实验结果的可信度。例如为了排除培养基是否被杂菌污染，需以培养无杂菌污染的培养基作为空白对照。

【教学建议】

1. 在微生物学领域，土壤中分解尿素的细菌的分离与计数实验具有重要意义。教材对此实验选择培养基的成分以及实验的主要流程都做了重点介绍。本实验能够促进学生对土壤微生物多样性的理解，还可以为农业生产和环境保护提供科学依据。

2. 本实验是生物学实验中的经典实验之一，主要步骤包括配制选择培养基、稀释涂布平板、微生物培养、观察菌落形态特征等。

本实验建议用 2 课时完成。

第 1 课时：教师讲解实验目的及实验原理。学生动手配制选择培养基和完全培养基并灭菌，明确两者之间的差异；完成土壤取样、样品梯度稀释、样品涂布、培养等操作，学会从土壤中筛选、分离不同的微生物，并进行纯培养。

第2课时：将培养好的平板按不同的稀释梯度进行计数。观察选择培养基和完全培养基上的微生物不同生长状况，体会生物的多样性，并对土壤中能够分解尿素的细菌菌落进行计数。

3. 学生掌握了本实验的原理及流程后，可以根据此实验进行很多实验拓展探究：①土壤中纤维素分解菌的分离与计数；②进一步对分解尿素效果较好的细菌进行分离和纯化，对这些细菌进行形态学鉴定；③检测尿素分解菌中脲酶的活性，筛选出分解尿素效果最好的菌株，并进行分子生物学鉴定；④探究尿素分解菌最适生存环境（如温度、pH和含氧量等）。

4. 微生物学实验的流程，尽管在具体研究目的、微生物种类及实验条件上可能有所不同，但通常遵循一系列标准化和系统性的基本步骤，以确保实验的可重复性、科学性和安全性。相较于分子生物学实验和细胞生物学实验，微生物学实验对实验试剂和实验器材的要求更低，在中学教学中开展此实验的可行性会更高一些。如能通过这个实验让学生由点及面地根据不同研究目的设计不同的实验方案，对培养学生的生物学学科思维是很好的途径。

实验12　有色菌种的培养与菌画

【实验目的】

1. 学习并掌握微生物培养、分离、纯化及接种的基本技术。
2. 探索利用微生物绘制艺术图案的可能性。
3. 增进对微生物生长特性及环境因素对微生物生长影响的理解。

【实验原理】

菌画是一种新兴的艺术形式，是用琼脂板作画布，以有色菌种为颜料，让微生物在特定的琼脂培养基上自然生长形成色彩和图案。其原理主要基于微生物的繁殖、代谢及生化反应等生物学特性。微生物能在固体培养基上迅速生长、繁殖，形成肉眼可见的菌落甚至菌苔，覆盖培养基表面。有些微生物在代谢过程中会产生不同颜色的色素，这些色素的积累会导致菌落呈现出不同的颜色和质感。此外，某些微生物在特定条件下会与培养基中的显色底物发生生化反应，导致培养基颜色发生变化。因此，通过选择不同种类的微生物和控制培养条件，可以控制色素的产生和分布，从而创作出独具艺术风格的微生物画作。

【材料用具】

1. 材料：微生物菌种（如黄色的藤黄微球菌、粉色的大肠杆菌和腐生葡萄球菌、绿色的普通变形杆菌、蓝色的粪肠球菌、橙色的豪氏变形杆菌、黑灰色的枝状枝孢真菌等）。

2. 试剂：牛肉膏蛋白胨琼脂培养基。

3. 器材：超净工作台、恒温培养箱、超纯水机、摇床、分光光度计、高压蒸汽灭菌锅、电子天平、酒精灯、1000 mL 烧杯、500 mL 锥形瓶、移液器、玻璃棒、涂布器、接种环、标记笔、0 号马克笔、封口膜、皮筋、采样铲、pH 试纸等。

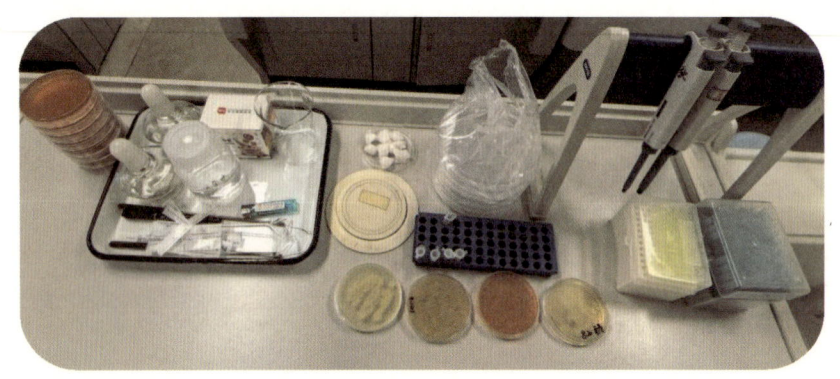

图 4-12-1　实验材料与试剂

【实验步骤】

1. 有色菌株的培养。

（1）样品采集与处理。

选择合适的自然环境（如土壤、植物表面等）进行样品的采集，注意安全和卫生，避免污染。将采集到的样品进行粉碎、过滤、稀释等处理，以便于后续的菌种分离。

（2）菌种分离与纯化。

采用平板划线法、稀释涂布平板法等将样品中的微生物分离出来。

通过反复划线分离或稀释涂布培养法，进一步获得纯种菌株。

（3）菌种初筛。

根据目标有色物质的性质，配制含有不同浓度梯度该物质的培养基。将纯种菌株接种到含有目标有色物质的培养基上，在适宜条件下培养。观察菌落的形态及颜色变化，记录能够产生特定颜色反应或降解有色物质的菌株。

（4）菌种复筛。

对初筛得到的菌株进行进一步的培养和测定，包括生长速度、降解效率、产物分析等。调整培养基成分、培养条件等，以获得最佳的呈色效果。

（5）鉴定与保存。

由福建省微生物研究所通过形态学观察、生理生化特性测定、分子生物学技术等手段，确定菌种的种属和种名。

筛选得到的菌株冷冻保存，以备后续研究使用。

2. 菌画的绘制。

（1）制备培养基。

按照配方称取牛肉膏蛋白胨琼脂培养基的各组分，加入蒸馏水中，溶解，定容至1000 mL，并调节 pH 至适宜范围，分装到 4 个 500 mL 锥形瓶中，塞好棉塞，包上牛皮纸，用皮筋扎紧，放入高压蒸汽灭菌锅中，在 121 ℃下灭菌 30 min。

（2）设计图案。

提前设计好想要绘制的图案，可以是简单的几何图形，也可以是复杂的艺术图案或文字，在 A4 纸上用铅笔绘制图案。

（3）培养基调色。

灭菌后的培养基冷却到可用手触碰且不烫手时，分装到一次性培养皿中，待凝固后备用。可根据设计好的图案，用合适的着色剂对培养基进行调色。

（4）绘制菌画。

先用标记笔在培养皿底部做好标记，再根据设计好的图案，用接种工具蘸取适量菌液，在凝固的培养基表面轻轻划线或点涂，形成所需的图案。

（5）培养。

接种完成后，盖上盖子，用封口膜密封培养皿，防止外界污染并保持内部湿度。

将密封好的培养皿放入培养箱中，在适宜的温度和湿度条件下进行培养。培养时间因所选微生物种类和图案复杂程度而异，一般需要数小时至数天不等。

（6）观察与记录。

在培养过程中定期观察微生物的生长情况，记录图案的变化过程。

如果发现微生物生长不良或图案变形等情况，应及时调整培养条件（如温度、湿度等），以促进微生物正常生长和图案生成。

图 4-12-2　菌画绘制流程

（7）展示与保存。

待图案完全生成后取出培养皿进行展示和拍照留念。琼脂艺术作品具有独特的视觉效果和科学意义，可以作为科普教育或艺术展览的素材。

详细记录并保存作品的制作过程、观察结果和最终效果等相关数据和图片资料，以便后续分析和总结。

【实验结果】

1. 有色菌种的培养。

有色霉菌的培养基选择较为灵活，但通常需要考虑其营养需求和生长条件，可用沙氏葡萄糖琼脂培养基（SDA）进行培养。这是一种广泛应用于霉菌培养的基础培养基，以葡萄糖作为碳源和以琼脂作为凝固剂。SDA 培养基能够支持多种霉菌的生长，包括有色霉菌。

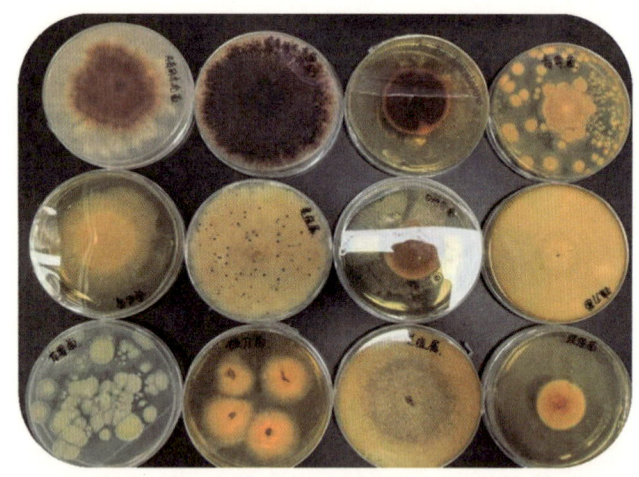

图 4-12-3　有色霉菌

粉色芽孢杆菌可用牛肉膏蛋白胨琼脂培养基培养，能够满足芽孢杆菌的生长需求。

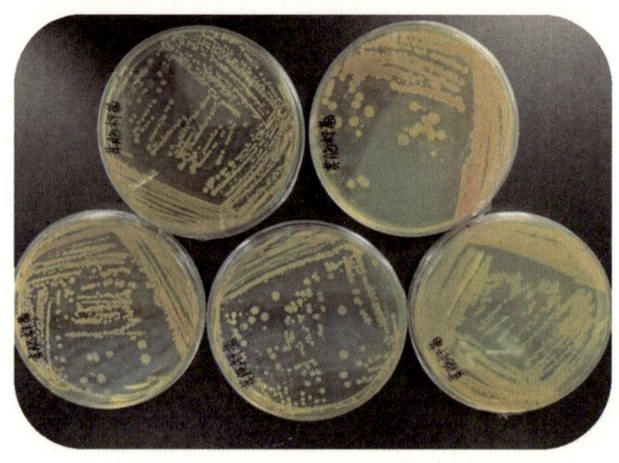

图 4-12-4　粉色芽孢杆菌

黄色黏质沙雷氏菌，常用的培养基包括营养琼脂培养基（NA）、胰蛋白胨大豆琼脂培养基（TSA）和 LB 培养基等。这些培养基都具有良好的营养成分配比，能够满足黏质沙雷氏菌的生长需求。

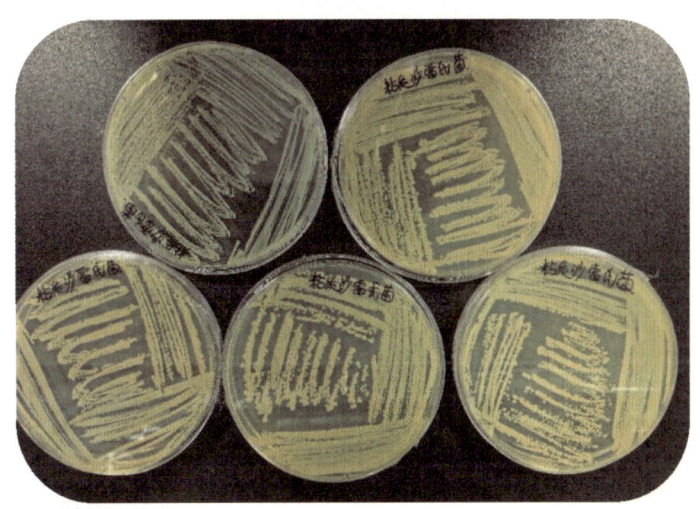

图 4-12-5　黄色黏质沙雷氏菌

白色酵母菌可用酵母浸出粉胨葡萄糖培养基（YPD）培养，该培养基含有蛋白胨、酵母浸出粉和葡萄糖，能够支持白色酵母菌的快速生长。

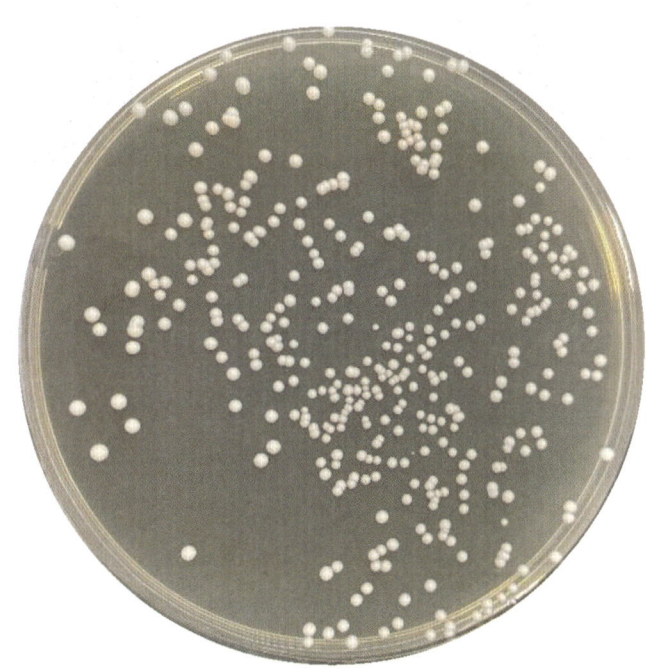

图 4-12-6　白色酵母菌

2. 菌画的绘制。

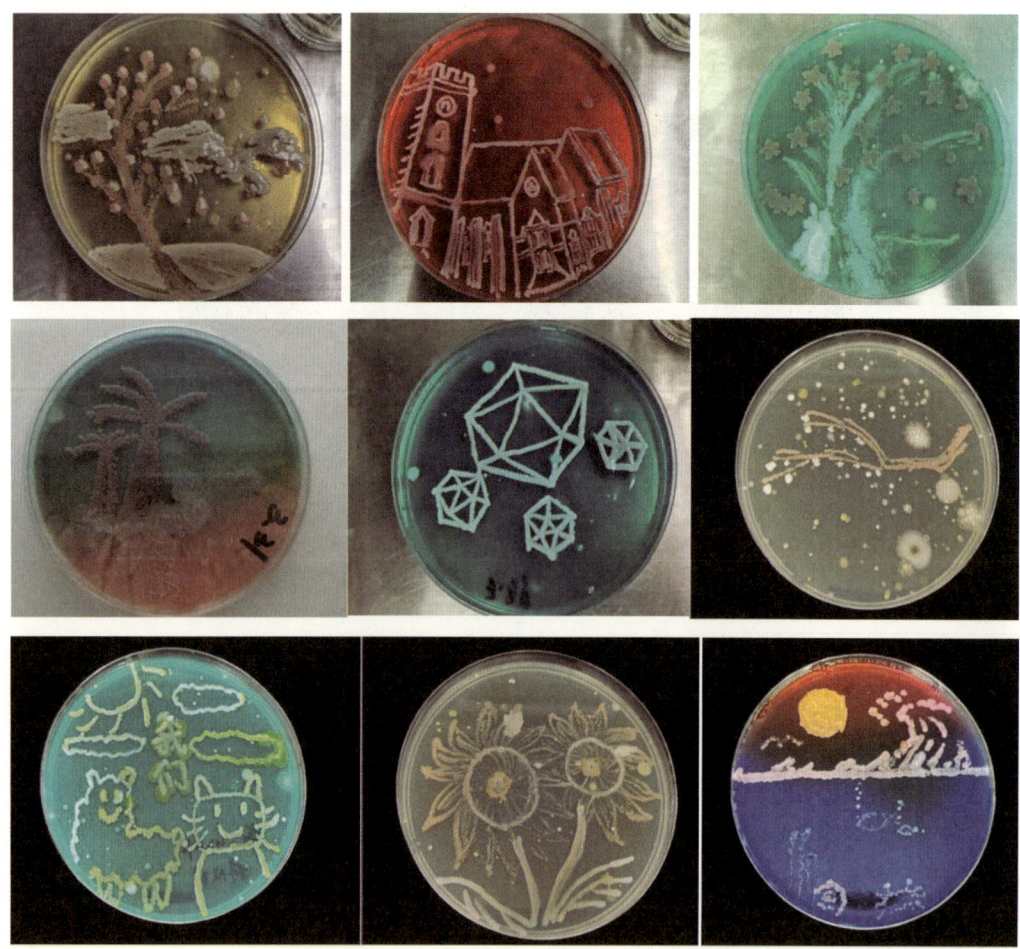

图 4-12-7 部分菌画作品

【分析与交流】
1. 学生展示自己的菌画作品,并分享创作过程中的经验和感受。
2. 教师对学生的作品进行评价,肯定优点,指出不足,并提出改进建议。

【实验关键及注意事项】
1. 在整个制作过程中要严格遵守实验室安全规范,防止微生物感染或泄漏。
2. 使用酒精灯等易燃物品时要特别小心,避免火灾等意外事故的发生。
3. 将配制好的培养基倒入培养皿时,注意不要产生气泡。
4. 实验台面和双手用酒精消毒,且在酒精灯火焰附近的无菌区绘制菌画。
5. 绘制菌画时,注意控制菌液浓度和接种力度,避免菌液扩散超出图案范围。
6. 接种完成后,用封口膜密封培养皿,以防止外界污染并保持内部湿度。
7. 微生物作画需要耐心、细致的观察和操作,不能急于求成。

【教学建议】

1. 有色菌种的培养。

（1）理解菌种特性。

学生通过搜集资料，了解不同有色菌种的生物学特性，包括其生长条件、营养需求、代谢途径等。这有助于后续培养基的配制和培养条件的设定。教师以具体的有色菌种案例（如黄色黏质沙雷氏菌、粉色芽孢杆菌等），分析它们的生长习性和培养要点。

（2）培养基的配制。

学生根据菌种的营养需求，选择合理的培养基配方。对于有色菌种，可能需要特别考虑某些色素前体或促进色素合成的成分。教师强调培养基配制过程中的无菌操作，避免杂菌污染。

（3）培养条件的控制。

学生根据菌种的生长特性，设定适宜的培养温度和湿度。有些菌种对温度敏感，需要精确控制温度；部分有色菌种的生长可能受到光照的影响，需要适当的光照条件。同时，保持良好的通风有助于减少杂菌的滋生。学生定期观察菌种的生长情况，记录生长速度、菌落形态等关键指标，有助于评估培养效果并调整培养条件。

（4）菌种的分离与纯化。

教师教授学生使用无菌技术采用平板划线法、稀释涂布平板法等方法，从混杂的微生物群体中分离出目标菌种，并通过连续传代培养等方法，进一步纯化菌种。

2. 菌画绘制。

（1）观察与构思。

教师引导学生仔细观察不同有色菌种的菌落形态、色素分布等特征，鼓励学生发挥想象力，根据菌落的颜色和形态特点构思菌画的主题和布局。

（2）准备工具与材料。

教师提前准备好适合菌种生长的培养基，并进行无菌处理。准备画纸、铅笔等绘画工具，以便学生设计菌画图案。

（3）绘制技巧与方法。

先使用标记笔在培养皿底部勾勒出菌画的轮廓和大致形状。根据菌落的色彩特点，用接种环蘸取菌液在培养基表面进行色彩填充，通过控制菌液的接种量营造色彩的渐变和过渡效果，使菌画更加生动逼真。

（4）展示与评价。

教师组织学生进行菌画作品的展示和交流，分享创作心得和体会。鼓励学生相互评价作品，提出改进意见和建议。同时，教师也应给予及时的反馈和指导，帮助学生提高菌画绘制水平。

实验 13　DNA 的粗提取与鉴定

【实验目的】

1. 了解 DNA 的物理和化学性质，理解 DNA 粗提取和鉴定的原理。
2. 学会 DNA 粗提取的方法以及用二苯胺试剂对 DNA 进行鉴定。

【实验原理】

DNA 是遗传信息的载体，是细胞中的遗传物质。在真核生物细胞核中，DNA 分子和蛋白质分子等结合构成染色质（在细胞分裂期高度螺旋化为染色体）。DNA 粗提取的原则是既要将细胞中的 DNA 与蛋白质、脂质等物质分离，同时又要保持 DNA 分子的完整性。

本实验所使用的植物材料研磨液中含有 Tris（三羟甲基氨基甲烷）、NaCl（氯化钠）、EDTA（乙二胺四乙酸）、SDS（十二烷基硫酸钠）等。Tris 是缓冲液，用以维持 pH 的稳定，防止 DNA 在 pH 发生变化时降解或变性，使 DNA 在这个缓冲体系中保持稳定状态；Na^+ 可以与 DNA 上带负电荷的磷酸基团结合，有助于 DNA 在水中的溶解；EDTA 可以络合二价金属离子，抑制细胞中 DNA 水解酶的活性，防止细胞破碎后 DNA 酶降解 DNA；SDS 是常用的表面活性剂之一，也是洗洁精的主要成分，可破坏细胞膜、核膜，从而释放出细胞核中的 DNA，同时还可使蛋白质变性，使蛋白质与 DNA 分离。

利用 DNA 不溶于高浓度的酒精溶液，而细胞中的某些蛋白质可溶解于酒精溶液，可进一步分离 DNA 与蛋白质，得到含杂质更少的 DNA。由于 DNA 在 2 mol/L 氯化钠溶液中的溶解度较大，因此细胞裂解释放出来的 DNA 可较大量地溶解在 2 mol/L 氯化钠溶液中。

DNA 在加热和酸性条件下嘌呤碱与脱氧核糖间的糖苷键断裂，生成嘌呤碱、脱氧核糖和嘧啶脱氧核苷酸，而脱氧核糖进一步脱水后生成 ω-羟基-γ-酮基戊醛，后者与二苯胺试剂反应生成蓝色物质，故而可用二苯胺鉴定 DNA。

【材料用具】

1. 材料：新鲜洋葱、花菜、香蕉等。
2. 试剂：研磨液、二苯胺试剂、体积分数为 95％的酒精、2 mol/L 的 NaCl 溶液、蒸馏水等。

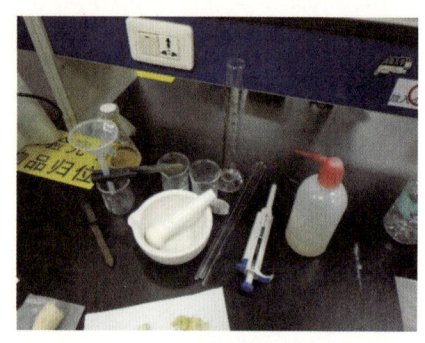

图 4-13-1　实验器材及试剂

3. 器材：烧杯、量筒、玻璃棒、研钵、漏斗、纱布、试管、试管夹、试管架、电子天平、刀、砧板、离心机、离心管、水浴锅等。

【实验步骤】

1. 制取选材研磨液。

称取约 30 g 材料，切碎，然后放入研钵中，倒入 10 mL 研磨液，充分研磨。在漏斗中垫上纱布，向漏斗倒入研钵中的混合物，经纱布过滤到烧杯中，滤液在 4 ℃冰箱中放置几分钟后，再取上清液。或者将研磨液倒入塑料离心管中，在 1500 r/min 的转速下离心 5 min，再取上清液放入烧杯中。

图 4-13-2　称取实验材料

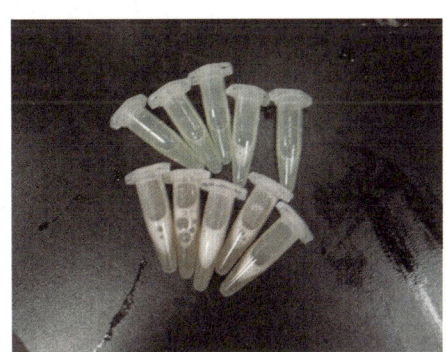

图 4-13-3　离心研磨液

2. DNA 的析出。

在上清液中加入体积相等的、预冷的酒精溶液（体积分数为 95%），静置 2～3 min。溶液中出现的白色丝状物就是粗提取的 DNA。用玻璃棒沿一个方向搅拌，卷起丝状物，并用滤纸吸去上面的水分。或者将溶液倒入塑料离心管中，在 10000 r/min 的转速下离心 5 min，弃去上清液，将管底的沉淀物（粗提取的 DNA）晾干。

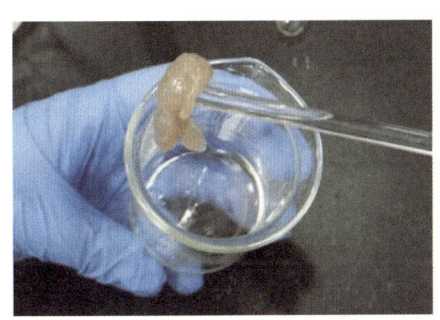

图 4-13-4　香蕉 DNA

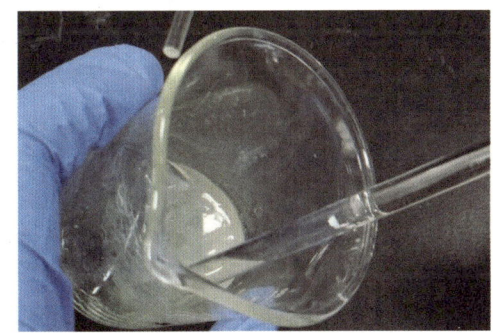

图 4-13-5　花菜 DNA

3. DNA 的鉴定。

取两支 20 mL 的试管，各加入 2 mol/L 的 NaCl 溶液 5 mL。将丝状物溶于其中一支试管的 NaCl 溶液中。然后，向两支试管中各加入 4 mL 的二苯胺试剂。混合均匀后，将试管置于沸水中加热 5 min。待试管冷却后，比较两支试管中溶液颜色的变化。

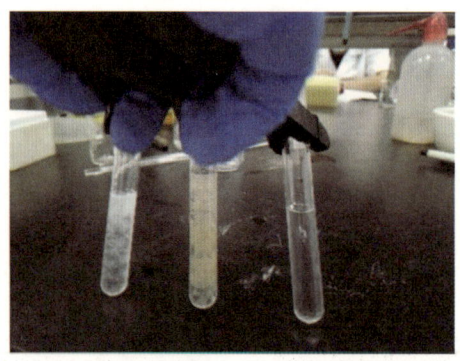

图 4-13-6　从左到右分别为花菜 DNA、香蕉 DNA 和空白对照

【实验结果】

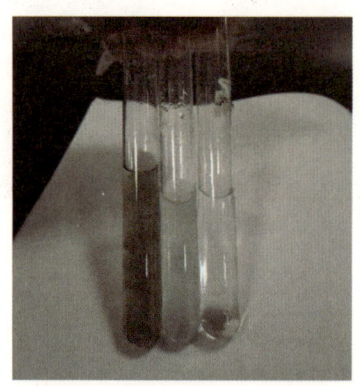

图 4-13-7　从左到右分别为香蕉 DNA、花菜 DNA、空白对照

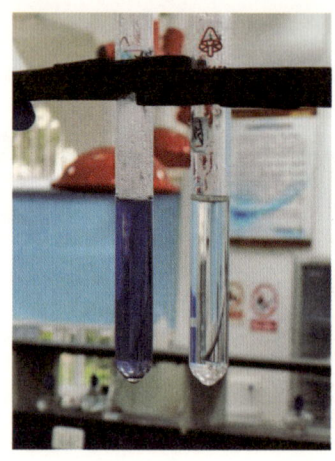

图 4-13-8　标准二苯胺鉴定 DNA（左为实验组，右为对照组）

【实验关键及注意事项】

1. 研磨应快速、充分，确保细胞核内的 DNA 完全释放出来，防止 DNA 降解，否

则难以提取到足量的 DNA，影响实验效果。

2. 用玻璃棒搅拌时，动作要轻缓，以免 DNA 分子断裂，导致 DNA 不能形成絮状沉淀物。

3. 在将待鉴定的提取物加入 2 mol/L 的 NaCl 溶液中溶解时，需要不断搅拌以增加 DNA 的溶解量。

4. 二苯胺试剂要现配现用，以保证实验效果。同时，加入二苯胺试剂后沸水浴处理的时间不能过短，且要等到冷却后再观察结果，方可观察到较为明显的显色反应。

5. 二苯胺试剂的配制过程中使用了冰醋酸与浓硫酸等有强烈刺激性与腐蚀性的试剂，应反复向学生强调实验室安全，并在教师指导下正确取用试剂。

【教学建议】

DNA 的粗提取实验是分子生物学中的一个重要实验，可以帮助学生理解 DNA 的结构和性质，通过实验操作让微观的 DNA 分子可视化。在 DNA 的鉴定实验中，利用二苯胺对 DNA 分子进行鉴定，其本质是一个定性实验，教师通过详细地讲解与分析实验原理，帮助学生更好地理解 DNA 的结构与性质，更深入地了解生物大分子的组成，培养学生的科学观念。

教师可以鼓励学生思考影响实验结果的变量，如实验材料、实验方法等，并探索改进方法。不同的实验材料往往会带来不同的结果，通过分析判断不同实验材料带来的不同实验现象，有助于培养学生的观察分析与科学探究能力，同时还可以引导学生对实验结果进行量化分析，通过构建标准曲线的方式，测算 DNA 浓度。

在实验结束后，组织学生进行结果分析和讨论，引导学生分析实验成功或失败的原因，探讨可能影响实验结果的因素，鼓励学生分享实验中的发现和疑问，同时可进行课后的资料搜索与整理，促进知识的交流和碰撞。教师可适当进行知识拓展，加深学生对分子生物学领域的理解，如可以介绍基因工程等相关知识，引导学生思考 DNA 在生物体中的作用及其在现代生物技术中的应用前景。

实验 14　植物总 DNA 的提取、扩增及鉴定

【实验目的】

1. 掌握提取高等植物总 DNA 的方法和原理，深入理解 PCR 反应扩增 DNA 和琼脂糖凝胶电泳检测 DNA 的基本原理与技术。

2. 掌握微量移液器、离心机、PCR 仪等常规仪器的使用方法，了解并掌握琼脂糖

凝胶电泳系统、凝胶成像系统的使用方法。

【实验原理】

1. 植物总 DNA 的提取。

植物细胞中的 DNA、RNA 通常与蛋白质结合在一起，以核蛋白的形式存在，在制备核酸时需破坏细胞壁及细胞膜、核膜使核蛋白释放出来。植物基因组 DNA 的提取方法主要有两种：十六烷基三甲基溴化铵（CTAB）法、十二烷基硫酸钠（SDS）法。CTAB 和 SDS 均是离子型表面活性剂，能溶解细胞膜和核膜蛋白，并使核蛋白解聚，从而使 DNA 游离出来。苯酚和氯仿等有机溶剂，能使蛋白质变性，并使抽提液分相，而核酸（DNA、RNA）的水溶性很强，因此离心后吸取抽提液的上清液（水相）即可除去细胞碎片和大部分蛋白质。在离心后的水相中加入异丙醇（或无水乙醇）可使 DNA 沉淀，将沉淀 DNA 溶于 TE（Tris-EDTA）缓冲液中，即得植物基因组 DNA 溶液。

由于植物细胞匀浆中含有的多种酶类（尤其是氧化酶类）会对 DNA 的抽提产生不利的影响（如 DNA 褐化），因此在抽提缓冲液中通常还需要加入抗氧化剂或强还原剂（如 β-巯基乙醇等）以降低这些酶类的活性。此外，在提取过程中还可以加入 RNA 酶（如 RNase A）降解 RNA，以得到较纯的基因组 DNA。

由于上述常规的基因组 DNA 提取方法，需要使用苯酚和氯仿等有毒且有腐蚀性的有机试剂，因此本实验采用新型植物基因组 DNA 提取试剂盒（DP320，天根生化科技有限公司）来提取玉米叶片总 DNA。该试剂盒采用可以特异性结合 DNA 的离心吸附柱和独特的缓冲液系统，能高效、专一吸附 DNA，并最大限度去除杂质蛋白。

2. 聚合酶链式反应扩增 DNA 片段。

PCR 技术的基本原理类似于 DNA 的天然复制过程，包括变性、复性和延伸三个基本步骤，即在高温（93～95 ℃）下，待扩增的靶 DNA 双链受热变性成为两条单链 DNA 模板；而后在较低温度（50～65 ℃）下，两条人工合成的寡核苷酸引物与互补的单链 DNA 模板结合，形成部分双链；在 DNA 聚合酶的最适催化温度（72 ℃）下，以引物 3′ 端为合成的起点，以脱氧核苷酸为原料，沿模板以 5′→3′ 方向延伸，合成 DNA 新链。这样，每一双链的 DNA 模板，经过一次变性、复性、延伸三个步骤的热循环后就成了两条双链 DNA 分子。如此反复进行，每一次循环所产生的 DNA 均能成为下一次循环的模板，每一次循环都使两条人工合成的引物间的 DNA 特异区拷贝数扩增一倍，PCR 产物得以 2^n 的指数形式迅速扩增，经过 25～30 个循环后，理论上可使基因扩增 10^9 倍以上，但实际上一般可达 10^6～10^7 倍。

目前应用的 PCR 反应体系通常包含以下组成。

（1）DNA 模板：含有待扩增的 DNA 片段，模板的用量以纳克（ng）级为宜。

（2）2 个引物：决定了扩增片段的起始和终止位置，浓度一般在 0.1～1 μmol/L

之间。

（3）Taq DNA 聚合酶：催化待扩增区域的复制，常用浓度为 1~4 U/100 μL。

（4）脱氧核苷酸（dNTP）：用于构造新的互补链，常用浓度为 50~200 μmol/L。

（5）缓冲体系：提供适合聚合酶行使功能的化学环境，标准缓冲体系为 10~50 mmol/L 的 Tris-HCl 缓冲液（pH 8.3）和 1.5 mmol/L $MgCl_2$ 溶液。

常规 PCR 循环次数一般为 25~40 个周期。循环次数过多，易出现非特异性条带的扩增。当然循环反应的次数太少，则产物得率偏低。所以，在保证产物得率前提下，应尽量减少循环次数。

本实验以玉米叶片总 DNA 为材料，根据 β-肌动蛋白（β-actin）基因序列设计并合成引物，扩增该基因部分片段，预计产物长度为 404 bp。

3. 琼脂糖凝胶电泳检测 DNA。

琼脂糖是从海藻中提取出来的一种线状高聚物。琼脂糖遇冷水膨胀，溶于热水形成溶胶，冷却后成为具有一定孔径大小的凝胶，可作为电泳支持物，适用于分离大小范围在 0.2~50 kb 的 DNA 片段。DNA 分子在 pH 高于其等电点的溶液中带负电荷，在电场中向正极移动。DNA 在琼脂糖凝胶中的迁移速率受多种因素影响，如 DNA 分子的大小与构象、琼脂糖的浓度、电场强度等。

GeneGreen 核酸染料是一种以花菁为基础经过改良的油性大分子，降低了传统花菁类核酸染料在电泳过程中对核酸迁移的影响，不会产生电泳条带弯曲现象。该染料不能穿透细胞膜进入活体细胞内，不易挥发，不易吸入人体，且诱变性远远低于 EB 染料，可在蓝色可见光激发装置下进行切胶回收，安全方便，是一种安全无毒、高灵敏的新型核酸染料。

【材料用具】

1. 植物总 DNA 的提取。

（1）材料：玉米叶片。

（2）试剂：新型植物基因组 DNA 提取试剂盒（天根生化科技有限公司，产品编号 DP320，内含缓冲液 LP1、缓冲液 LP2、缓冲液 LP3、漂洗液 PW、洗脱缓冲液 TE、10 mg/mL RNase A、吸附柱 CB3、收集管）、无水乙醇等。

（3）器材：剪刀、研钵、石英砂、微量移液器、一次性枪头、微量离心管、水浴锅、涡旋仪、高压蒸汽灭菌锅、台式离心机、电子天平等。

2. 聚合酶链式反应扩增 DNA 片段。

（1）材料：玉米叶片总 DNA。

（2）试剂：TaKaRa Taq®[内含：TaKaRa Taq 酶、10×PCR 缓冲液（含 Mg^{2+}）、dNTP 混合液]（大连宝生物工程有限公司）、引物 1（GCAAGTGCAGTAATCTCC）

和引物 2（GACAACCTGATGAAGATCC）（引物由上海生工生物工程有限公司合成）、无菌去离子水。

（3）器材：微量移液器、一次性枪头、PCR 管、PCR 仪、台式离心机。

3. 琼脂糖凝胶电泳检测 DNA。

（1）材料：玉米基因组 DNA。

（2）试剂：λDNA/*Hind* Ⅲ DNA 分子量标记物（大连宝生物工程有限公司）、琼脂糖（天根生化科技有限公司）、10×TBE 溶液（Tris-硼酸电泳缓冲液，北京索莱宝科技有限公司）、6×凝胶载样缓冲液（大连宝生物工程有限公司）、GeneGreen 核酸染料（天根生化科技有限公司）。

（3）器材：琼脂糖凝胶电泳系统、凝胶成像系统、微量移液器、一次性枪头。

【实验步骤】

1. 植物总 DNA 的提取。

（1）取 0.1 g 新鲜玉米叶片，剪碎后放入研钵中，加入 0.5 g 石英砂，迅速磨碎后转入 1.5 mL 离心管中。

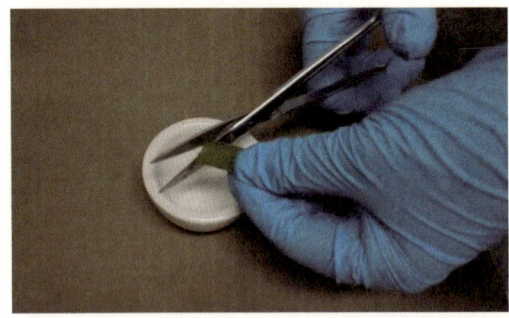

图 4-14-1　处理叶片材料

（2）加入 400 μL 缓冲液 LP1 和 6 μL RNase A，涡旋振荡 1 min，室温放置 10 min。

（3）加入 130 μL 缓冲液 LP2，充分混匀，涡旋振荡 1 min。

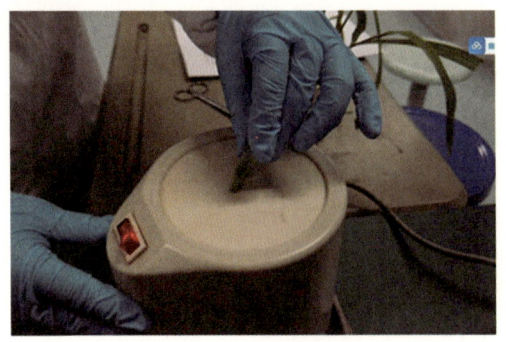

图 4-14-2　涡旋振荡

（4） 12000 r/min 离心 5 min，将上清液（350 μL）转移到新的离心管中。

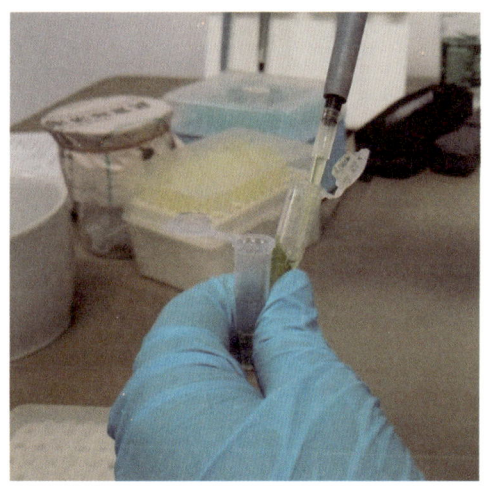

图 4-14-3　转移上清液到离心管

（5）加入相当于上清液 1.5 倍体积的缓冲液 LP3（525 μL），立即充分振荡混匀 15 s，此时可能会出现絮状沉淀。

（6）将上一步所得溶液和絮状沉淀都加入一个吸附柱 CB3 中（吸附柱放入收集管中），12000 r/min 离心 60 s，倒掉废液，将吸附柱 CB3 放入收集管中。

（7）向吸附柱 CB3 中加入 600 μL 漂洗液 PW，12000 r/min 离心 60 s，倒掉废液，将吸附柱 CB3 放入收集管中。

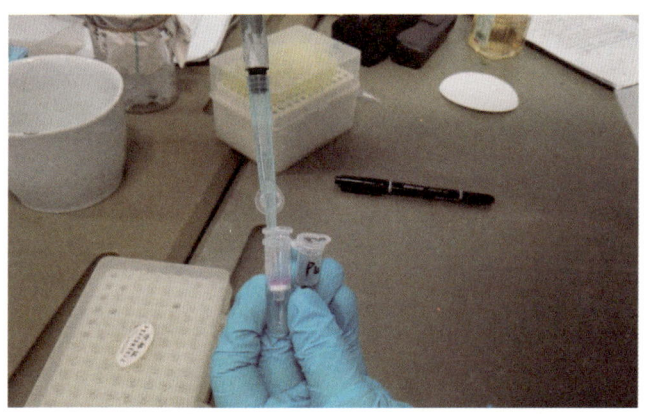

图 4-14-4　向吸附柱加入漂洗液

（8）重复操作步骤（7）。

（9）将吸附柱 CB3 放入收集管中，12000 r/min 离心 2 min，倒掉废液，将吸附柱 CB3 置于室温 5 min，以彻底晾干吸附材料中残余的漂洗液（注意：这一步的目的是去除吸附柱中残余的漂洗液，漂洗液中乙醇的残留会影响后续的 PCR 实验）。

（10）将吸附柱 CB3 转入一个干净的离心管中，向吸附膜中间部位悬空滴加 50 μL 洗脱缓冲液 TE，室温放置 2 min，12000 r/min 离心 2 min，将溶液收集到离心管中。

2. 聚合酶链式反应扩增 DNA 片段。

（1）在 PCR 管内配制 25 μL 反应体系。

反应物	体积/μL
10×PCR 缓冲液（含 Mg^{2+}）	2.5
dNTP 混合液（各 2.5 mmol/L）	2.0
引物 1（10 μmol/L）	1.0
引物 2（10 μmol/L）	1.0
Taq 酶（5 U/μL）	0.2
模板 DNA	0.5
去离子水	17.8
总体积	25

（2）按下列程序进行扩增。

①94 ℃预变性	4 min
②94 ℃变性	20 s
③55 ℃退火	20 s
④72 ℃延伸	30 s
⑤重复步骤②~④	35 次
⑥72 ℃延伸	2 min

3. 琼脂糖凝胶电泳检测 DNA。

（1）用 1×TBE 溶液制备 0.8%琼脂糖凝胶溶液，并加入 GeneGreen 核酸染料，加热至琼脂糖全部溶解，冷却至 50~60 ℃时，缓慢倒入灌胶模具（注意不要产生气泡），待凝胶溶液凝固后拔出梳子，将凝胶转移至电泳槽内，将 1×TBE 溶液加入电泳槽中，使 TBE 溶液没过凝胶约 1 mm。

图 4-14-5　灌胶模具和 0.8%琼脂糖凝胶溶液

（2）取 10 μL DNA 溶液、10 μL PCR 产物、4 μL 6×凝胶载样缓冲液，混匀，

用微量移液器小心加入加样孔中（记录加样顺序）。

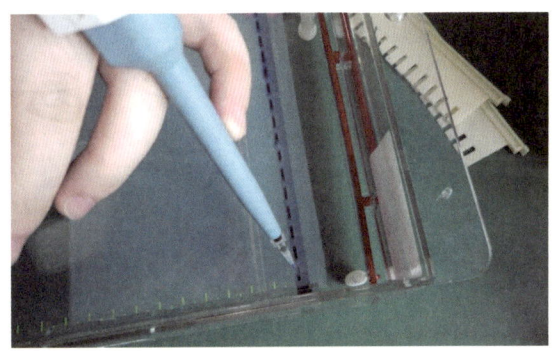

图 4-14-6　加样

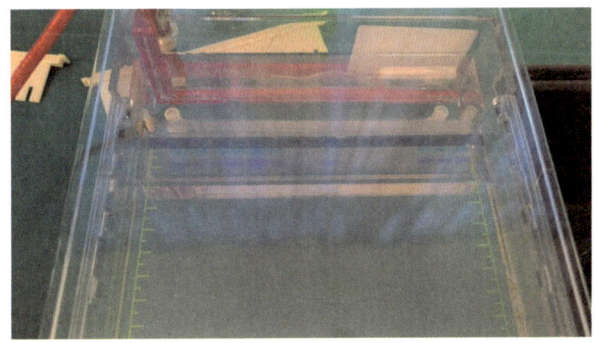

图 4-14-7　加样结果

（3）接通电源（靠近加样孔的一端为负极），电压为 1～5 V/cm（长度为两个电极之间的距离），电泳 20～40 min，关闭电源，停止电泳。

（4）用凝胶成像系统观察、拍照。

【实验结果】

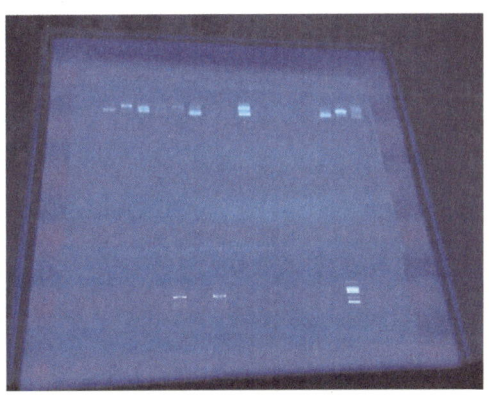

图 4-14-8　琼脂糖凝胶电泳结果

上、下两块胶中最右侧的泳道为 DNA 分子量标记物（Marker），其他泳道均为学生的加样电泳结果。有部分泳道呈现出较为清晰的 2 个条带，即为 DNA 样品和 PCR 产物。

【实验关键及注意事项】

1. 使用离心机时，应盖紧离心管盖子，防止液体外溅造成离心机被腐蚀；样品放置时应配平（平衡误差应在 0.1 g 以内），并对称放入离心机；离心结束后，按停止键，待离心机停止转动后才可开盖取出样品；操作人员不得远离离心机。

2. 使用微量移液器时，应注意竖直安装枪头，枪头应深入液面下方缓慢吸取液体，沿内壁缓慢排液。

3. GeneGreen 是新型的低毒性高灵敏核酸染料，操作时需要戴好一次性手套或乳胶手套。

4. 凝胶电泳加样操作时，移液枪头应伸入加样孔里，缓慢加入样品，不要戳破加样孔底部凝胶。

【教学建议】

本实验是《普通高中教科书 生物学 选择性必修 3 生物技术与工程》中的"探究·实践"活动"DNA 片段的扩增及电泳鉴定"的拓展。这一实验在高校生物学教学中属于常规的分子生物学实验，却是高中生物学课程中唯一的分子水平上的操作实验，开展该实验有助于高中学生掌握分子生物学的一般实验方法，完整体验从提取 DNA 到 PCR 扩增再到电泳鉴定的过程，更好地理解生产、生活中遇到的分子水平上的问题，以及应选取哪些技术方法来探究或解决。

1. 时间安排：本实验的开设需要一个相对完整且较长的时间。如有上、下午的时间，可上午安排理论课＋DNA 的提取＋PCR 样品的加样，中午午休时间进行 PCR，下午进行电泳检测。如有 2 节课的时间，可以第一节课安排 DNA 的提取＋PCR，第二节课安排电泳检测，教师负责完成凝胶的制备，在空隙等待时间进行原理的讲解。同时，DNA 的提取可以选择提取菌落 DNA，其操作简便，对试剂条件要求低。虽然纯度不够高，可能会含有 RNA、蛋白质等杂质，但可作为一般检测目的的 PCR 反应模板。

2. 结果分析：本实验在电泳加样时进行了一个小的调整，即同时添加了样品 DNA 和 PCR 产物。这样，在泳道上应该出现两条不同的条带，其中移动较慢（片段较长）的一条是样品 DNA，移动较快（片段较短）的一条是 PCR 产物。针对条带情况进行分析，可以帮助学生分析影响实验结果的因素。

若出现与预期不一致的结果，可尝试从以下几个方面进行分析：模板 DNA 的制备、引物的质量与特异性、酶的质量以及 PCR 循环的条件等。

（1）未出现扩增条带可能的原因有：模板 DNA 中混有杂蛋白或 Taq DNA 聚合酶的抑制剂（如蛋白酶 K、苯酚、EDTA）；Taq DNA 聚合酶失活；引物设计不合理，浓度不合适；Mg^{2+} 浓度过低；变性温度低，变性时间短；目的序列变异，影响引物与模板特异性结合；等等。

（2）出现非特异性扩增条带可能的原因有：模板 DNA 出现污染； Taq DNA 聚合酶出现质量问题；引物特异性不强（如与非目的序列有同源性）或形成引物二聚体； Mg^{2+} 浓度过高；退火温度（复性时的温度）过低； PCR 循环次数过多；等等。

（3）本实验应设置对照组（见下表）。阳性对照用于检测 PCR 的效率，阴性对照用于检测是否存在含有目的序列的 DNA 的污染。

项目	无关 DNA	模板 DNA	目的 DNA	引物
阳性对照 1	＋	－	＋	＋
阳性对照 2	－	－	＋	＋
阴性对照 1	－	－	－	＋
阴性对照 2	＋	－	－	＋

无关 DNA：不包含目的序列，它和模板 DNA 在长度、浓度等方面均相近。

模板 DNA：用于 PCR 扩增的 DNA。

目的 DNA：包含目的序列的片段，目的 DNA 的浓度应与模板 DNA 的浓度相近。

实验 15　质粒 DNA 的提取

【实验目的】

掌握质粒 DNA 的提取方法，获取纯化后的质粒用于酶切、转化、测序及 PCR 等分子生物学实验。

【实验原理】

质粒是细菌内的共生型遗传因子，它能在细菌中垂直遗传并赋予宿主细胞某些特定的表型。质粒通过细菌的接合作用，从雄性体转移到雌性体，是细菌有性繁殖的性因子。经过改造的质粒是携带外源基因进入细菌中扩增或表达的重要媒介物，这种基因运载工具在基因工程中具有极为广泛的应用价值。

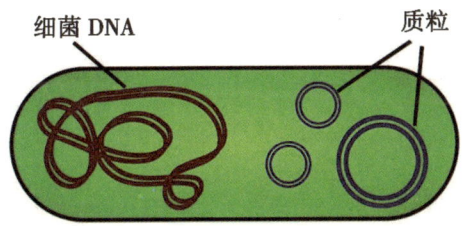

图 4-15-1　细菌模式图

从细菌中分离质粒的方法众多，目前常用的有碱裂解法、煮沸法、 SDS 法、羟基磷灰石层析法等。分离方法可依据宿主菌株类型、质粒分子大小、碱基组成和结构等特点加以选择，其中碱裂解法经济且提取得率较高，获得的质粒可以用于酶切、连接与转化。不同生物公司的质粒提取试剂盒中的溶液成分可能有所差异。下表简要介绍试剂盒中主要试剂的作用原理。

名 称	组 分	作 用	注意事项
溶液 P1	25 mmol/L Tris-HCl (pH8.0), 10 mmol/L EDTA, 50 mmol/L 葡萄糖	主要作用是使菌体悬浮。Tris-HCl 是缓冲溶液，保证反应体系的 pH 恒定。EDTA 是金属离子螯合剂，能与微生物体内的金属离子结合，抑制 DNA 酶（DNase）的活性。葡萄糖的作用是增加溶液的黏度，保证菌体悬浮，延缓菌体沉降的时间。	使用前通常要加入 RNA 酶（RNase A），降解溶液中的 RNA。由于 RNA 酶稳定性较差，因此加了 RNA 酶的溶液 P1 需要在 4 ℃下保存。
溶液 P2	250 mmol/L NaOH, 1% (W/V) SDS（十二烷基硫酸钠）	主要作用是裂解细胞。氢氧化钠会破坏细胞膜的结构，使之向微囊结构变化，从而导致细胞的裂解。十二烷基硫酸钠（SDS）很容易与蛋白质结合，形成的 SDS-多肽复合体溶解在溶液中，从而使得多肽链更好地与基因组 DNA 缠绕。	裂解时间一定不能过长，并且不可剧烈震动离心管。时间过长以及剧烈震动都将导致氢氧化钠破坏基因组 DNA，断裂的基因组 DNA 碎片将会与相似大小的质粒一同被抽提，从而污染样品。
溶液 P3	3 mol/L 醋酸钾, 5 mol/L 醋酸	主要作用是中和第二步加入的强碱以及清除蛋白质等杂质。醋酸能中和强碱溶液氢氧化钠。醋酸钾与溶液 P2 中的 SDS 相互作用，生成的十二烷基硫酸钾不溶于水，从而使变性的蛋白质沉淀。	加入后应立即混合，避免产生局部沉淀。如果上清中还有微小白色沉淀，可再次离心后取上清。
溶液 PE	10 mmol/L Tris-HCl (pH 7.5), 80 % 乙醇	主要作用是清洗掉多余的盐离子。	由于乙醇会影响后续的酶切或测序反应，因此在洗脱 DNA 前必须要在离心机内"空甩"柱子，完全清除掉乙醇。
溶液 EB	10 mmol/l Tris-HCl (pH 7.5)	作用是洗脱硅胶柱上的 DNA 样品。	离心前保持缓冲液 EB 在膜上停留的时间长一些，将更有利于 DNA 的洗脱。

【材料用具】

1. 材料：大肠杆菌。

2. 试剂：LB 培养基、质粒小提试剂盒（离心柱型，天根生化科技有限公司，内含平衡液 BL、溶液 P1、溶液 P2、溶液 P3、去蛋白液 PD、漂洗液 PW、洗脱缓冲液 EB、10 mg/mL RNase A、吸附柱 CP3、收集管）、无水乙醇等。

3. 器材：微量移液器、一次性枪头、微量离心管、恒温摇床、台式离心机、涡旋振荡器等。

【实验步骤】

1. 挑取转化后的大肠杆菌单菌落或含重组载体的菌株，接种于 5mL 含有相应抗生素的 LB 液体培养基中，37 ℃摇床培养 12~16 h（备用）。

2. 使用前预先在漂洗液 PW 中加入无水乙醇，加入的体积参照试剂瓶上的标签说明。

3. 向吸附柱 CP3 中（吸附柱放入收集管中）加入 500 μL 的平衡液 BL，12000 r/min 离心 1 min，倒掉收集管中的废液，将吸附柱重新放回收集管中。

4. 取 1~5 mL 过夜培养的菌液，加入离心管中，用常规台式离心机 12000 r/min 离心 1 min，尽量吸除上清液（菌液较多时可以通过多次离心将菌体沉淀收集到一个离心管中）。

5. 向留有菌体沉淀的离心管中加入 250 μL 溶液 P1（预先加入 RNase A），使用移液器或涡旋振荡器彻底悬浮细菌沉淀。

6. 向离心管中加入 250 μL 溶液 P2，温和地上下翻转 6~8 次使菌体充分裂解。

7. 向离心管中加入 350 μL 预冷的溶液 P3，立即温和地上下翻转 6~8 次，充分混匀，此时将出现白色絮状沉淀。冰上放置 10 min，然后 12000 r/min 离心 10 min。

8. 将上清液用移液器转移到吸附柱 CP3 中（吸附柱放入收集管中），注意尽量不要吸出沉淀。12000 r/min 离心 30~60 s，倒掉收集管中的废液，将吸附柱 CP3 放入收集管中。

9. （可选步骤）向吸附柱 CP3 中加入 250 μL 去蛋白液 PD，12000 r/min 离心 30~60 s，倒掉收集管中的废液，将吸附柱 CP3 重新放回收集管中。

10. 向吸附柱 CP3 中加入 300 μL 漂洗液 PW（预先加入无水乙醇），12000 r/min 离心 30~60 s，倒掉收集管中的废液，将吸附柱 CP3 放入收集管中。

11. 重复操作步骤 10。

12. 将吸附柱 CP3 放入收集管中，12000 r/min 离心 2 min，目的是去除吸附柱中残余的漂洗液。

13. 将吸附柱 CP3 置于一个干净的离心管中，向吸附膜的中间部位滴加 50~200 μL 洗脱缓冲液 EB，室温放置 2 min，12000 r/min 离心 2 min，将质粒溶液收集到离心管中。

14. 获得的质粒需进行琼脂糖凝胶电泳验证，同时若是重组质粒还需进行酶切验证，以确保实验结果准确。

【实验结果】

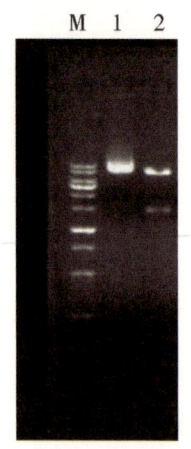

图 4-15-2　质粒酶切验证

【实验关键及注意事项】

1. 选择生长状态良好的新鲜菌液，使菌液均匀悬浮于培养基中，A_{600} 在 0.8～1.0 之间最佳。

2. 菌液的使用量要适中。在裂解时经过几次颠倒混匀后，若裂解液仍处于浑浊状态，则说明裂解不充分，菌液过浓；若裂解液呈现澄清状态，则说明已充分裂解。

3. 质粒提取过程中要尽量保证基因组 DNA 的完整性，并避免过长时间的裂解造成污染。

4. 在质粒洗脱前要彻底挥发乙醇，可在超净工作台中挥发 5～10 min，再用缓冲液进行洗脱。缓冲液应完全浸润柱膜，可重复洗脱，保证质粒被充分洗脱下来。

【教学建议】

本实验建议安排 1 课时，两人一组进行分组实验。具体的教学建议如下。

1. 引导学生利用已有知识理解和掌握实验基本原理。

本节实验课建立在选择性必修 3 教材中"分子运输车"——质粒载体、DNA 粗提取的内容基础上，通过引导学生建立知识之间的联系，帮助他们观察实验现象和分析实验结果。例如，质粒是基因工程中常见的载体类型之一，结合其 DNA 本质，引导学生理解质粒 DNA 提取的原理中包含裂解细胞、蛋白质变性沉淀等，通过将质粒 DNA 与蛋白质分离获取适用于下游实验的高纯度质粒 DNA。通过严谨的操作和合理的材料选择，可以有效地制备出满足实验要求的质粒 DNA，为后续的重组载体的构建提供可靠的基础材料。

2. 借助试剂盒，简化实验流程，缩短实验时长。

本次实验选用的微生物为大肠杆菌，大肠杆菌具备易于培养、繁殖速度快等优势。教师需提前一天活化大肠杆菌，上课前先对大肠杆菌进行分装，课中可指导学生对其进行离心富集。

本次实验采用的质粒提取试剂盒，具备操作简便、提纯率高、适用性广泛、可靠性高等优势。为保证分组实验的顺利进行，教师可以提前对试剂盒中的试剂进行分装，每四人共用一组试剂，每两人完成一份质粒 DNA 的提取，在降低实验成本的同时，也让每一名学生都观察到实验现象。此次分组合作有助于培养学生的动手操作能力与合作探究能力。

实验 16　质粒 DNA 的酶切与回收

【实验目的】

1. 掌握限制性内切酶的特性及酶切的目的和原理。
2. 掌握限制性内切酶酶切体系的建立及酶切样品的检测方法。
3. 了解从琼脂糖凝胶中分离纯化 DNA 片段的原理和方法。

【实验原理】

1. DNA 酶切。

限制性内切酶能特异性地结合于一段被称为限制性内切酶识别序列的 DNA 序列之内或其附近的特异性位点上，并切割双链 DNA。根据限制性内切酶的识别切割特性、催化条件及是否有修饰酶活性，可分为 Ⅰ 型、Ⅱ 型和 Ⅲ 型三类。DNA 重组技术中最常用的是 Ⅱ 型酶，切割后得到的是带黏性末端或平末端的线性 DNA。

Ⅱ 型限制性内切酶的主要特点是识别序列常由 4 个或 6 个核苷酸组成，少数也有 5 个核苷酸以及 7 个、8 个、9 个、10 个和 11 个核苷酸的。在分子克隆实验中使用最普遍的是识别 4 个或 6 个核苷酸碱基对的限制性内切酶。Ⅱ 型限制性内切酶的识别序列是一个回文对称顺序，即有一个中心对称轴，从这个轴朝两个方向"读"都完全相同。这种酶的切割后可以产生两种类型的末端：黏性末端和平末端。

限制性内切酶的活性以酶的活性单位表示，一个酶单位（1 Unit）指的是在指定缓冲液中，37 ℃下反应 60 min，完全酶切 1 μg 纯 DNA 所用的酶量。在酶切反应中应当注意以下几个问题：内切酶的纯度和用量、内切酶底物（DNA）的纯度和浓度、反应缓冲液、酶解温度与时间。

2. DNA 回收。

胶回收试剂盒法：DNA 样品经低熔点琼脂糖凝胶电泳后，在紫外光灯下切割含目的条带的凝胶块，用胶回收试剂盒回收纯化 DNA 片段。在高盐和促溶剂的作用下，琼脂糖凝胶迅速溶解，DNA 就从凝胶中释放出来。试剂盒的胶回收柱采用特殊的硅基质材料，能高效、专一地吸附 DNA。然后用高盐缓冲液洗涤除去残余的琼脂糖，再用含乙醇的缓冲液洗去盐和染料，最后用 TE 缓冲液或水将柱子上的 DNA 洗脱下来。

【材料用具】

1. 材料：质粒、目的基因的 PCR 产物。
2. 试剂：限制酶、酶切缓冲液、TAE 电泳缓冲液（Tris-乙酸-EDTA 缓冲液）、Gel Red 核酸染料、琼脂糖、琼脂糖凝胶 DNA 回收试剂盒（天根生化科技有限公司）等。
3. 器材：电泳仪、离心机、微量移液器、切胶仪、离心管等。

【实验步骤】

1. 质粒 DNA 酶切和电泳。

（1）在离心管中，按照下表加入试剂（单位：μL），并充分混匀，用台式离心机短暂离心。

成 分	小体系（10 μL）	大体系（50 μL）
质粒	3	30
酶切缓冲液	2	5
限制酶 1	1	2.5
限制酶 2	1	2.5
无菌蒸馏水	3	10

（2）将反应物置于 37 ℃水浴中反应 4 h～过夜（反应时间视酶切体系的大小而定）。

（3）取全部样品与凝胶载样缓冲液混匀，于 1% 琼脂糖凝胶上电泳。

（4）在切胶仪（紫外透射仪）上检测实验结果。

2. DNA 胶回收。

（1）将含有酶切反应物的琼脂糖凝胶块切下，移入 1.5 mL 离心管中。

（2）加入凝胶块 1 倍体积的 DNA 结合缓冲液（binding buffer）。（每次加入的 DNA 结合缓冲液最大体积不宜超过 200 μL）

（3）将离心管置于 55～65 ℃的水浴 5～10 min，直至凝胶块完全溶化。

（4）将溶化的胶溶液全部转移到吸附柱中，6000 r/min 离心 1 min，并弃去接液管内的液体。

（5）向吸附柱内加入 650 μL 洗涤缓冲液（wash buffer），混匀，12000 r/min 离心 30～60 s，并弃去接液管内的液体。

（6）重复第（5）步一次。

（7）再次 12000 r/min 离心 1 min，然后将吸附柱转移到无菌的 1.5 mL 离心管中（必须进行该步离心，否则无法保证离心柱内的残液被彻底清除）。

（8）向吸附柱内加入 50 μL 洗脱缓冲液（elution buffer），并于室温静置 1 min。

（9）12000 r/min 离心 1 min，1.5 mL 离心管内溶液中含有目的 DNA 片段。

（10）提取的 DNA 可直接用于各类下游分子生物学实验，如不立即使用，需保存于 −20 ℃。

【实验结果】

酶切产物进行琼脂糖凝胶电泳，结果如图 4-16-1 所示。可以观察到原质粒的条带明显，但由于原质粒的分子量较大，大小接近 10000 bp，同时质粒存在超螺旋、线性等不同的结构，电泳时会出现拖带等情况。将原质粒双酶切后进行电泳，会出现两条条带。酶切后质粒线性化，条带清晰明显。将目标条带切胶回收，即可获得酶切产物。

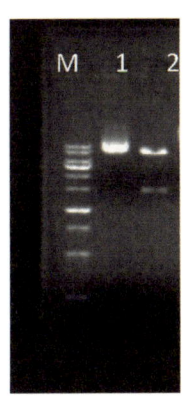

M：DNA分子量标记物（Marker）
1：原质粒
2：质粒 *Eco*R Ⅰ + *Sal* Ⅰ 双酶切

图 4-16-1　酶切产物琼脂糖凝胶电泳结果

【实验关键及注意事项】

1. 依据限制性内切酶的识别序列特异性、切割模式、酶的活性等，选择合适的限制性内切酶。

2. 为提高双酶切体系的酶切效率，需要优化缓冲体系、温度和酶切时间，对于浓度较高的 DNA 分子，可尝试过夜酶切。

3. 限制性内切酶应当在 −20 ℃下储存，操作时应将酶置于冰盒中，以保持酶的活性和稳定性。

4. 切胶是在紫外灯下操作，尽量切除多余的部分，以提高回收率。

5. 胶块的溶解要充分，才能使 DNA 从凝胶中完全释放出来。若胶块体积较大，则可以分多次回收。

6. 切胶提取的 DNA 可以用于测序或进行下一步的连接。

【教学建议】

本活动建议安排 1 个课时，每两名同学为一组，全体同学共开展三项实验：DNA 酶切、琼脂糖凝胶电泳、DNA 胶回收实验。由于每一项实验的等待时间过长，建议每一个班级完成 DNA 酶切、琼脂糖凝胶电泳和 DNA 胶回收实验的材料来自前一个班级。具体教学建议如下：

1. 组织学生观察质粒图谱，选择合适的限制酶。

酶切实验的核心是选择合适的限制酶对质粒 DNA 进行线性化，以满足后续连接实验的需求。本课建议选择一个具体的情境，以项目式学习的方式驱动学生完成实验设计。例如，学生可以设计单酶切和双酶切的对照实验，观察实验结果，直观感受限制酶对 DNA 的切割效果，同时跟进后续实验，分析两种酶切方式对重组质粒构建的影响。每种限制酶都有其对应的缓冲液，学生在选择缓冲液组合时，可以认识不同的酶作用条件是不一样的，如温度、盐浓度等，从而加深对酶的特性的理解。

2. 强调实验细节，标准化操作流程。

酶切反应体系的样品添加量较少，在实验过程中为了避免误差过大，常常需要调整样品添加的顺序（如将量大的样品先加入离心管中），低速离心混合样品，减少移液误差。

3. 借助试剂盒进行胶回收实验。

胶回收实验的前提是学生通过分析明确需要回收的 DNA 条带大小。学生通过在切胶仪中切割目的条带，能够直观地观察到肉眼看不到的 DNA 分子，从而将微观的物质可视化、可操作化，学生的体验更深刻。

本次实验采用试剂盒进行胶回收，实验操作简单、快速，可以进行分组实验，让每一名学生都进行沉浸式的体验。胶回收实验前期需要在紫外灯下操作，要指导学生做好安全防范措施，切胶过程要快，避免紫外照射对 DNA 的损伤。

实验 17 重组载体的构建与转化

【实验目的】

1. 了解同源重组的原理，理解并掌握同源臂引物的设计。
2. 分析和比较无缝克隆与传统克隆的区别。
3. 掌握大肠杆菌感受态细胞制备和将外源质粒 DNA 转入受体菌细胞的技术以及筛

选转化体的方法。

4. 了解细胞转化的概念及其在分子生物学研究中的意义。

【实验原理】

1. 同源重组法构建重组载体。

在现代分子生物学研究中，基因克隆是基础且关键的技术之一，常用于基因功能研究、基因表达分析以及各种遗传操作。传统的克隆方法依赖于限制性内切酶和连接酶将目标基因插入载体中。然而，这种方法存在一定的局限性，比如需要选择适合的酶切位点，而有时难以找到合适的酶切位点，或者目的基因内部含有与载体相同的酶切位点等问题。同源重组克隆是一种利用同源序列进行无缝基因克隆的方法。同源重组技术基于DNA序列间的同源性，通过特定的重组酶识别并结合两段具有相同序列的DNA末端，进而实现目标基因与载体之间的特异性整合。这种方法避免了传统克隆中对限制性内切酶和连接酶的依赖，使得基因克隆过程更加简便、高效。

2. 重组载体的转化。

转化是将外源DNA分子引入受体细胞，使之获得新的遗传性状的一种手段，它是微生物遗传、分子遗传、基因工程等研究领域的基本实验技术。转化过程所用的受体细胞一般是限制修饰系统缺陷的变异株，即不含限制性内切酶和甲基化酶的突变体，它可以容忍外源DNA分子进入体内并稳定地遗传给后代。受体细胞经过一些特殊方法［如电击法、$CaCl_2$法、$RbCl$（KCl）法等化学试剂法］的处理后，细胞膜的通透性发生了暂时性的改变，成为能允许外源DNA分子进入的感受态细胞。进入受体细胞的DNA分子通过复制、表达，实现遗传信息的转移，使受体细胞表现出新的遗传性状。将经过转化后的细胞在筛选培养基中培养，即可筛选出转化子（带有异源DNA分子的受体细胞）。

目前常用的感受态细胞制备方法有$CaCl_2$法和$RbCl$（KCl）法。虽然$RbCl$（KCl）法制备的感受态细胞转化效率较高，但$CaCl_2$法简便易行，且其转化效率完全可以满足一般实验的要求，制备出的感受态细胞可直接用于转化实验，也可加入占总体积15%的无菌甘油于$-70\ ℃$保存（半年），因此$CaCl_2$法的使用更广泛。

DNA分子转化包括以下过程。

（1）吸附：双链DNA分子吸附于受体菌表面。

（2）转入：双链DNA分子解链，一条链进入受体菌，另一条链降解。

（3）自稳：外源质粒DNA分子在细胞内复制成双链环状DNA。

（4）表达：供体基因随同复制子同时复制，并被转录、翻译。

【材料用具】

1. 材料：酶切后的质粒载体与待插入的DNA片段、ClonExpress Ⅱ One Step Cloning Kit（非连接酶依赖型单片段快速克隆试剂盒，南京诺唯赞生物科技股份有限公司）、大肠杆菌菌株。

2. 试剂。

（1）LB 液体和固体培养基。

（2）氨苄青霉素母液（50 mg/mL）。

（3）含氨苄青霉素的 LB 固体培养基：将配好的 LB 固体培养基高压灭菌后冷却至 60 ℃左右，加入氨苄青霉素母液，使其终浓度为 50 μg/mL，摇匀后铺板。

（4）0.1 mol/L $CaCl_2$ 溶液：称取 1.11 g $CaCl_2$，溶于 50 mL 双蒸水中，定容至 100 mL，高压灭菌。

（5）50%甘油：量取 50 mL 甘油，溶于 50 mL 双蒸水中，定容至 100 mL，高压灭菌。

3. 器材：恒温摇床、电热恒温培养箱、台式高速离心机、洁净工作台、超低温冰箱、恒温水浴锅、制冰机、分光光度计、微量移液器、一次性枪头、培养皿、离心管等。

【实验步骤】

1. 同源重组构建克隆载体。

（1）按照"ClonExpress II One Step Cloning Kit"说明书，添加以下组分，将目的基因与载体进行连接。

以 10 μL 反应体系为例。

成　分	体积/μL
线性化克隆载体	2
目的基因片段	3
5×CE II Buffer（缓冲液）	2
EXnase II（重组酶）	1
无菌蒸馏水	2

（2）使用移液器轻轻吹打混匀，37 ℃反应 30 min，立即置于冰水浴中冷却 5 min，立即转化到感受态细胞中。

2. 大肠杆菌感受态细胞的制备。（所有操作均应在无菌条件和冰上进行）

（1）实验前一天将大肠杆菌接种到不含抗生素的 LB 平板上，挑取单菌落于 5 mL LB 液体培养基中，37 ℃摇床培养 5~6 h。

（2）取 1 mL 培养物接种于 50 mL LB 液体培养基中，37 ℃摇床培养至菌液 A_{600}≈0.5，约需 2.5~3 h。

（3）将灭菌的 0.1 mol/L 氯化钙溶液置于冰上预冷。

（4）将 50 mL 菌液倒入 50 mL 的离心管中，冰浴 10 min。

150

（5）4 ℃下，4000 r/min 冷冻离心 5 min。

（6）弃上清，加入 10 mL 预冷的 0.1 mol/L 氯化钙溶液，轻轻悬浮细胞，然后冰浴 10 min。

（7）4 ℃下，4000 r/min 冷冻离心 5 min。

（8）弃上清，加入 10 mL 预冷的 0.1 mol/L 氯化钙溶液，重新悬浮细胞，4 ℃下，4000 r/min 冷冻离心 10 min。

（9）弃上清，加入 4 mL 0.1 mol/L 氯化钙＋1 mL 50％甘油，混匀后分装到预冷的 1.5 mL 微量离心管中，每管 100 μL，－80 ℃保存。

注意：所使用的移液枪头、离心管、试管架均需要提前灭菌预冷；制备完一批感受态细胞后需验证其转化效率和是否染菌。

3. 大肠杆菌的转化。

（1）提前 2 min 将感受态细胞（100 μL）从－80 ℃冰箱中取出，置于冰上（不可用手碰触管底）。

（2）加入冰浴好的 10 μL 连接产物或是 1~2 μL 已有质粒（若为刚连接的重组载体，则将连接反应体系全部加入；若为质粒且浓度较高，仅加入 1 μL 即可）。

（3）冰浴 30 min。

（4）42 ℃热激 90 s，冰上孵育 3 min。

（5）加入 400 μL LB 液体培养基，在 37 ℃摇床 200 r/min 复苏 50 min。

（6）12000 r/min 离心 2 min，留下 100 μL 上清液，重悬沉淀（直接转化已经连接好的质粒则不需要上述步骤），取 100 μL 菌液涂布在含有相应抗生素的平板上。

（7）将平板倒置，37 ℃培养过夜。

【实验结果】

将平板置于 37 ℃培养箱中培养过夜，隔天可看见如图 4-17-1 所示的转化结果，在含有相应抗生素的平板上长出了菌落。

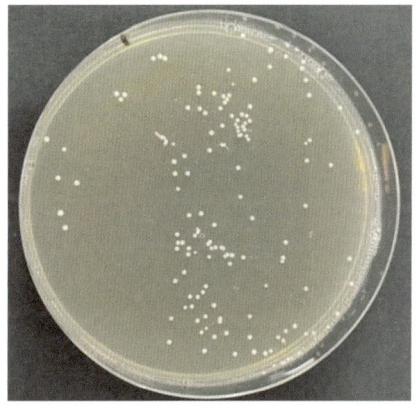

图 4-17-1　转化结果

【实验关键及注意事项】

1. 感受态细胞的制备是本实验的重要环节。制备全过程均需要进行无菌操作，确保无杂菌污染。

2. 选取处于对数生长期的大肠杆菌细胞进行钙离子处理，同时操作过程保持低温状态。

3. 大肠杆菌感受态细胞刚刚融化时转化效果最佳。转化的操作要快、准、狠。

4. 严格控制热激时间，时间过短或过长都会影响转化效率。

5. 转化后需要在含相应抗生素的平板上进行筛选，同时进行分子水平的鉴定。

【教学建议】

本实验建议 2 个课时完成，其中一个课时完成感受态细胞的制备与重组载体的构建，另一个课时完成重组载体转化至受体细胞。

1. 同源重组构建克隆载体。

（1）同源臂引物的设计是本实验的难点，建议以一个特定的基因为对象进行操作，重点在于理解同源重组的原理。通过小组讨论的方式进行引物设计，并展示说明，有助于提升学生对同源重组的理解，提升科学思维。

（2）学生可通过分析和比较无缝克隆与传统克隆的优缺点，并进行交流分享，同时查询资料，了解不同克隆技术的原理。

2. 感受态细胞的制备。

（1）学生在课前搜索查询氯化钙法制备感受态细胞的原理，明晰钙离子通过改变细胞的通透性，使其处于易于吸收外源 DNA 的状态。

（2）微生物实验过程中应注意严格的无菌操作，这对实验结果的呈现至关重要。

3. 转化。

（1）学生在掌握实验原理的基础上对实验结果进行初步分析，确定应选择何种培养基对转化后的细胞进行筛选，预测培养的实验结果，得出实验结论。

（2）转化后还需要对目的基因进行相应的鉴定，可以分别在分子水平和细胞水平对其进行检测，对不同对象不同水平的检测需选用不同的技术。因此，学生可以进一步对转化后的鉴定展开实验。教师对学生的设计方案进行评价，帮助学生形成系统的基因工程方案。

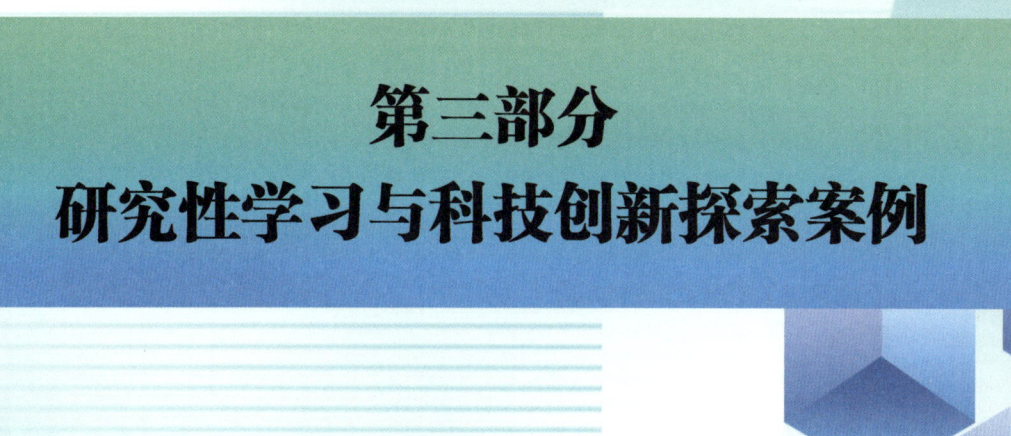

第三部分
研究性学习与科技创新探索案例

第五章 基于研究性学习与科技创新的学科实践活动

实践1 福州市乌山鸟类多样性研究及应用

【实践背景】

随着城市人口的日益膨胀、城市化建设的逐日推进，大量的农田、林地、湿地消失，在一定程度上对鸟类的生存带来了威胁，而市区中的公园绿地能为鸟类提供赖以栖息的生态环境。

乌山又称乌石山、射乌山，与于山、屏山鼎足而立，海拔86米，游览面积25公顷。经改造，目前乌山景区和三坊七巷景区连成一片，成为福州市鼓楼区最重要的旅游景点。乌山生态环境优美，有针阔叶林、灌木林、草丛和池塘等生境，是市区中植被覆盖率较高、植物种类较多样的山系公园。

【实践原理】

鸟类群落生态学的研究内容主要集中在以下几个方面：群落结构，主要是对群落的多样性、丰富度、均匀度和群落间相似性的分析，以及对群落组成的影响因素和群落生物量的研究；群落的集团结构、生态位；群落与栖息地的关系；群落动态与演替等。

群落结构，即群落的物种组成、物种的多样性、优势度等。群落结构的研究分为静态研究和动态研究两个方面。静态研究主要是指群落的空间格局，即垂直结构与水平结构，主要内容包括：群落的物种组成、丰富度、均匀度和多样性以及群落间的相似性。而动态研究主要是群落的时间格局，即季节变化与年际间变化以及群落的演替。

多样性指数是反映物种丰富度和均匀度的综合指标，其中普遍采用的有Shannon-Wiener指数、Simpson指数、均匀度指数等以及最近我国学者提出的G-F指数等。

群落结构的季节动态属于群落的时间格局，由自然环境因素的时间节律所引起，使得群落各物种产生季节性的周期变化。影响鸟类群落结构变化的根本原因包括鸟类的季节性迁移、栖息环境的结构和食物丰盛度的季节性变化。

【材料用具】

望远镜、相机、笔、纸等。

【实践步骤】

1. 选取调查样线。

根据乌山风景区生境和植被种类，选取天皇岭景区—石林景区—海阔天空—101台—北园景区为调查样线。

图 5-1-1　乌山风景区调查样线示意图

2. 确定调查时间和方法。

根据鸟类活动的特点，调查时间尽量选取在鸟类活动高峰期（早晨和傍晚），即早上7时30分到10时左右或下午15时到17时30分左右。因天气等原因，个别调查时间有所延后或提前。平均每个月调查1~2次。

调查方法采用样线法，即观测范围是路线两侧各25 m内，沿着同样的路线以1~1.5 km/h的速度匀速行走，借助双筒望远镜观测，记录看到、听到的鸟类的种类、数量以及活动生境，以重复观测的平均值作为统计依据。

3. 数据分析。

根据鸟类的种类、数量的记录，计算鸟类的物种多样性指数（H）、均匀度指数

（E）、优势度指数（C_1），计算公式如下。

物种多样性指数（Shannon-Wiener 指数）： $H = -\Sigma P_i \ln P_i$

均匀度指数： $E = H/H_{max} = H/\ln S$

以上公式中，P_i 是一个群体属于第 i 种物种的概率，H_{max} 为最大的物种多样性指数，S 为物种总数。

优势度指数：统计平均每小时遇到的各种鸟类的个体数，并依照 $C_1 = A / [(A_1 + A_2 + A_3 + \cdots + A_n)/n]$，计算其优势度等级。其中 A 为某种鸟每小时平均遇见数量，$A_1 + A_2 + A_3 + \cdots + A_n$ 为各种鸟每小时平均遇见数量的总和，n 为遇见的种数。$C_1 \geqslant 1$ 为优势种，$1 > C_1 \geqslant 0.5$ 为常见种，$C_1 < 0.5$ 为稀有种。

【实践结果】

1. 物种组成。

根据调查分析（见附表），分布于乌山的鸟类有 68 种，隶属 6 目 28 科。其中雀形目鸟类最多，有 23 科 61 种，占该区鸟类物种总数的 89.7%，这是由于雀形目为林栖型鸟类且体型较小，樟树林和灌木丛为其提供了充足的食物资源和隐蔽场所（图 5-1-2）。在雀形目的种类（图 5-1-3）中，鹟科种类最多，共 9 种，占物种总数的 13.2%；其次为鹎科 6 种，占物种总数的 8.8%，体现了该区森林鸟类群落的种类组成特点，与唐庆圆于 2008 年对福州市区鸟类多样性研究的情况一致。

调查中记录到属于国家二级重点保护的鸟类有 1 种，即凤头鹰。

记录到属于中国特有种的有领雀嘴鹎、栗背短脚鹎、画眉、黄腹山雀，共计 4 种。

根据物种优势度等级计算结果可知，优势种有 15 种：珠颈斑鸠、白头鹎、黑短脚鹎、红胸啄花鸟、北红尾鸲、乌鸫、鹊鸲、叉尾太阳鸟、暗绿绣眼鸟、大山雀、黄腹山雀、燕雀、黑尾蜡嘴雀、麻雀、白腰文鸟。

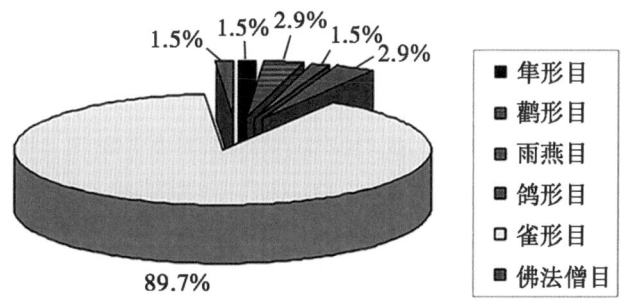

图 5-1-2　调查年度福州市乌山鸟类分目结构

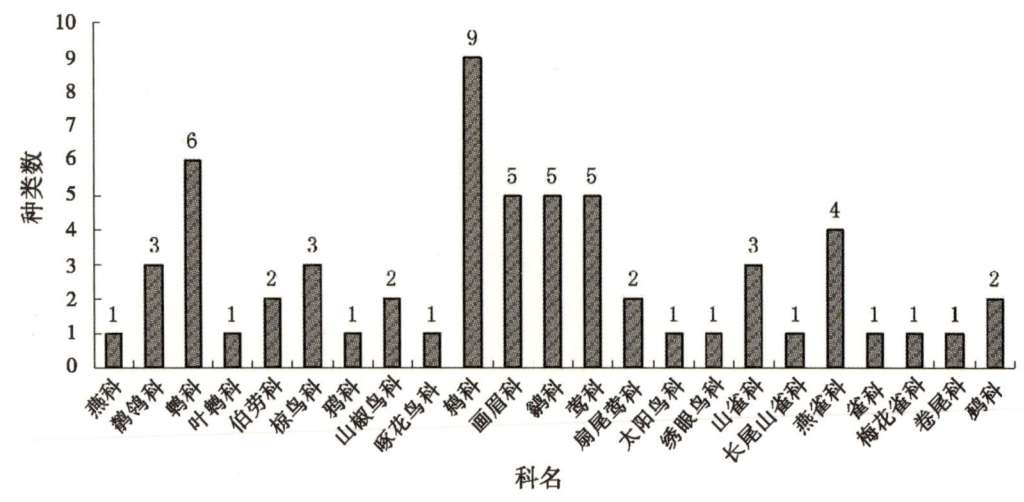

图 5-1-3 调查年度福州市乌山鸟类雀形目分科结构

2. 区系分析、多样性和均匀度分析。

从居留型来看，留鸟是乌山鸟类群落的主要成分，共 39 种，占物种总数的 57.4%。迁徙鸟类 29 种，其中冬候鸟 18 种、夏候鸟 5 种、旅鸟 6 种，分别占物种总数的 26.5%、7.3%、8.8%。冬候鸟在迁徙鸟类中的比重较大，说明乌山为越冬的鸟类提供了良好的食物来源和停歇场所。

从地理型分析，在乌山鸟类区系组成中，东洋种居多，计 34 种，占物种总数的 50.0%；古北种 24 种，占 35.3%；广布种 10 种，占 14.7%。这与福州市地处东洋界这一动物地理区系相吻合。

结果显示：乌山鸟类物种丰富度为 68，多样性指数为 3.1，均匀度指数为 0.73。

【思考讨论】

1. 乌山鸟类资源评价。

生态环境条件直接或间接影响着鸟类群落的物种多样性。

乌山虽然是风景区，但游客人数不是很多，人为建筑物较少，植被茂密，树林灌丛层次繁多，是地处市中心的一个大绿岛。

在调查过程中，共记录到 68 种鸟，其中国家二级保护动物凤头鹰是这里的常客，非常引人注目；迁徙季节中，还可记录到红喉姬鹟、黄眉姬鹟等鹟类以及莺类等鸣声婉转、外形艳丽的观赏性鸟类。

2. 研学成果的应用。

为了帮助市民更好地了解乌山的自然环境，认同人与自然和谐共生的理念，计划在乌山风景区建立一个自然导览系统。导览标识的范围包括乌山的植物和鸟类。在描述物种时，带入地方性元素，把物种生物学特征描述与地方传统的描述相结合，通过自然教育完成乡土教育。

图 5-1-4　自然导览系统

附表：福州乌山鸟类区系和优势度

序号	名　称	居留型	地理型	优势度
一、隼形目 FALCONIFORMES				
1. 鹰科 Accipitridae				
（1）	凤头鹰	冬	古	0.42
二、鹳形目 CICONIIFORMES				
2. 鹭科 Ardeidae				
（2）	小白鹭	夏	广	0.07
（3）	池鹭	夏	广	0.04
三、雨燕目 APODIFORMES				
3. 雨燕科 Apodidae				
（4）	小白腰雨燕	夏	广	0.18
四、鸽形目 COLUMBIFORMES				
4. 鸠鸽科 Columbidae				
（5）	珠颈斑鸠	留	东	3.29
（6）	山斑鸠	留	广	0.07
五、雀形目 PASSERIFORMES				
5. 燕科 Hirundinidae				
（7）	家燕	夏	古	0.73
6. 鹡鸰科 Motacillidae				
（8）	树鹨	冬	古	0.02
（9）	白鹡鸰	留	广	0.11
（10）	灰鹡鸰	留	广	0.04
7. 鹎科 Pycnonotidae				

159

续表

序号	名　称	居留型	地理型	优势度
(11)	领雀嘴鹎	留	东	0.07
(12)	白头鹎	留	东	11.5
(13)	黑短脚鹎	留	东	1.31
(14)	红耳鹎	留	东	0.29
(15)	栗背短脚鹎	留	东	0.80
(16)	绿翅短脚鹎	留	东	0.36
8. 叶鹎科 Chloropseidae				
(17)	橙腹叶鹎	留	东	0.24
9. 伯劳科 Laniidae				
(18)	棕背伯劳	留	东	0.02
(19)	红尾伯劳	旅	古	0.07
10. 椋鸟科 Sturnidae				
(20)	丝光椋鸟	留	东	0.76
(21)	黑领椋鸟	留	东	0.02
(22)	八哥	留	东	0.13
11. 鸦科 Corvidae				
(23)	红嘴蓝鹊	留	东	0.16
12. 山椒鸟科 Campephagidae				
(24)	灰喉山椒鸟	留	东	0.22
(25)	赤红山椒鸟	留	东	0.82
13. 啄花鸟科 Dicaeidae				
(26)	红胸啄花鸟	留	东	1.58
14. 鸫科 Turdidae				
(27)	北红尾鸲	冬	古	1.13
(28)	红胁蓝尾鸲	冬	古	0.42
(29)	乌鸫	留	广	1.67
(30)	灰背鸫	冬	古	0.38
(31)	白腹鸫	冬	古	0.87
(32)	斑鸫	冬	古	0.02
(33)	乌灰鸫	冬	古	0.02
(34)	虎斑地鸫	冬	古	0.02
(35)	鹊鸲	留	东	1.33

续表

序号	名　称	居留型	地理型	优势度
15. 画眉科 Timaliidae				
(36)	黑脸噪鹛	留	东	0.89
(37)	画眉	留	东	0.71
(38)	白颊噪鹛	留	东	0.64
(39)	红嘴相思鸟	留	东	0.42
(40)	灰眶雀鹛	留	东	0.02
16. 鹟科 Muscicapidae				
(41)	黄眉姬鹟	旅	东	0.04
(42)	北灰鹟	旅	古	0.09
(43)	棕尾褐鹟	旅	古	0.02
(44)	白腹姬鹟	旅	古	0.02
(45)	红喉姬鹟	旅	古	0.02
17. 莺科 Sylviidae				
(46)	黄腰柳莺	冬	古	0.82
(47)	黄眉柳莺	冬	古	0.36
(48)	鳞头树莺	冬	古	0.02
(49)	长尾缝叶莺	留	东	0.98
(50)	褐柳莺	冬	古	0.02
18. 扇尾莺科 Cisticolidae				
(51)	黄腹鹪莺	留	东	0.04
(52)	褐头鹪莺	留	广	0.02
19. 太阳鸟科 Nectariniidae				
(53)	叉尾太阳鸟	留	东	1.20
20. 绣眼鸟科 Zosteropidae				
(54)	暗绿绣眼鸟	留	东	14.6
21. 山雀科　Paridae				
(55)	大山雀	留	广	2.36
(56)	黄腹山雀	留	东	3.05
(57)	黄颊山雀	留	东	0.44
22. 长尾山雀科 Aegithalidae				
(58)	红头长尾山雀	留	东	0.82
23. 燕雀科 Fringillidae				

续表

序号	名 称	居留型	地理型	优势度
(59)	燕雀	冬	古	1.45
(60)	黑尾蜡嘴雀	冬	古	3.02
(61)	黄雀	冬	东	0.96
(62)	金翅雀	留	古	0.93
24. 雀科 Passeridae				
(63)	麻雀	留	东	2.51
25. 梅花雀科 Estrildidae				
(64)	白腰文鸟	留	东	1.13
26. 卷尾科 Dicruridae				
(65)	黑卷尾	夏	东	0.11
27. 鹀科 Emberizidae				
(66)	灰头鹀	冬	古	0.22
(67)	白眉鹀	冬	古	0.76
六、佛法僧目 CORACIFORMES				
28. 翠鸟科 Alcedinidae				
(68)	普通翠鸟	留	广	0.02

实践 2 整骨染色——一种新型的金鱼骨骼标本染制工艺

【实践背景】

金鱼作为世界三大观赏鱼之一，原产于中国，与鲫鱼在基因上具有高度同源性，属于同一物种，因此在科学上共用同一学名（*Carassius auratus*）。在动物分类学中，金鱼属于脊椎动物门、有头亚门、有颌超纲、鱼纲、真口亚纲、鲤形目、鲤科、鲤亚科、鲫属的硬骨鱼类。金鱼有着绚丽多彩的色泽和优雅的体态，象征着金玉满堂和年年有余，深受人们喜爱。

生物标本是动植物以另一种形式展现的载体，在科学研究中扮演着重要角色。它们不仅是物种地域分布的直接证据，也是研究动植物的重要素材。

鱼类标本主要分为两类：剥制标本和浸制标本。剥制标本适用于体型较大、鱼体新鲜且皮肤和鳞片完好的鱼类。在鱼死亡后，剥离其皮肤，清除肌肉、脂肪，并进行防腐处理，然后通过填充脱脂棉或制作躯架的方式制作而成。浸制标本则常用刚死亡的鱼，使用福尔马林等溶液进行固定，并用夹子调整其姿态以展现游动时的状态。此外，还有一种浸制标本的制备方法是用染色剂对骨骼进行染色，并使用透明剂处理皮肤、肌肉，使其达到透明状态，从而清晰展示骨骼结构。

本实验以草种金鱼为实验材料，研究骨骼标本的染制技术，通过设计不同的固定方法，探寻制作草种金鱼整骨染色标本的最佳方案。通过对金鱼进行整骨染色，深入了解其骨骼结构，并期望改进后的工艺能够制作出直观显现金鱼骨骼结构的标本，为其他相似硬骨鱼的骨骼标本制作提供宝贵的技术参考和借鉴。

【实践原理】

整骨染色是一种利用物理和化学方法使软组织与透明剂的折光率相近，从而实现软组织透明化，并借助染色剂对骨骼进行染色的技术。以草种金鱼为例，利用该技术可以制作出透明骨骼标本，清晰地展示鱼体内骨骼的发育状态和结构，为骨骼研究提供了直观且真实的形态学资料。

防腐固定的主要原理：①蛋白质变性凝固：防腐剂能使蛋白质变性凝固，由于酶和细菌主要由蛋白质构成，因此这一过程能破坏酶的结构，防止组织自溶，抑制或杀死细菌，从而达到防腐固定的效果。②干扰酶系统：通过影响酶的功能基团或与其结合，使酶失去活性，阻断细菌代谢途径，进一步实现防腐固定。③破坏细菌细胞膜：改变细菌细胞膜的渗透性，导致膜内物质外渗、水分内渗，使细菌吸水膨胀后破裂，从而达到抑菌或杀菌的目的。

固定液选择：酒精固定液具有良好的脱水作用和固定作用，能使蛋白质分子结构松散，并使蛋白质变性和凝固。4％甲醛（10％福尔马林）固定液是一种具有强烈刺激性气味的无色液体（35％～40％的甲醛水溶液通常称为福尔马林）。甲醛能与蛋白质中的氨基结合，使蛋白质凝固，对保持标本形态、位置及皮肤颜色有良好效果，但需注意其对人体肌肤和呼吸道的刺激作用。

固定方法的选择：通过对比双染法（分别采用95％酒精和10％福尔马林固定）和单染法（采用70％酒精固定）制作的标本，全面评估不同固定方法的工艺效果，并针对不同类型的鱼类标本进行工艺优化，以更好地突出鱼的骨骼形态，提升标本的整体美观度。同时，这些方法均具有操作简便、效果显著的特点。

脱水法：脱水是组织透明化的关键步骤，所选脱水剂必须能与水以任何比例混合，又能与透明剂相混溶。常用的脱水剂包括酒精和甘油。酒精脱水性能优异，但若使用不慎会导致组织硬化和显著收缩。因此，在使用酒精进行脱水时，应遵循从低浓度到高浓度的原则，以确保脱水效果。

【材料用具】

1. 材料：金鱼的品种多样，可以分成草种、文种、龙种、蛋种等四个品系。草种又叫金鲫种，主要种类为单尾草金鱼和燕尾草金鱼，与金鱼的祖先——金色鲫鱼相似，其特征为身体细长，眼睛玲珑小巧，头扁而尖。实验均选择与普通鲫鱼体貌类似的草种金鱼，购自福建花鸟市场的单尾草金鱼和双尾草金鱼，长度为 5～10 cm，颜色为金色和金白色。

2. 试剂：阿利新蓝 8GX（Aladdin 公司）、茜素红（Aladdin 公司）、氢氧化钾、丙三醇（甘油）、无水乙醇、95％乙醇、纯化水、甲醛（福尔马林）等。

3. 器材：展开缸、磨砂盖、解剖器（剪刀、手术刀）、镊子、纱布、烧杯、量筒、玻璃棒、不锈钢盘、标本瓶等。

【实践步骤】

1. 双色染色法标本制作。

（1）标本前处理。

通过窒息法使鱼死亡。对于鳞片比较发达的鱼类，应先使用解剖刀除去鳞片，尽量不损伤皮肤；对于鱼鳞不发达或没有鱼鳞的鱼类，皮肤黏液腺往往比较发达，可以去除皮肤上的杂质。

在鱼腹面两个胸鳍的正中用解剖刀向后剖开腹腔，除尽内脏，用清水洗净血污，若标本个体比较小（5 cm 及以下）则可以不去除内脏。

（2）固定。

双染 95％酒精固定法：将金鱼放入 95％乙醇进行固定，浸泡时按照鱼游动的姿态进行调整，液体没过金鱼，浸制 2～4 天。

双染 10％福尔马林固定法：将金鱼放入 4％甲醛进行防腐固定，浸泡 24 小时，浸制时整理好形态。

（3）脱水。

将金鱼标本依次放入不同浓度（30％、50％、70％、95％、100％）的乙醇溶液中进行脱水，每种浓度的溶液均浸制 12 小时。

（4）染色。

阿利新蓝软骨染色：首先将乙醇和乙酸按照 7∶3 的比例混合，配制 1000 mL 混合溶液，再加入适量的阿利新蓝。用展开缸作浸泡容器，放入标本与染色液，盖上玻璃盖，浸制 3 天。阿利新蓝会与组织内含有阴离子基团（如羧基和硫酸根）的酸性黏液物质形成不溶性复合物，从而使软骨变成美丽的天蓝色，然后用不同浓度（50％、70％、95％）的乙醇溶液去除标本上多余的阿利新蓝。

茜素红硬骨染色：在 1％氢氧化钾溶液中加入适当的茜素红配成紫红色的染色液，定容至 1000 mL。标本在染色液中浸制 3 天。其中茜素红会与骨骼中的钙离子形成紫红色复合物。

（5）脱色。

待茜素红与钙离子结合完全后，用2%氢氧化钾溶液浸泡2天，去除多余的色素，氢氧化钾也可使肌肉软化成透明的果冻状。

（6）透明。

标本透明的制作方法有很多，但是需要依据待透明组织的折光率选择合适的透明剂。下表为几种常见透明剂的折光率。

透明剂	透明剂的折光率（nD）
冬青油	1.534
苯	1.496
二甲苯	1.540
苯甲酸苯甲酯	1.568
甘油	1.443
异黄樟脑	1.578

甘油具有亲水性，可与水以任意比例混合，当它渗入组织时，可与其中的水分子结合形成透明状态。此次标本制作，使用甘油作透明剂，将标本依次放进不同浓度（20%、50%、75%、100%）的甘油浸制。

2. 单色染色法标本制作。

（1）标本准备。

金鱼采用窒息法处理后，去掉鱼鳞和内脏（若金鱼体积小于5 cm可不处理内脏），用清水清理干净后用纱布擦净。

（2）固定。

单染70%酒精固定法：将金鱼放入盛有70%乙醇的展开缸中固定，浸制一周时间。浸制时使金鱼展现游动时的样子。

（3）标本透明处理。

将固定好的标本放入清水中浸泡1~2天，然后放入2%氢氧化钾溶液中浸泡（氢氧化钾浓度通常为1%~3%，浓度需根据实际情况而定，原则上浓度不宜过高）。浸泡时每天观察标本的变化，浸泡时间的长短与标本的肌肉厚度有关，待标本肌肉逐渐呈半透明时取出，用清水清洗3~5次。

（4）染色。

用95%乙醇溶液作溶剂，加入茜素红配制成1%茜素红乙醇液，定容至50 mL即可。将配制好的1%茜素红乙醇液滴入1%氢氧化钾溶液中，直至溶液呈藕荷色，停止滴入。将清洗好的半透明的金鱼放入该溶液中浸制。上色时间依据鱼的大小决定，在一般情况下浸制4~5小时即可。

（5）脱色和透明。

将上色好的鱼用清水淋洗 3~5 次，洗去多余的染色液。将 1% 氢氧化钾溶液和 5% 甘油溶液混合制成混合液，再将标本放入，浸制 2 天。观察标本骨骼是否清晰可见，如果效果不良好，可以重复上述（3）~（5）步骤。

（6）脱水和固定。

为防止标本皱缩，将标本洗净后依次放入 30%、75%、100% 的甘油中，每个浓度的溶液浸泡 2 天。待标本全部透明，骨骼结构清晰可见后，转移至纯甘油中保存。

3. 标本标签的制作。

在防水纸上填写标本的主要信息（如图 5-2-1），并粘贴于标本瓶外侧。

标本馆藏号：	标本野外号：
科名：	
种名（中文名　拉丁名）：	
采集地：　省（自治区）　市（县）　乡　村	
采集时间：	
采集人：	
备注：	

图 5-2-1　标本标签

【实践结果】

实验中，分别采用双染 95% 酒精固定法、双染 10% 福尔马林固定法以及单染 70% 酒精固定法制作金鱼标本。比较用不同方法制作的标本，最终讨论和改进标本的制作工艺。

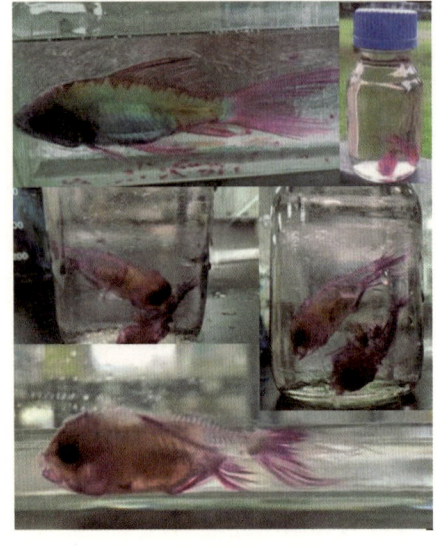

图 5-2-2　制作的标本实物

采用双染 95％酒精固定法制作的标本，在固定后金鱼形态保持完好，硬骨上色鲜明，肌肉呈现出类似果冻的透明胶状，能够清晰地观察到金鱼的骨骼结构。值得注意的是，其中一个标本在甘油处理过程中出现了一条肌肉裂缝，但并未对骨骼标本的整体效果产生显著影响。由于头骨内的器官未去除，导致头骨的骨骼形态不够突出。此外，在软骨上色初期效果良好，但在用酒精洗脱多余的染料后，金鱼鳍棘之间的鳍膜出现了消失现象，表现出一定的致溶性，导致最终软骨上色效果不佳。尽管如此，总体骨骼结构仍然较为清晰。

图 5-2-3　双染 95％酒精固定法标本

采用双染 10％福尔马林固定法制作的标本，在固定后形态同样保持完好，但硬骨部分的染色不够鲜明突出，肌肉出现微缩且偏硬，软骨上色则较为完善，鳍膜被清晰地染成蓝色。然而，肌肉的透明度一般，且显得僵硬，仅能隐约看到骨骼形态。

图 5-2-4　双染 10％福尔马林固定法标本

采用单染 70％酒精固定法制作的标本，在固定后形态完整且姿态灵活，肌肉的透明效果出色，硬骨上色情况也比较完善，能够突出地展示骨骼结构。

图 5-2-5　单染 70％酒精固定法标本

不同标本制作方法的结果对比如下表所示。

对比项目	双染 95％酒精固定法	双染 10％福尔马林固定法	单染 70％酒精固定法
固定后形态	++	+	++
软骨上色度	—	++	/
硬骨上色度	+++	+	+++
肌肉透明度	++	+	+++
标本完整度	+	++	++

注："—"表示不好，"+"表示较好，"++"表示好，"+++"表示非常好，"/"表示没有该步骤。

【思考讨论】

在双染法中，不同的固定方法显著影响标本的质量。实验结果显示，采用酒精固定的标本整体效果优于使用10％福尔马林固定的标本，因此在单染法中，仅选择酒精作为固定剂。双染法使用95％酒精固定的标本在甘油浸制后出现了肌肉缝隙，这可能是由于在去除鱼鳞时不慎损伤了肌肉。虽然用10％福尔马林固定的标本能成功对鳍膜等软组织进行上色，但硬骨部分的上色效果不够鲜明。因此，对于硬骨鱼而言，选择单染法更能凸显骨骼形态，使标本整体更加美观。而利用单染法在制作标本时，采用先透明再染色的方法优于先染色再透明的方法。采用改进后的工艺能够制作出更加完整的透明骨骼标本，具有操作简便、效果显著、观赏性强等优点。

注意事项：①去除鱼鳞时务必小心谨慎，避免割伤金鱼肌肉或破坏骨骼结构；②脱水是制作标本的关键步骤，由于酒精具有强烈的脱水性，可能导致组织收缩和变脆，因此脱水应从低浓度逐渐过渡到高浓度；③染色过程中需频繁观察金鱼的上色情况，上色过浅会导致骨骼显示不清晰，而上色过深则可能影响后期肌肉的脱色和透明效果。

实践3　基于人工智能图像识别的花蛤种苗计数方案

【实践背景】

福建省花蛤苗生产量占全国80％以上。花蛤苗的交易量巨大，市场中的花蛤苗以千万数量为单位进行交易。但是对于花蛤苗的计数还是依靠传统的人工计数方式。花蛤苗大小仅为0.5~2 cm，在肉眼计数过程中，容易与同等尺寸的沙粒混淆，造成人工计数误差，给花蛤苗的交易带来了争议和纠纷，因此，在花蛤苗交易过程中，急需一种客观的计数方法来进行花蛤苗的计数。

近年来，人工智能（AI）图像识别发展迅速，若能采集花蛤苗的图像，再利用人工智能图像识别技术进行图像识别，则可扩展人工智能在水产行业中的应用，为水产种苗计数开辟新途径。通过人工智能图像识别模型训练，最终获得的模型不仅可以成功识别花蛤苗，还可以识别死花蛤苗、碎壳，实现花蛤苗的快速识别和统计，有望在花蛤苗计数方面节省大量的人力和物力，为花蛤苗产业作出贡献。

【实践原理】

将人工智能图像识别技术应用于花蛤苗的识别和计数，使用自制图像采集装置拍摄花蛤苗的图片，确保拍摄角度、距离和光源的一致性，以获得高质量的图像数据。利用图像标注工具进行精确标注，区分活花蛤、死花蛤和沙粒等杂质，将标注好的图像数据用于训练人工智能图像识别模型。

选择合适的深度学习算法作为图像识别模型的基础。训练数据集使用 TensorFlow 进行识别模型的训练和验证。当验证数据集上的准确率上升达到峰值之后，不再提高或开始下降时，可以确定出定型周期（epoch），选择多个定型周期逐渐提高模型的准确率。之后使用该模型进行新采集的花蛤苗图像识别和计数，输出计数结果。

通过人工智能图像识别技术，可实现花蛤苗计数的智能化和自动化，减少人工干预，提高计数效率和准确性。

【材料用具】

1. 材料：花蛤苗、硬纸板（用于制作图像采集装置）。
2. 试剂：95％乙醇（固定花蛤苗样品）。
3. 器材：手机、电脑（用于图像标注、模型训练和结果分析）、玻璃棒、培养皿（120 mm）、普通光学显微镜、体视显微镜等。

【实践步骤】

1. 花蛤苗图像采集装置的搭建。

收集包装箱的硬纸板（厚度 3 mm），进行剪裁、拼接，制成简易图像采集装置。装置为长方体纸盒，顶部表面有一个放手机的区域（用水笔画出边沿以大致固定手机放置位置），在该区域开孔便于摄像头从顶部向下拍照，底部有一区域放置 120 mm 培养皿，侧面有一面无纸板以便实验室外源灯光进入和伸手换取培养皿，装置高度为 15.5 cm。后续进一步优化，申请设计专利。

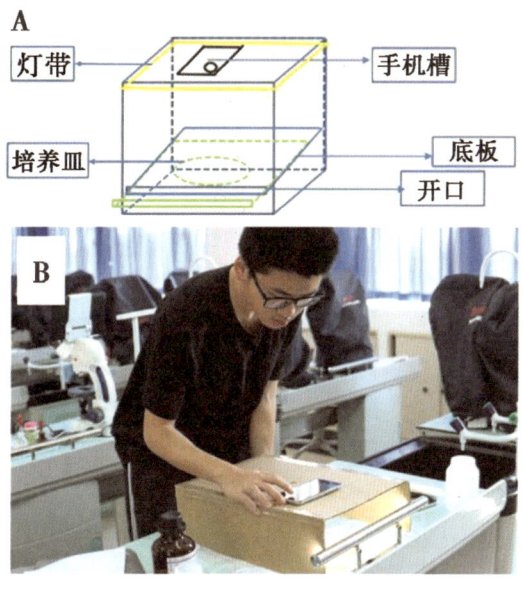

图 5-3-1　花蛤苗图像采集装置的设计图（A）与实物图（B）

2. 花蛤苗图像的采集。

收集花蛤苗样本，用95％乙醇进行固定。将花蛤苗样本倒入120 mm培养皿中，用玻璃棒拨动聚集的样品，使样品分布大致均匀。在实验室内用自制的图像采集装置，通过手机拍照采集花蛤苗图像，并对图像中的花蛤苗进行人工计数。

3. 花蛤苗图像的标记。

本研究使用标注软件对花蛤苗图像进行标记，一共选择了20张手机拍摄的花蛤苗照片，每张照片中标注出50个活花蛤苗和20个死花蛤苗，不清晰的花蛤苗不予标注。

4. 花蛤苗图像的识别模型训练。

（1）花蛤苗图像标记结果检查。

将标记的花蛤苗图像的原始 .jpg 文件和 .xml 文件（保存图像标注信息）放在不同文件夹下，然后运行 Python 脚本 cutting.py，将所有标记的图像切割出来放置在指定文件夹中，打开文件夹检查图像是否正确进行标记。

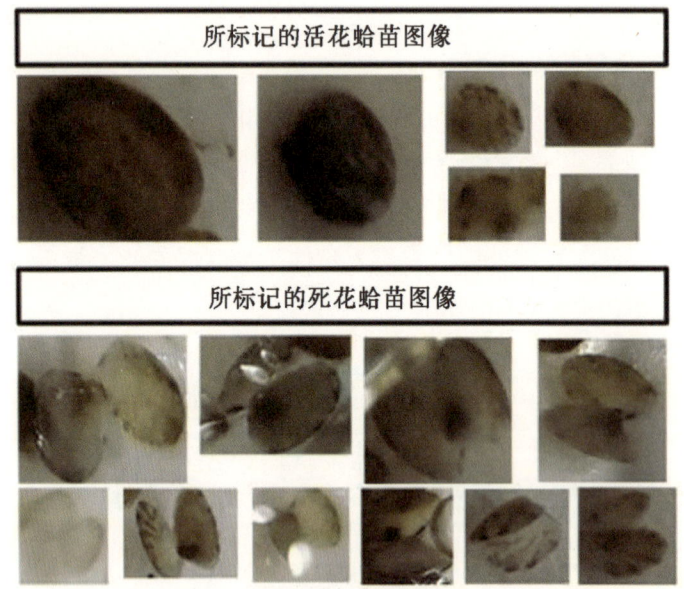

图 5-3-2　通过脚本分割出活花蛤苗和死花蛤苗的图像

（2）花蛤苗图像标记的训练。

运行 Python 脚本 custom_detection_training.py 对已标注的200个花蛤图像进行识别训练，最终根据 epoch（周期）所对应的 loss 值（损失值）选择合适的模型。

（3）花蛤苗图像识别模型的准确率评估。

对于选择出来的识别模型，使用 evaluation.py 脚本进行准确率的评估。将标记的结果与人工计数的结果进行比较，验证模型的计数效果。

（4）花蛤苗图像的人工智能识别。

使用 custom_detection.py 的脚本，调用已训练好的人工智能图像识别模型，对花蛤苗进行计数。

（5）改进花蛤苗的手机拍照装置，申请专利。

【实验结果】

1. 花蛤苗的观察与人工计数。

图 5-3-3　将花蛤苗平铺在培养皿中计数

花蛤苗人工计数的结果如下表所示，5 次计数的结果都不一致，存在差别。这说明花蛤苗的人工计数存在较大的误差，主要原因是杂质和死亡的花蛤苗干扰了计数结果。

次　数	数　量
1	214
2	246
3	283
4	210
5	232

花蛤苗中混有一些与花蛤苗尺寸相同、难以区分的沙粒（图 5-3-4 中红色圆圈）；此外，还有部分死亡的花蛤苗，表现为双壳张开（图 5-3-4 中蓝色方框）。在体视显微镜下观察花蛤苗，使用标尺测量。

图中黑色箭头标记的是正常花蛤苗,红色圆圈标记的是杂质,蓝色方框标记的是死亡花蛤苗。图中的标尺为 0.5 cm。

图 5-3-4 花蛤苗的观察

2. 花蛤苗图像的标记。

由于死花蛤苗的形态与活花蛤苗较为接近,因此在对花蛤苗照片进行标注时,需要分别对死花蛤苗和活花蛤苗进行标注,标注的示例结果如图 5-3-5 所示。

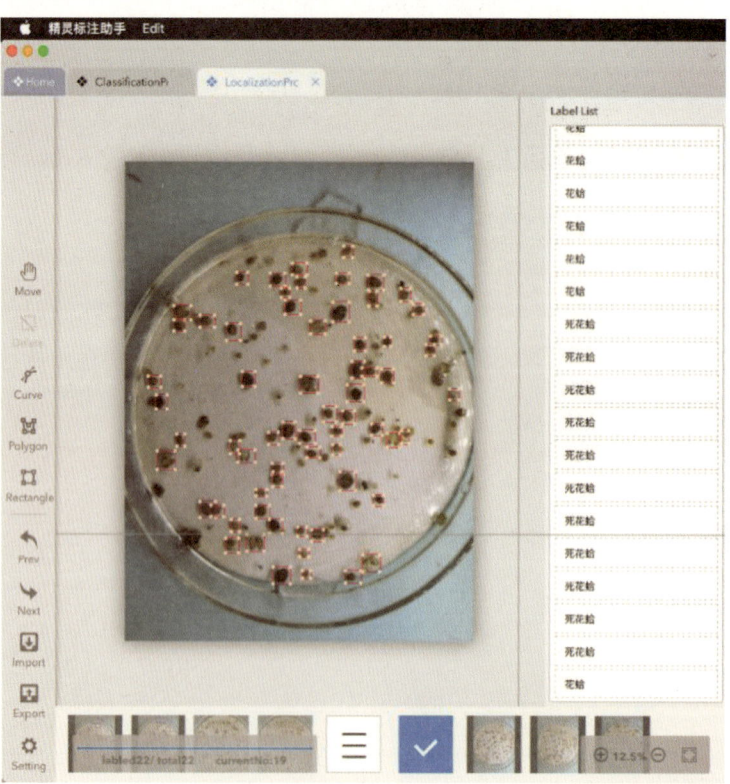

图 5-3-5 花蛤苗标注结果的示例

3. 花蛤苗的人工智能图像识别。

本研究构建的识别模型可以成功识别活花蛤的图像，同时避开了杂质沙粒和死花蛤的计数干扰。本研究分别使用模型对 10 张花蛤苗照片中的活花蛤苗数量进行计数，以及人工肉眼计数活花蛤苗数量，并进行了对比。结果显示，人工智能图像识别的计数误差比人工肉眼识别的误差要小。

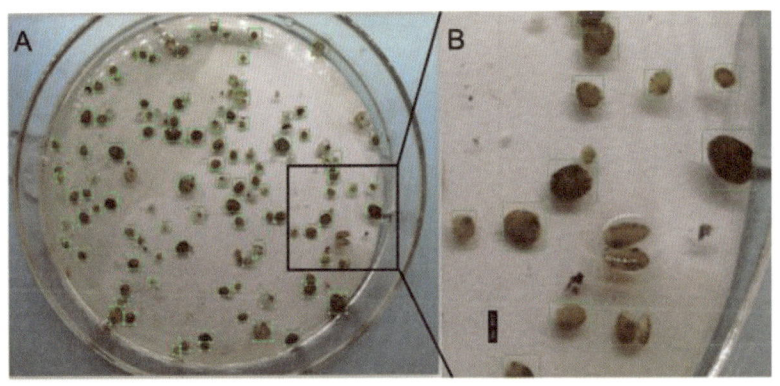

图 5-3-6　人工智能识别花蛤的结果展示

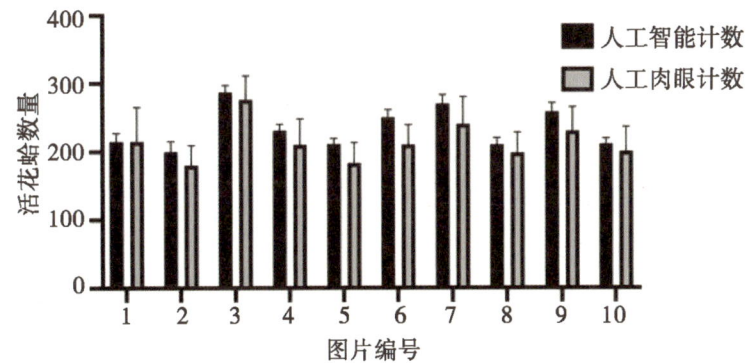

图 5-3-7　人工智能识别活花蛤计数结果的误差小于人工肉眼计数结果的误差

4. 花蛤种苗照片采集装置的设计与优化。

发明创造名称：一种用于花蛤种苗测量计数的拍照装置

发明人：赖泽坤

申请时间：2020 年 9 月 16 日

授予专利权时间：2021 年 2 月 10 日

专利号：CN202022038405.8

专利说明（实用新型）：一种用于花蛤种苗测量计数的拍照装置。包括底盘、灯盘、竖直设置在底盘四角用于连接底盘与灯盘的支撑杆和围绕在四根支撑杆形成的拍摄空间外部的遮光围布。本实用新型结构简单、操作方便，操作者只需要将花蛤种苗放入样品托盘，再将样品托盘放入挡板槽内，利用手机对其进行拍照，然后通过计数软件对图片中的花蛤种苗数量进行识别计数，即可获取准确的花蛤种苗数量。振动片的设置，使得样品托盘中的花蛤种苗分散均匀；LED无影灯的设置，保证手机拍照过程中光质稳定、无频闪、无阴影；凹槽的设置，使得手机的拍照过程稳定、便捷；能利用移动电源通过USB接口为装置供电，不受使用环境限制，实用性极强，适合大范围推广使用。

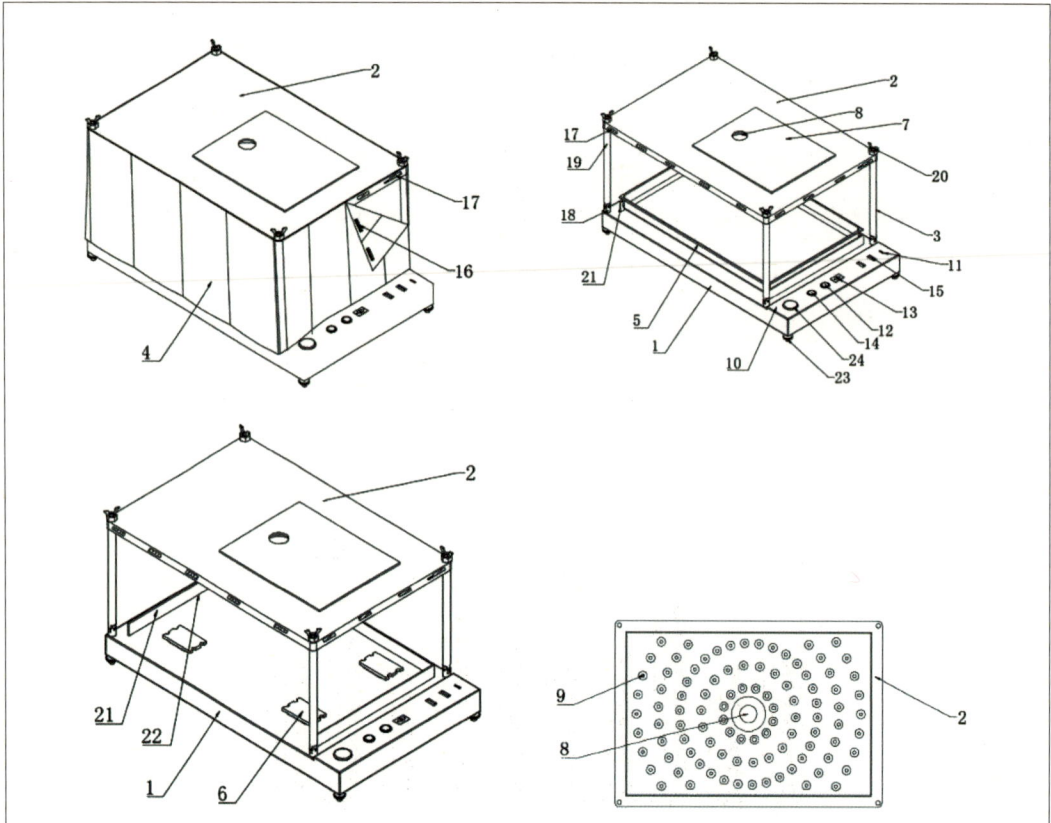

图注：1. 底盘；2. 灯盘；3. 支撑杆；4. 遮光围布；5. 样品托盘；6. 振动片；7. 凹槽；8. 拍摄孔；9. LED无影灯；10. 操作台；11. 总电源插口；12. LED无影灯开关；13. LED无影灯亮度调节开关；14. 振动片开关；15. USB接口；16. 磁铁片；17. 金属片；18. 固定杆；19. 连接杆；20. 蝶形螺母；21. 挡板；22. 挡板槽；23. 调节支脚；24. 水平泡。

图 5-3-8　发明专利与作品设计图

【思考讨论】

采集花蛤苗样品后，应尽快进行固定处理，避免样品变质或形态发生变化。固定后的样品应妥善保存，避免损坏或污染。

使用自制的图像采集装置时，应确保拍摄环境的光线充足且均匀，避免阴影或反光影响图像质量。控制拍摄环境条件，以减少对花蛤苗形态的影响。

选择合适的深度学习框架和算法，使用标注好的图像数据进行模型训练，不断调整参数和优化模型结构来提高模型的计数精度。在使用模型进行计数前，应使用独立的数据集对模型进行验证，评估其计数精度和泛化能力。

教师可以向学生介绍人工智能和图像识别领域的最新进展和技术趋势，鼓励学生关注相关领域的新闻、论文和开源项目，保持对新技术的探索精神。

通过让学生了解基于人工智能图像识别的花蛤种苗计数方案在实际生产中的应用场景和效果，鼓励学生将所学知识应用于其他领域或解决类似问题，可着重强调数据在人工智能项目中的关键作用，包括采集、标注、处理和存储等方面，引导学生理解高质量的数据对提升模型训练效果的作用。

教师应根据本校实际，以及学生兴趣、知识水平、探究能力，选择可操作的实验项目。开课初期可从课内实验模块入手，接着拓展课内实验的探究模块，培养学生创新意识与实践能力，最后引导学生设计并开展创新实验模块，循循善诱，从而拓展开发出独具生物学科特色的研究性学习项目。

实践 4　一种水果酵素洗衣液的制备与遗传毒性研究

【实践背景】

随着工业的发展和生活水平的提高，洗衣液的生产量不断增长，使用率也日益增多，但其中的表面活性剂会对环境和人体健康造成威胁。

水果酵素是以新鲜水果为原料，经过菌株的发酵所产生的含有丰富的糖类、有机酸、矿物质、维生素、酚类、萜类等营养成分以及一些重要的酶类等生物活性物质的混合发酵液。其中酶类能够促进果肉中有机物的分解，因而能帮助消化，同时还具有洗涤和去除污垢的功能。

本案例将水果酵素应用于洗涤液，以期增强洗涤液的去渍去污的能力。实验中主要通过测定用混合果蔬制作的水果酵素中氨基酸和蛋白质的含量及蛋白酶活力，确定制作水果酵素的最佳配方。

【实践原理】

1. 氨基酸含量测定：氨基酸是两性电解质，不能直接用酸碱滴定方法来计算其含量。但在常温下，甲醛能迅速与氨基酸的氨基结合，生成羟甲基化合物，使溶液的酸性增加，此时可用标准碱液来滴定羧基，通过消耗碱的量间接求出氨基酸态氮的量，进而计算出氨基酸的含量。滴定终点移至酚酞的变色域内（pH9.0）。

2. 蛋白质含量测定：蛋白质与考马斯亮蓝结合形成的复合物具有较大的吸光系数。在一定的蛋白质浓度范围内，溶液在 595 nm 处的吸光度与蛋白质浓度成正比关系。通过测定已知浓度的蛋白质标准溶液在 595 nm 处的吸光度并绘制标准曲线，再测定待测样品的吸光度，即可根据标准曲线计算出样品中蛋白质的含量。

3. 酶活力测定：本实验以酪蛋白为作用底物，在一定 pH 和温度条件下，同酵素液中的酶反应，经一段时间后加入三氯乙酸终止酶促反应，并使残余的酪蛋白沉淀，同水解产物分开。过滤后取滤液（含蛋白质水解产物的三氯乙酸溶液），用 Na_2CO_3 碱化，再加入福林酚试剂显色。蓝色反应的强弱与滤液中蛋白质水解产物的量成正比例，而水解产物的量又同酶活力成正比。因此，根据蓝色反应的强弱可以计算出蛋白酶的活力。

【材料用具】

1. 材料（水果酵素发酵原料）。

A组：葡萄（6 kg）、橘子（4 kg）、桃子（4 kg）、枣（4 kg）、苹果（6 kg）、木瓜（3 kg）、石榴（3 kg）。

B组：苹果（15.6 kg）、葡萄（3 kg）、木瓜（4 kg）、橘子（4.4 kg）、石榴（3 kg）。

C组：橘子（10 kg）、白菜帮（7 kg）、枣（5.5 kg）、石榴（5.5 kg）、梨（2 kg）。

D组：苹果（9 kg）、枣（2 kg）、萝卜（4 kg）、白菜帮（4 kg）、地瓜皮（2 kg）、橘子（1 kg）、树叶（1 kg）、番茄（3 kg）、紫菜（2 kg）、丝瓜皮（2 kg）。

E组：苹果（30 kg）。

F组：将上述五组发酵成功的酵素液等量混合。

2. 试剂：氢氧化钠、甲醛、酚酞、牛血清白蛋白（BSA）、考马斯亮蓝、碳酸钠、福林酚、三氯乙酸、酪氨酸、酪蛋白、蒸馏水、卡诺氏液、乙醇等。

3. 器材：721型分光光度计、显微镜、载玻片、盖玻片、试管、烧杯、镊子、移液器等。

【实践步骤】

1. 水果酵素发酵原料的制备。

按红糖∶水果∶水＝1∶3∶10的比例，分别配制 A、B、C、D、E 和 F 组的水果酵素发酵原料，放置密闭容器内至少 3 个月，间断搅拌使容器内的气体排出。发酵完成后，过滤即得水果酵素。

2. 水果酵素氨基酸含量的测定。

取 6 组样品各 1 mL，分别置于 250 mL 烧杯中，加入煮沸后冷却的蒸馏水 40 mL，混匀，调节 pH 至 7.0。随后，加入甲醛溶液（pH＝9.0）10 mL，再加入 2 滴 0.5％酚酞溶液作为指示剂，用 0.01 mol/L 氢氧化钠溶液滴定至溶液变为紫色（pH＝9.0）即可。每 1 mL 0.01 mol/L 氢氧化钠溶液相当于 0.1401 mg 的氨基氮。

3. 水果酵素蛋白质含量的测定。

（1）绘制蛋白质含量标准曲线。

取 6 支试管，按照下表加入相应试剂。

编号	1	2	3	4	5	6
牛血清白蛋白（BSA）/mL	0	0.2	0.4	0.6	0.8	1.0
蒸馏水/mL	1.0	0.8	0.6	0.4	0.2	0
	加入 5 mL 考马斯亮蓝溶液，摇匀，室温下反应 10 min，测定吸光度（波长 595 nm）					

6 支试管中分别为 0、30、60、90、120、150 g/mL 的蛋白质标准溶液，以牛血清蛋白（BSA）浓度为横坐标，吸光度为纵坐标，绘制标准曲线。

（2）水果酵素蛋白质含量的测定。

取 6 支试管，分别加入 1 mL 水果酵素样品滤液、5 mL 考马斯亮蓝溶液，摇匀，在室温下反应 10 min，测定吸光度（波长 595 nm）。

4. 水果酵素蛋白酶活力的测定。

（1）绘制蛋白酶活力标准曲线。

编号	1	2	3	4	5	6
酪氨酸溶液/mL	0	0.2	0.4	0.6	0.8	1
蒸馏水/mL	1	0.8	0.6	0.4	0.2	0
0.55 mol/L 的碳酸钠溶液/mL	5	5	5	5	5	5
福林酚试剂/mL	1	1	1	1	1	1
	30 ℃水浴 15 min，测定吸光度（波长 680 nm）					

横坐标设为酪氨酸浓度，纵坐标设为吸光度，绘制标准曲线。为使结果稳定可靠，还需增设一组平行实验，以平均值为测定结果。

（2）水果酵素酶活力测定。

对于每一种水果酵素，各取 3 支试管并编号，分别加入 1 mL 水果酵素样品滤液、1 mL 水、1 mL 酪蛋白，混匀，反应 10 min。立即加入 2 mL 0.4 mol/L 三氯乙酸，混匀，静置 10 min。随后，加入 5 mL 0.55 mol/L 碳酸钠溶液，混匀，再加入 1 mL 福林酚试剂，混匀后显色（30 ℃水浴）15 min。空白对照组为加水的试管。用分光光度计测定吸光度（波长 680 nm）。

5. 毒性检测。

紫露草四分体微核技术，已成为环境污染监测技术之一。以紫露草为实验材料，进行遗传毒性研究。在紫露草微核实验的显微观察中记录并分析不同洗衣液对其花粉四分体微核的影响。为综合考虑酵素和表面活性剂的影响，混合不同浓度的酵素和表面活性剂，组成 8 组复合洗衣液（如下表）。

复合洗衣液	水果酵素	表面活性剂
1	1％	9％
2	1％	12％
3	2％	9％
4	2％	12％
5	2.2％	＞15％
6	1％	＞15％
7	2％	＞15％
8	0％	＞15％

为进一步探究复合洗衣液的毒性影响，进一步将每一组洗衣液按照 1％、 3％、 5％、 10％进行梯度稀释，共有 32 个实验组。

采集正值花期的紫露草，收集花苞备用。将紫露草花苞清洗干净，分别放入浓度梯度为 1％、 3％、 5％、 10％的溶液中培养约 12 h，再将其取出，用蒸馏水浸泡约 8 h，用卡诺氏液固定后保存于 70％乙醇中。仔细挑出紫露草的花粉，适当染色后制片，显微镜下找寻花粉四分体，计数萎缩或坍塌的四分体微核，分别计算微核发生率。

【实践结果】

1. 六组水果酵素的氨基酸含量、蛋白质含量、蛋白酶活力。

组别	氨基酸含量/（mg/mL）	蛋白质含量/（mg/mL）	蛋白酶活力
A 组	1.4358	32.9839	90.0363
B 组	1.2652	26.0000	1.1987
C 组	2.5929	42.3387	6.7596
D 组	1.9782	60.9355	3.9693
E 组	1.7697	82.8710	66.1616
F 组	0.0570	34.4516	2.3188

由上表可知，各组水果酵素中的氨基酸含量、蛋白质含量和酶活力间的相关性不大。以酵素酶活力为参考依据，选择酶活力最高的 A 组作为酵素配方。以 A 组葡萄（6 kg）、橘子（4 kg）、桃子（4 kg）、枣（4 kg）、苹果（6 kg）、木瓜（3 kg）、石榴（3 kg），榨成汁后混合均匀，加入 100 kg 水、 10 kg 红糖，密封放置 4 个月后，即

成水果酵素。

2. 紫露草微核实验。

（1）固定液固定。

图 5-4-1　开始固定时　　　　　　　　图 5-4-2　开始固定后

（2）显微观察。

① 四分体：

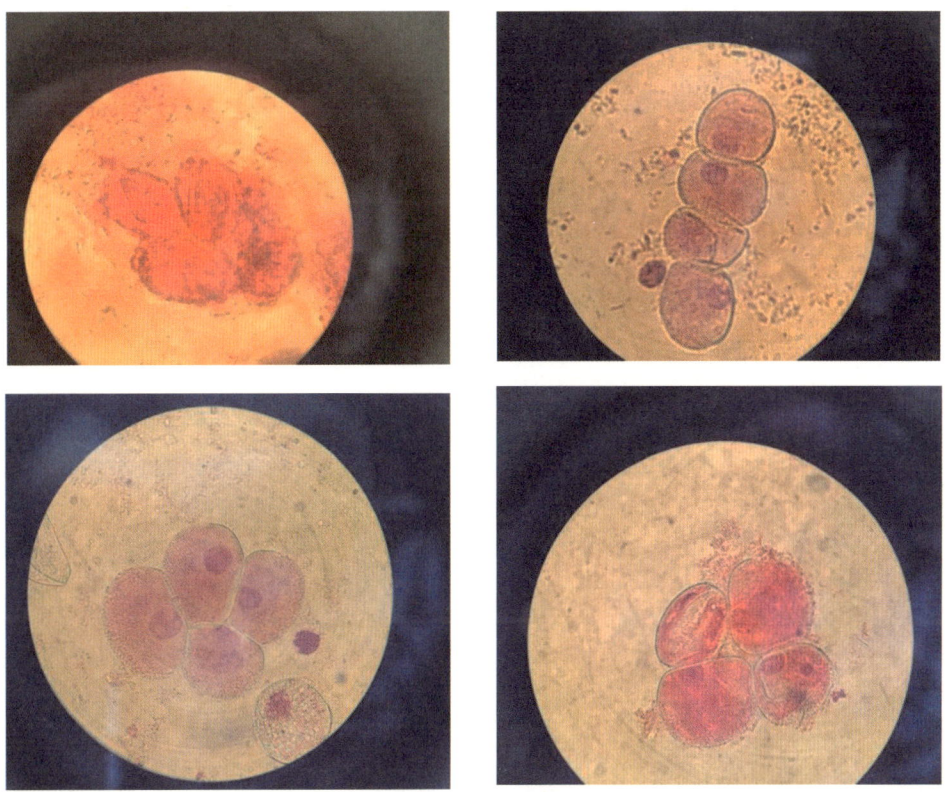

图 5-4-3　四分体

② 疑似四分体：

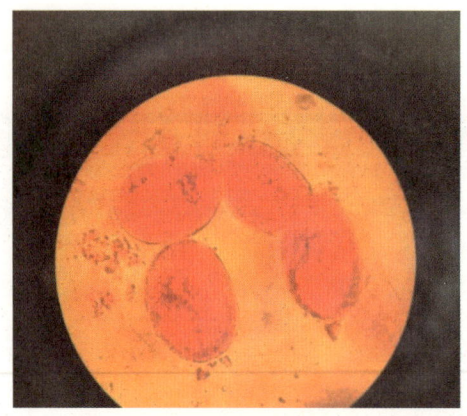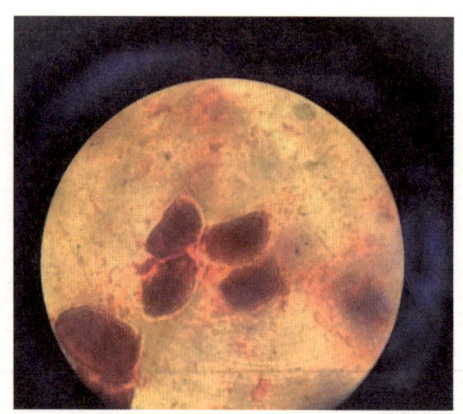

图 5-4-4　疑似四分体

③ 普通细胞：

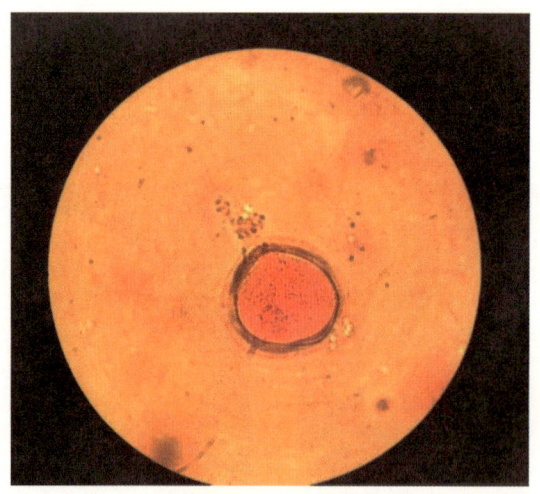

图 5-4-5　普通细胞

④ 二分体：

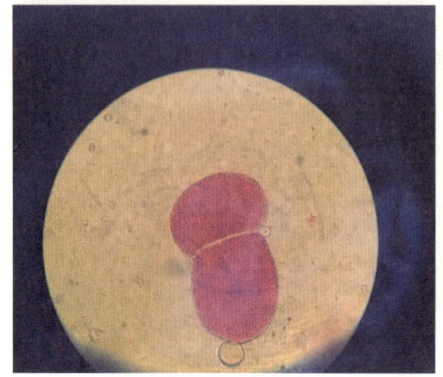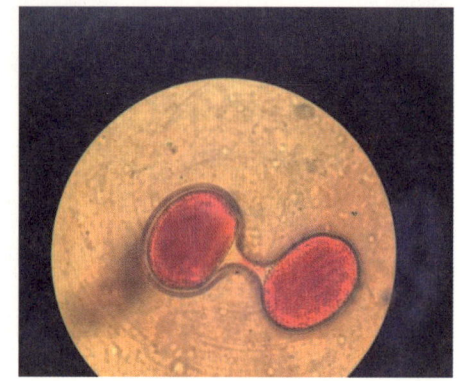

图 5-4-6　二分体

（3）各组四分体微核发生率。

浓度 \ 编号	1	2	3	4	5	6	7	8
1%	0.3450	0.5310	0.3256	0.6024	0.5283	0.5740	0.5765	0.5714
3%	0.3850	0.5880	0.3830	0.6437	0.6100	0.6420	0.5714	0.6897
5%	0.4690	0.5820	0.3778	0.5849	0.6071	0.6440	0.5875	0.7213
10%	0.5540	0.5949	0.6329	0.6786	0.7031	0.6790	0.6071	0.8873

实验结果显示，表面活性剂在一定程度上促进紫露草四分体微核的变异，而酵素在一定程度上抑制紫露草四分体微核的变异。因此，在生产生活中，在洗衣液中适当添加酵素，减少表面活性剂的使用量，可减少洗涤剂对环境和人体健康的威胁。

【思考讨论】

酵素洗衣液的原料可再生，容易被生物降解，利用酵素酶的活性将污渍分解为小分子，且其耐硬水、低温洗涤效果好，同时从源头上对表面活性剂加入量进行控制，减少表面活性剂对自然界的污染。

实践 5　聚合酶链式反应技术快速鉴定 HeLa 细胞污染

【实践背景】

HeLa 细胞因其增殖迅速、适应能力强等特性，是细胞系交叉污染的主要来源之一。细胞系的交叉污染会导致虚假的科学结论，浪费大量时间、金钱和资源。细胞系交叉污染传统的检测方法，如核型分析、同工酶谱分析、DNA 指纹图谱以及短串联重复序列（STR）分析等，耗时长、成本高、灵敏度低且对细胞有一定损伤。

HeLa 细胞系中含有人乳头瘤病毒 HPV18 基因组序列。鉴于 HPV 病毒会不断利用宿主细胞内的物质合成新的病毒，并裂解细胞释放出病毒，因此在 HeLa 细胞培养上清液中检测 HPV 病毒基因组是可行的。本实验以细胞培养上清液为模板，扩增 HPV 18 基因组的部分片段，以检测细胞系是否受到 HeLa 细胞污染。由于普通 PCR 对于含量较低的基因组可能无法获得目的条带，因此本实验使用巢式 PCR 扩增目标 DNA 片段，该方法灵敏度高且特异性强，适用于微量污染物的检测。

【实践原理】

巢式 PCR 使用两对 PCR 引物扩增完整的片段。第一对 PCR 引物扩增片段和普通 PCR 相似。第二对引物（称为巢式引物）结合在第一次 PCR 扩增产物内部，使得第二次 PCR 扩增片段短于第一次扩增片段。

【材料用具】

1. 材料。

（1） HCT-116、HGC-27 细胞购于中国科学院上海细胞库。

（2） SNU-216 细胞购于南京科比奥生物科技有限公司。

（3） HeLa 细胞购于中国食品药品检定研究院。

2. 试剂。

（1） McCoy's 5A 培养基（用于培养 HCT-116）购于上海源培生物科技股份有限公司，RPMI-1640 培养基（用于培养 HGC-27 和 SNU-216）购于 GIBCO 公司。

（2）胎牛血清（FBS）购于博赛生物技术股份有限公司。

（3）青霉素－链霉素溶液（双抗）购于 HyClone 公司。

（4）支原体去除剂购于 MP Biomedicals 公司。

（5） 2×Es Taq MasterMix（Dye）购自康为世纪（北京）生物科技有限公司。

（6） DL500 Marker（DNA 分子量标记物）购于 Takara 公司。

（7） PCR 引物由安徽通用生物科技有限公司合成。

3. 器材。

PCR 仪、电泳仪、凝胶成像系统、离心机、细胞培养箱、显微镜、移液器、血细胞计数板、细胞培养板等。

【实践步骤】

1. 细胞培养。

（1）培养基配制：所有用于细胞培养的培养基中都需要添加 10% FBS、1% 双抗和 2‰ 支原体去除剂，以防止细菌、真菌、支原体污染细胞。

（2）用胰酶消化贴壁细胞后，取 1 mL 细胞悬浮液离心，弃上清并加入新鲜的培养基，吹吸混匀。

（3）细胞计数：用血细胞计数板对细胞进行计数，并按照所需细胞数量对细胞进行梯度稀释。

（4）采用 24 孔细胞培养板，细胞铺板密度为 $1×10^5$ 个/孔，HeLa 细胞所占比例分别为 0%、0.01%、0.1%、1%、10%、50%、100%，每孔加入的细胞 SNU-216、HCT-116、HGC-27 及 HeLa 细胞数量如下表所示：

	1	2	3	4	5	6
A	SNU-216 1×10^5 个	SNU-216 1×10^5 个 HeLa 10 个	SNU-216 1×10^5 个 HeLa 100 个	SNU-216 9.9×10^4 个 HeLa 1×10^3 个	SNU-216 9×10^4 个 HeLa 1×10^4 个	SNU-216 5×10^4 个 HeLa 5×10^4 个
B	HCT-116 1×10^5 个	HCT-116 1×10^5 个 HeLa 10 个	HCT-116 1×10^5 个 HeLa 100 个	HCT-116 9.9×10^4 个 HeLa 1×10^3 个	HCT-116 9×10^4 个 HeLa 1×10^4 个	HCT-116 5×10^4 个 HeLa 5×10^4 个
C	HGC-27 1×10^5 个	HGC-27 1×10^5 个 HeLa 10 个	HGC-27 1×10^5 个 HeLa 100 个	HGC-27 9.9×10^4 个 HeLa 1×10^3 个	HGC-27 9×10^4 个 HeLa 1×10^4 个	HGC-27 5×10^4 个 HeLa 5×10^4 个
D	HeLa 1×10^5 个 （SNU-216 阳性对照）	HeLa 1×10^5 个 （HCT-116 阳性对照）	HeLa 1×10^5 个 （HGC-27 阳性对照）			

（5）将 SNU-216、HCT-116、HGC-27 细胞和 HeLa 细胞按比例混匀后，补培养基至 1 mL，加入 24 孔板中，轻轻晃匀，放入二氧化碳细胞培养箱中培养（37 ℃，5% CO_2）。

（6）分别在培养 24 h、48 h 和 72 h 后收集细胞上清液，收集上清液时应小心，不触碰贴壁细胞。上清液可直接使用，也可暂时存于 −20 ℃ 冰箱中。

2. 巢式 PCR。

（1）引物设计。

两对巢式 PCR 引物（见下表）是以 GenBank 数据库中 HPV 18 序列（accession number：NC_001357）为模板设计的，用于扩增 HPV 18 基因组的外部片段（324 bp）和内部片段（151 bp）。

引物名称	引物序列（5′→3′）
HPV 18（324）-F	GGTGCCAGAAACCGTTGAATC
HPV 18（324）-R	CGTCGGGCTGGTAAATGTTGA
HPV 18（151）-F	CAACCGAGCACGACAGGAA
HPV 18（151）-R	ATTGCTCGTGACATAGAAGG

（2）第一次 PCR。

按照下表加入反应物：

成分	用量/μL
2×Es Taq MasterMix（Dye）	12.5
HPV 18（324）-F	0.5
HPV 18（324）-R	0.5
细胞上清液	5
ddH₂O	6.5

PCR 程序：94 ℃预变性 5 min；94 ℃变性 30 s，54 ℃退火 30 s，72 ℃延伸 20 s，共 35 个循环；72 ℃终延伸 2 min；4 ℃保温。

（3）第二次 PCR。

按照下表加入反应物：

成分	用量/μL
2×Es Taq MasterMix（Dye）	12.5
HPV 18（151）-F	0.5
HPV 18（151）-R	0.5
第一轮 PCR 产物	0.5
ddH₂O	11

PCR 程序：94 ℃预变性 5 min；94 ℃变性 30 s，50 ℃退火 30 s，72 ℃延伸 15 s，共 35 个循环；72 ℃终延伸 2 min；4 ℃保温。

（4）琼脂糖凝胶电泳。

①配制 2.5%琼脂糖凝胶：称取 0.5 g 琼脂糖，加入 20 mL 1×TAE，加热至琼脂糖完全溶解，然后冷却至不烫手后加入 1 μL 溴化乙锭，倒入制胶槽，插上梳子，待其凝固后即可使用。

②上样：PCR 产物的上样量为 5 μL，DL500 Marker 的上样量为 2 μL。

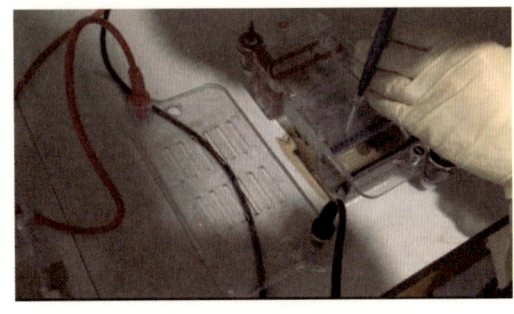

图 5-5-1　琼脂糖凝胶电泳

③电泳：电泳仪电压为 80 V，电泳 15 min。

④用凝胶成像系统对胶块进行凝胶成像并拍照。

【实践结果】

1. 琼脂糖凝胶电泳。

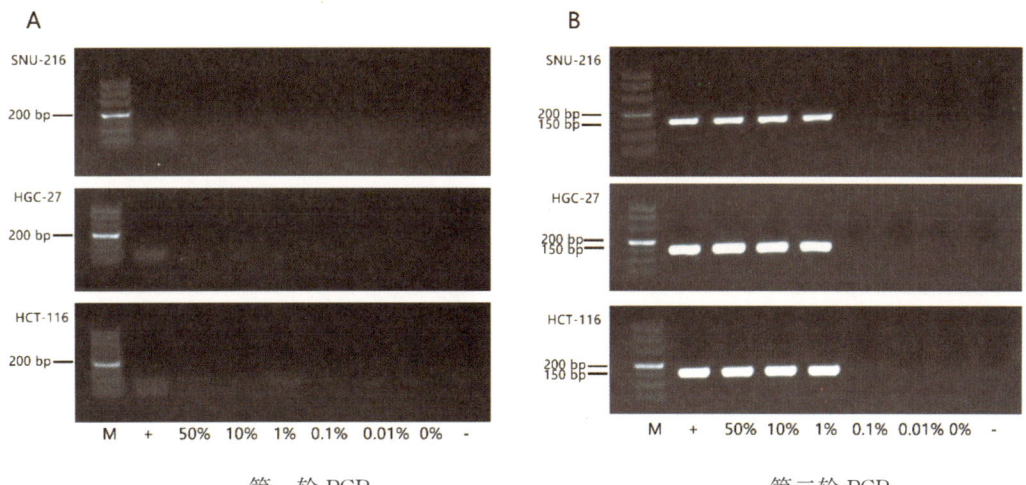

图 5-5-2　细胞混合培养 24 h 后上清液巢式 PCR 结果

2. Sanger 测序。

选取 HeLa 细胞占比为 1% 的细胞混合培养上清液的巢式 PCR 产物进行 Sanger 测序，并使用 NCBI 的 Blast 数据库（https：//blast.ncbi.nlm.nih.gov/Blast.cgi）对测序结果进行比对。结果表明测序结果与 HPV 18 基因组上 2623～2727 bp 区域完全吻合，比对结果如图 5-5-3 所示。

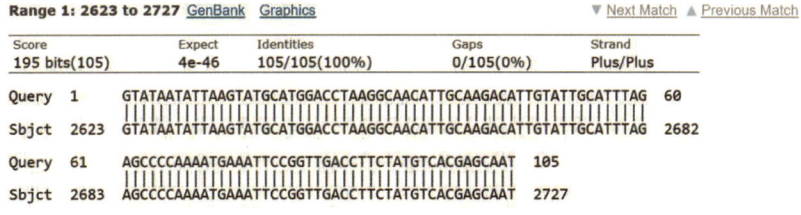

图 5-5-3　Sanger 测序序列 Blast 比对结果

【思考讨论】

本实验以细胞培养上清液为模板，用巢式 PCR 扩增 HPV 18 基因组鉴定细胞系是否存在 HeLa 细胞污染。实验结果表明：当初始 HeLa 细胞所占比例大于或等于 1% 时，巢式 PCR 检测细胞培养上清液能发现 HeLa 细胞的存在。而当 HeLa 细胞占比为 0.1% 和 0.01% 时，则无法检测出 HeLa 细胞污染。由于本次实验采用的是 24 孔细胞培养板，当

HeLa 细胞占比为 0.1% 或 0.01% 时，HeLa 细胞的数量极少（只有 100 或 10 个），且细胞计数以及稀释时可能存在操作误差，会导致加入的 HeLa 细胞更少甚至没有，因此，本次实验的结果并不能表示巢式 PCR 鉴定 HeLa 细胞污染的灵敏度只有 1%。对于检测下限，或许可以通过使用 10 cm 细胞培养皿等更大的细胞培养容器进行实验，以减少实验误差。

实践 6 基于植物三维表型及光合特性的金线莲产量形成模型的构建

【实践背景】

金线莲，兰科开唇兰属植物，主要分布于我国福建、广东等地区，全草均可入药，富含氨基酸、多糖、黄酮等成分，具有保护肝脏等疗效。金线莲的种植产量受诸多因素影响，故急需构建模型来评价不同因素对金线莲产量的影响，并实现对产量优势品种的筛选。

随着科技的快速发展，计算机视觉技术在农业中的应用越来越广泛，具有省时、省力，可连续观测作物生长趋势等优势。植物三维重建技术是植物三维表型研究的基础，是植物形态信息获取的重要工具。三维重建技术具有获取数据方便、成本低、使用灵活等优势。

通过表型采集设备和特征提取算法，获得植物各个生长阶段的图片和数据，结合植物表型组学知识，建立相应的作物三维点云模型，分析植物的光合作用状况，进而对产量构成影响因子进行分析，筛选具有高产潜力的金线莲品种。

【实践原理】

本实践以福建地区最常见的金线莲品种"红霞"及实验室培育品种"LV-1"和"LV-2"为实验对象，通过组培栽种获取实验样本，进而利用植物多维表型采集平台、叶绿素荧光成像系统等采集叶片性状、光合特征、生理指标等数据，对三个品种的金线莲进行初步分析。采用软件分析不同因素对金线莲产量的影响，进行产量因子的筛选，最终通过机器学习建立产量预测模型并进行金线莲品种综合评价。

【材料用具】

1. 材料：金线莲"红霞""LV-1""LV-2"三个品种各 200 株。
2. 无土栽培基质：草炭∶珍珠岩＝3∶1。
3. 试剂：蒸馏水、葡萄糖、芦丁标准品、60% 乙醇溶液、80% 乙醇溶液、95% 乙醇溶液、无水乙醇、无水甲醇、正己烷、标准氨基酸母液、浓硫酸、蒽酮试剂、KCN-乙二醇甲醚-茚三酮溶液、0.2 mol/L 柠檬酸缓冲液（pH＝5.0）、4％氢氧化钠溶液、5％亚硝酸钠溶液、10％硝酸铝溶液等。

4. 器材：植物多维表型采集平台、便携式光合作用测定仪、叶绿素荧光成像系统、烘箱、紫外可见分光光度计、比色皿、电子天平、100 mL 容量瓶、50 mL 容量瓶、250 mL 锥形瓶、水浴锅、表面皿、氨基酸全自动分析仪等。

【实践步骤】

1. 金线莲组培苗的栽种。

选取长势相近的"红霞"（a）、"LV-1"（b）、"LV-2"（c）三个品种的金线莲组培苗各 200 株，用无土栽培的方式种植于实验温室，基质配方为草炭∶珍珠岩＝3∶1，定植 210 d。

(a) 红霞　　　　(b) LV-1　　　　(c) LV-2

图 5-6-1　供试金线莲

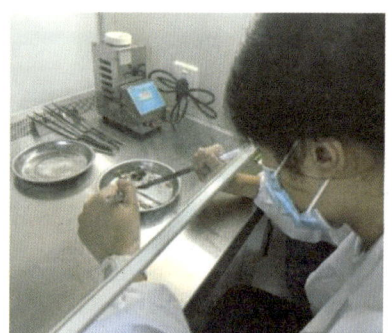
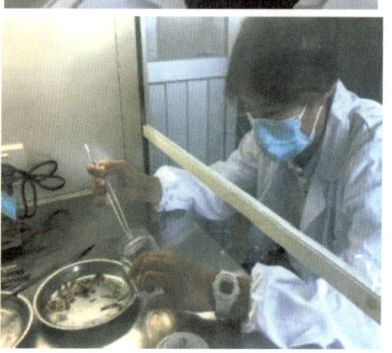

图 5-6-2　金线莲的组培苗栽种

2. 数据采集。

（1）金线莲叶片性状的数据采集。

将金线莲置于植物表型图像采集装置下，利用装置快速、批量处理叶面积、叶色、叶型、叶片叶柄比等叶片形态数据。通过植物多维表型采集平台，完成并记录不同种质资源、不同生育阶段金线莲的三维重建，采集株高、冠幅、叶片数量、投影叶面积等表型参数。

图 5-6-3　植物多维表型采集平台

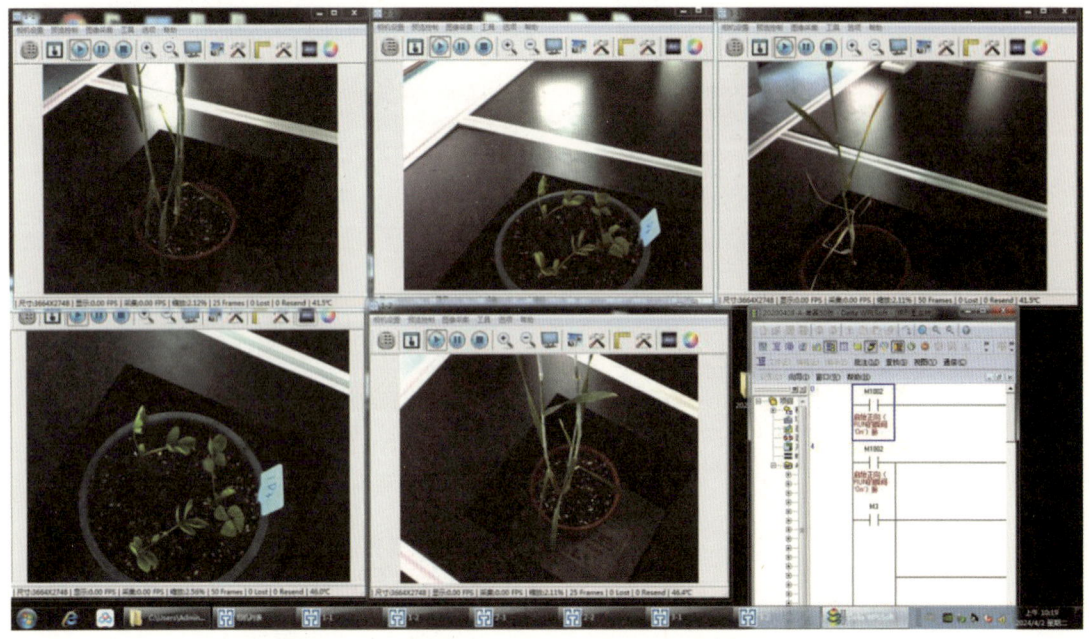

图 5-6-4　植物三维表型数据采集

（2）金线莲光合特征的数据采集。

使用便携式光合作用测定仪和叶绿素荧光成像系统，多点位采集三个品种金线莲的光合参数与叶绿素荧光参数，并记录数据。

点位 1 到点位 3 分别表示叶子基部位置、中间位置和尖端位置。

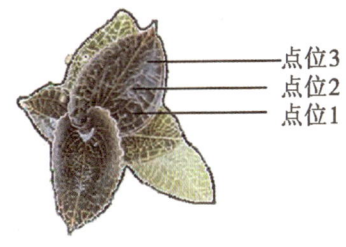

图 5-6-5　金线莲的采集点位

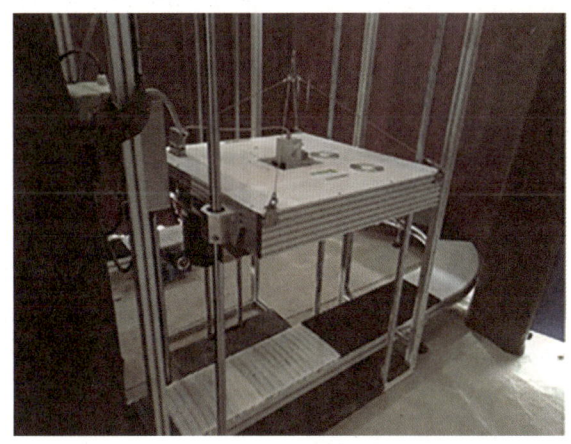

图 5-6-6　叶绿素荧光成像系统

（3）SPAD 值的测定。

植物 SPAD 值是表征植物叶绿素相对含量的指标。根据以下方法检测金线莲的叶绿素含量。将叶绿素荧光成像系统测定后的对应叶片取回实验室，每片叶去掉粗大的叶脉并剪成碎片，分别称取 0.2 g 碎片，用 95％乙醇浸泡法提取叶绿素，以提取试剂 95％乙醇为对照，使用分光光度计分别测定 649 nm、665 nm 处的吸光度并计算叶绿素浓度，然后换算成鲜重的叶绿素含量（mg/gFW）。计算公式为：$C_a=13.95D_{665}-6.88D_{649}$；$C_b=24.96D_{649}-7.32D_{665}$；$C_T=C_a+C_b$（注：$C_a$ 为叶绿素 a 含量；C_b 为叶绿素 b 含量；C_T 为总叶绿素含量）

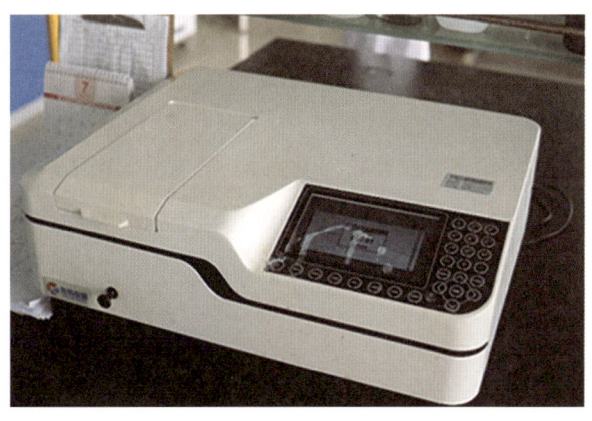

图 5-6-7　紫外可见分光光度计

（4）生物量的测定。

使用电子天平测定金线莲地上部的鲜重和干重，计为生物量。

图 5-6-8　新鲜的金线莲

图 5-6-9　烘干的金线莲

（5）有效成分的测定。

金线莲的有效成分主要包括黄酮、可溶性糖、氨基酸等。

①黄酮含量的测定。

a. 构建标准曲线。

精密称取干燥至恒重的芦丁标准品 10.17 mg，置于 100 mL 容量瓶中，加 20 mL 无水乙醇溶解，加水并定容至刻度线，摇匀，待用。

分别精密量取标准溶液 0.0、1.0、2.0、3.0、4.0、5.0、6.0、7.0、8.0、9.0、10.0、12.0 mL，加蒸馏水至 12.0 mL，然后加入 2.0 mL 5％亚硝酸钠溶液，混匀后放置 6 min，继续加入 2.0 mL 10％硝酸铝溶液，混匀后放置 6 min，再加入 20.0 mL 4％氢氧化钠溶液，最后加水定容至 50 mL，放置 15 min 后，在 503 nm 波长处测吸光度。以相应的样品溶剂为空白。以芦丁标准品浓度为横坐标，吸光度为纵坐标，绘制标准曲线。

b. 测定黄酮含量。

精密称取 1.000 g 样品置于 250 mL 锥形瓶中，加入 100 mL 正己烷浸泡过夜，过滤，挥干正己烷，将滤渣同滤纸一起放置在 250 mL 锥形瓶中，加入 200 mL 无水甲醇，超声波处理 2 h，过滤，用无水甲醇洗涤滤渣 3 次，每次 10 mL，滤液收集到 250 mL 容量瓶中，再加入无水甲醇定容至刻度线，摇匀，待用（每个样品平行制备 3 份）。

精密吸取样品溶液 10.0 mL，各加入蒸馏水至 12.0 mL，然后加入 2.0 mL 5％亚硝酸钠溶液，混匀后放置 6 min，继续加入 2.0 mL 10％硝酸铝溶液，混匀后放置 6 min，再加入 20.0 mL 4％氢氧化钠溶液，最后加水定容至 50 mL，放置 15 min 后，在 503 nm 波长处测吸光度。以相应的样品溶剂为空白。根据标准曲线计算出黄酮的含量。

②可溶性糖含量的测定。

a. 构建标准曲线。

精密称取 105 ℃干燥至恒重的葡萄糖 1.000 g，溶解稀释后定容于 100 mL 容量瓶中，配制成 10 mg/mL 的葡萄糖标准液，分别精密量取标准液 0、0.2、0.4、0.6、0.8、1.0 mL 于 6 支具塞试管中，加蒸馏水至 1 mL，再加入 5 mL 蒽酮试剂（每加完 1 支试管，立即摇匀，置于冰水中），然后一起放入沸水浴中加热 10 min，取出后用流水冷却到室温，静置 10 min 后测 620 nm 波长的吸光度，并绘制标准曲线。

b. 测定可溶性糖含量。

称取烘干样品 0.150 g 置于锥形瓶中，加入蒸馏水 100 mL，于沸水浴中加热 40 min，冷却后取 1 mL 提取液于 100 mL 容量瓶中，定容至刻度线，摇匀后取 1 mL 于试管中，再加 5 mL 蒽酮试剂，放入沸水浴中加热 10 min，取出后用流水冷却到室温，静置 10 min 后测 620 nm 波长的吸光度，将吸光度代入标准曲线即得可溶性糖含量。

③氨基酸含量的测定。

a. 构建标准曲线。

取标准氨基酸母液将其稀释成 0.5、1.0、5、10、20、30、40、50 μg/mL 的一系列浓度，取不同浓度的标准氨基酸溶液各 1 mL，分别加入 1 mL 0.2 mol/L 柠檬酸缓冲液（pH=5.0），混匀，再加入 1 mL KCN-乙二醇甲醚-茚三酮溶液，再次混匀后在 100 ℃沸水浴中加热 15 min，冷却放置 5 min，加入 3 mL 60％乙醇稀释。选择波长 570 nm 进行比色，以吸光度为横坐标、氨基酸含量为纵坐标作标准曲线。

b. 测定氨基酸含量。

取适量金线莲鲜品，洗净、晒干，在 40 ℃烘箱中放置 1 h，粉碎，过 40 目筛，精确称取 500 mg，置于研钵中，加入少量 80％乙醇研磨成匀浆，匀浆移于 25 mL 容量瓶中，再用乙醇将残渣洗入容量瓶中，最后定容至刻度线。过滤，滤液在室温下减压蒸发干燥，蒸发的最后阶段在表面皿上进行，得到固形物。使用前用蒸馏水溶解，定容至 25 mL，即得样品液。取样品液 1 mL，加入 1 mL 0.2 mol/L 柠檬酸缓冲液，混匀，再加入 1 mL KCN-乙二醇甲醚-茚三酮溶液，再次混匀后在 100 ℃沸水浴中加热 15 min，冷却放置 5 min，加入 3 mL 60％乙醇稀释。选择波长 570 nm 进行比色，将测得的吸光度代入标准曲线，即得氨基酸含量。

亦可采用食品中氨基酸的测定标准 GB/T 5009.124－2003，使用氨基酸自动分析仪进行测定，每个样品测定 3 次，取平均值。

3. 数据处理。

（1）植物表型性状、光合特征与产量关联度分析。

相关性分析采用皮尔逊相关系数分析变量之间的相关程度，通过相关性分析，筛选出产量构成主要影响因子。

（2）隶属函数法。

据模糊数学的隶属函数计算公式对实验获取的参数进行计算，并根据下列公式获得隶属函数值及其平均值，从而筛选出综合指标最好的供试金线莲品种，其中平均隶属函数值越大，则说明该品种的综合指标越好。

当测定指标与产量成正相关时，采用如下方程式：

$$X(\mu) = (X - X_{min})/(X_{max} - X_{min})$$

当测定指标与产量成负相关时，采用如下方程式：

$$X(\mu) = (X_{max} - X)/(X_{max} - X_{min})$$

式中：$X(\mu)$ 为不同品种各项指标的隶属函数值，X_{max}、X_{min} 分别为不同品种各项指标对应的最大值和最小值。

（3）产量预测模型。

选用最小二乘法求线性回归参数构建表型性状、光合特征与产量之间数学模型，用于预测待测样本的产量，采用 SPSS 16.0 进行单因素方差分析。

【实践结果】

1. 不同品种金线莲的生物量分析。

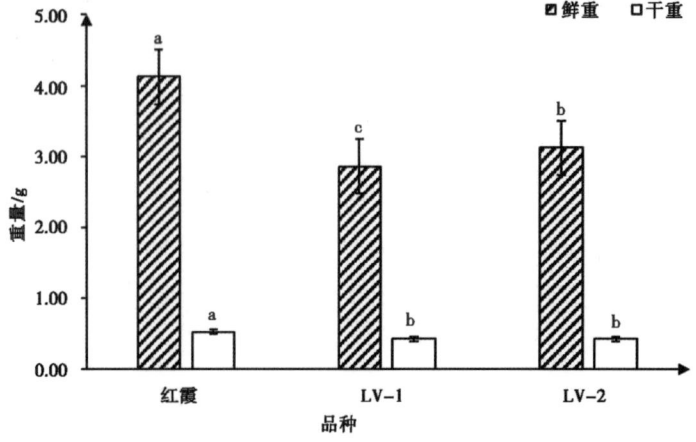

图 5-6-10　不同品种金线莲的生物量

在栽培的第 210 d,"红霞"金线莲的生物量最大,其鲜重为 4.12 g,干重为 0.52 g。由此可见"红霞"具有更显著的生长优势。

2. 不同品种金线莲的光合特性分析。

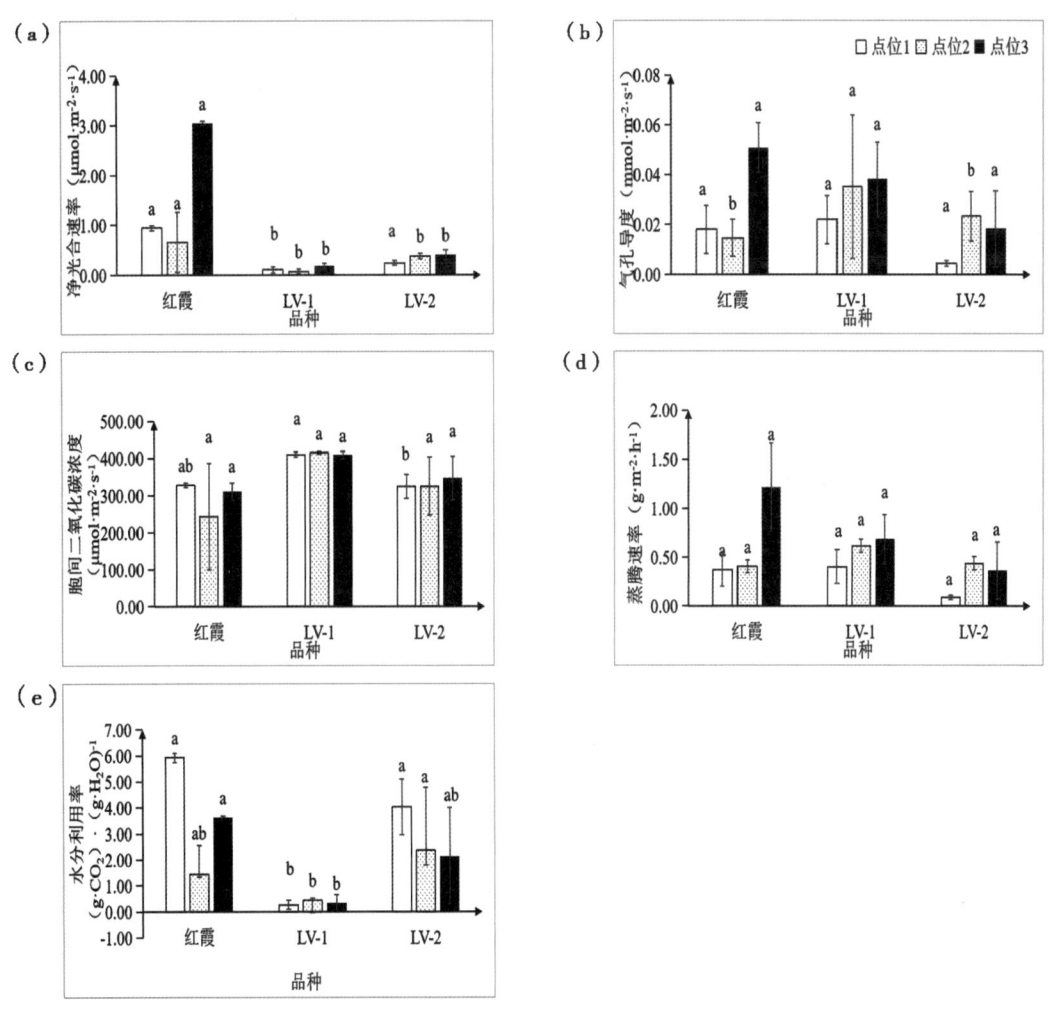

图 5-6-11　不同品种金线莲的光合特性

随着测量点位递增（即越靠近叶尖），光合参数的大小也大致呈上升的趋势。可以看出,点位 3 相较于其他点位光合作用能力更强,更具有代表性。其中"红霞"点位 3 的净光合速率、气孔导度、蒸腾速率显著高于其他品种,分别为 3.05 $\mu mol \cdot m^{-2} \cdot s^{-1}$、0.05 $mmol \cdot m^{-2} \cdot s^{-1}$ 和 1.21 $g \cdot m^{-2} \cdot h^{-1}$;"LV-1"的胞间二氧化碳浓度显著高于其他品种,且其三个点位之间无显著差异,分别为 409.8 $\mu mol \cdot m^{-2} \cdot s^{-1}$、414.25 $\mu mol \cdot m^{-2} \cdot s^{-1}$ 和 408.01 $\mu mol \cdot m^{-2} \cdot s^{-1}$;"红霞"的水分利用率显著高于其他品种,其中点位 1 的值最大,为 5.93 $(g \cdot CO_2) \cdot (g \cdot H_2O)^{-1}$。"红霞"的光合

利用率相对高于其他品种,具有较强的光合转化能力。

3. 不同品种金线莲的叶片性状分析。

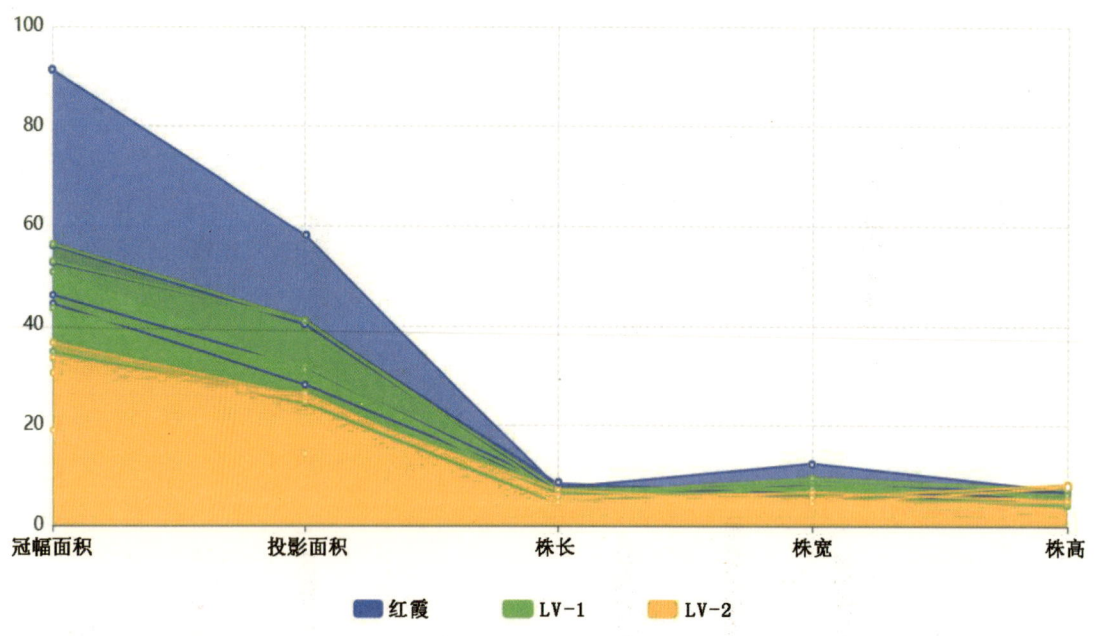

图 5-6-12　不同品种金线莲的叶片性状

依据表型数据分析,在栽培的第 210 d,"红霞"的冠幅面积、投影面积、株长和株高均为最大值,分别为 58.04 cm^2、39.76 cm^2、7.60 cm 和 6.25 cm。由此可知,"红霞"具有更显著的生长优势。

4. 不同品种金线莲的光合特性与叶绿素荧光参数分析。

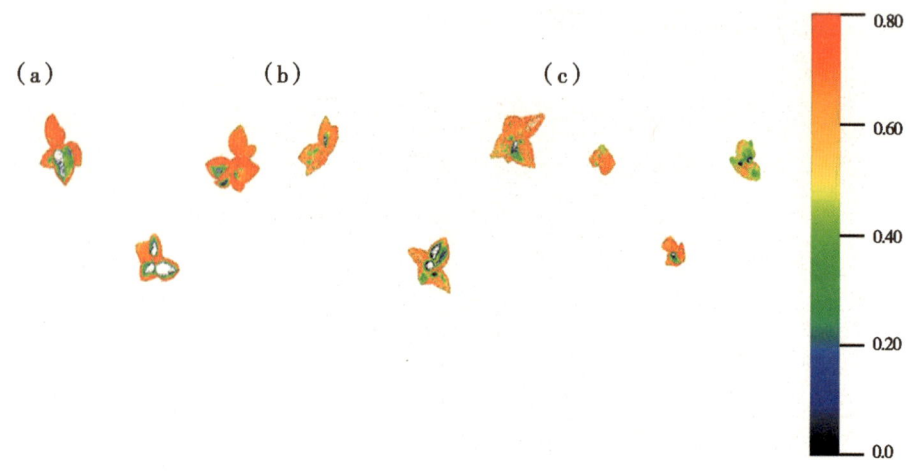

图 5-6-13　不同品种金线莲的叶绿素荧光参数 Fv/Fm 的 RGB 图像

由叶绿素荧光的 RGB 图像,可以观察到植物叶片的外部区域呈现出明亮的橘色荧光,而叶片内部则主要显示为绿色荧光。这一现象表明,在叶片的不同深度或层次上,叶绿素的分布和其荧光特性可能存在差异。

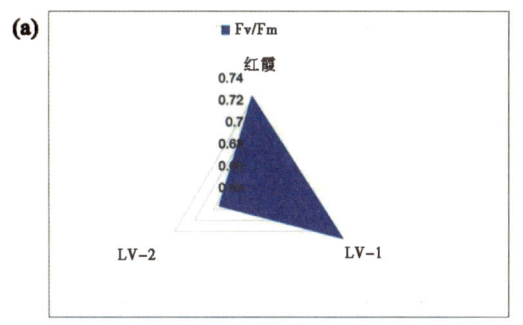
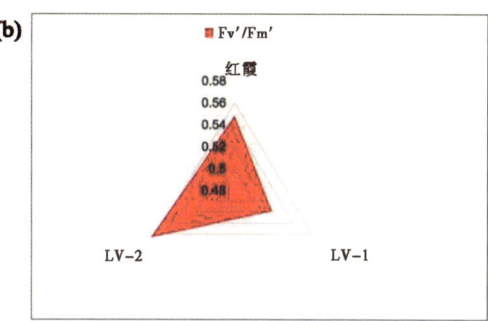
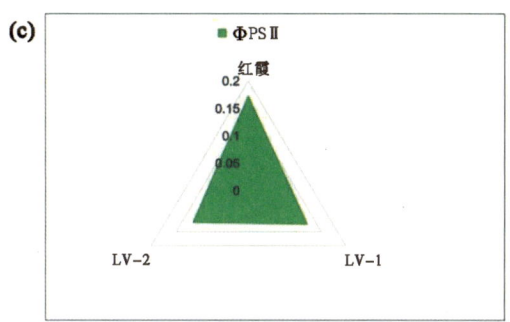
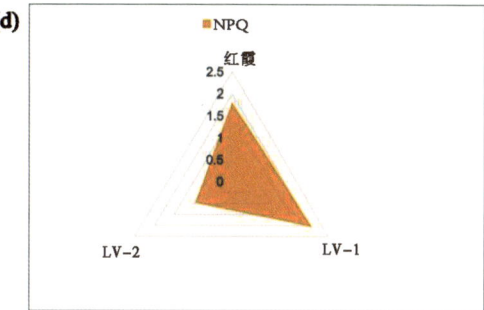
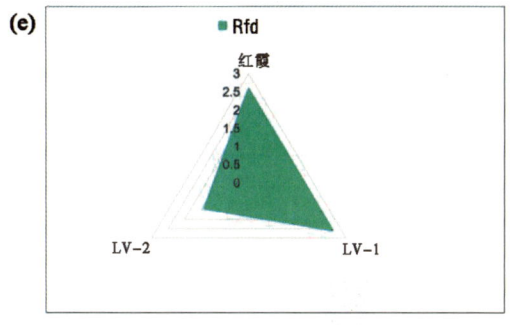

图 5-6-14 不同品种金线莲的光合特性

"红霞"和"LV-1"的 Fv/Fm(PSⅡ原初光能转化效率)和 Rfd(荧光衰减率)均高于"LV-2",分别为 0.72 与 0.73 及 2.62 与 2.63;"LV-2"的 Fv'/Fm'(PSⅡ的实际光能转化效率)最大,为 0.57;"红霞"的 ΦPSⅡ(PSⅡ的电子传递量子效率)显著高于其他品种,为 0.17;"LV-1"的 NPQ(非光化学淬灭系数)最大,为 2.07。

总体来看,不同品种金线莲的光合特性存在差异,"红霞"和"LV-1"的光系统Ⅱ的潜在活性较强。

5. 不同品种金线莲的光合色素分析。

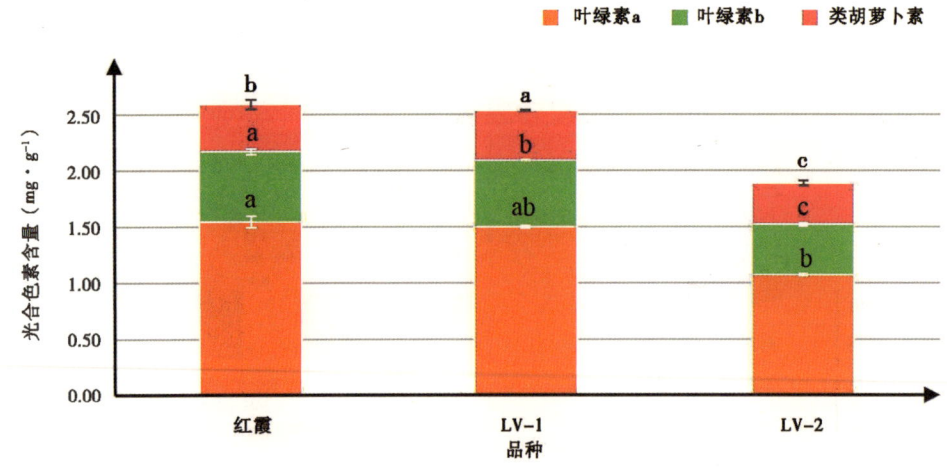

图 5-6-15 不同品种金线莲的光合色素

"红霞"的光合色素含量最高。"红霞"的叶绿素 a 和叶绿素 b 显著高于其他品种,为 1.54 mg·g^{-1} 和 0.63 mg·g^{-1};"LV-1"的类胡萝卜素含量最大,为 0.44 mg·g^{-1}。这说明不同品种金线莲的光合色素存在一定差异。

6. 不同品种金线莲的品质指标分析。

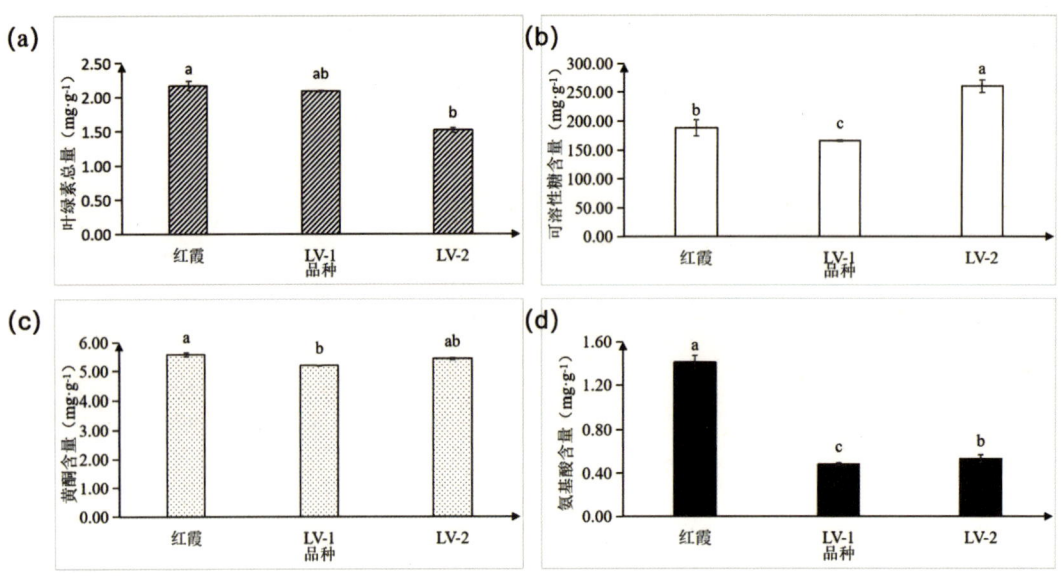

图 5-6-16 不同品种金线莲的品质参数

"红霞"叶绿素总量、黄酮和氨基酸含量均高于其他品种,分别为 2.17 mg·g^{-1}、5.57 mg·g^{-1} 和 1.41 mg·g^{-1};"LV-2"的可溶性糖含量显著高于其他两个品种,为 260.89 mg·g^{-1}。这说明"红霞"较其他品种更有利于叶绿素、黄酮及氨基酸的累积,"LV-2"较其他品种更有利于可溶性糖的累积。

7. 金线莲的产量预测模型构建。

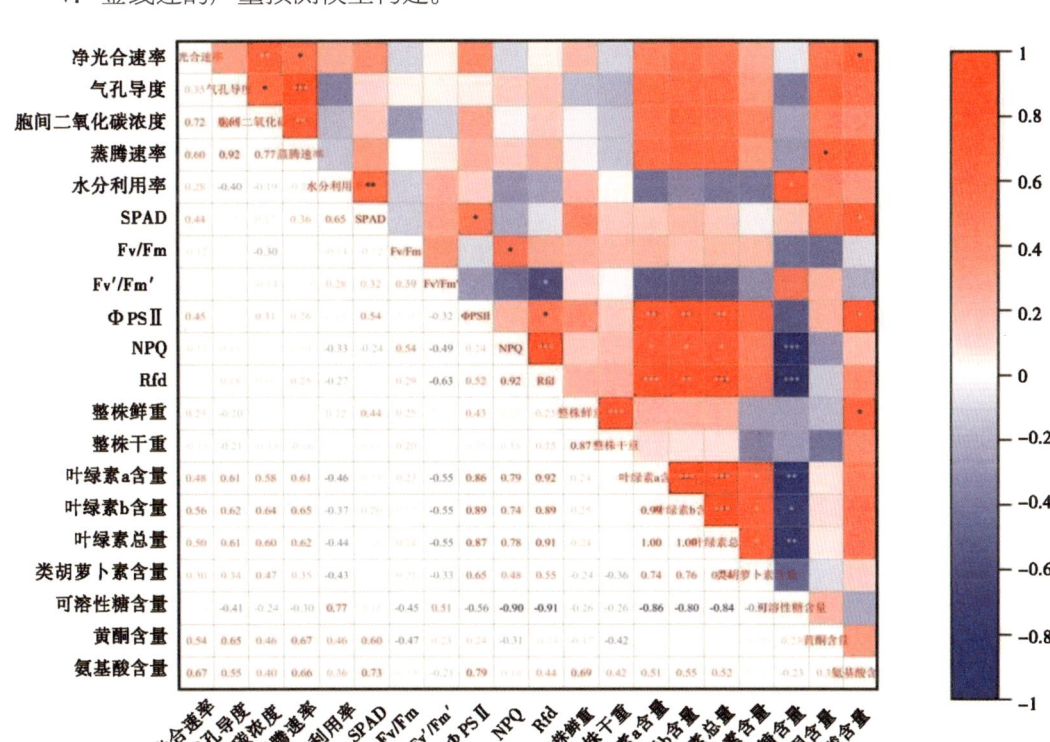

*$P \leqslant 0.05$ **$P \leqslant 0.01$ ***$P \leqslant 0.001$

图 5-6-17　不同品种金线莲的品质参数

金线莲个别参数之间具有相关性（$P \leqslant 0.05$）。如净光合速率与胞间二氧化碳浓度呈显著相关性（$P \leqslant 0.01$）；气孔导度与蒸腾速率具有极显著相关性（$P \leqslant 0.001$）；Rfd 与 NPQ、叶绿素 a、叶绿素 b、叶绿素总量具有极显著相关性；叶绿素 a 含量与叶绿素 b 含量呈极显著相关性；叶绿素 b 含量与 ΦPSⅡ、Rfd 呈显著相关性；黄酮含量与气孔导度、蒸腾速率、SPAD 有显著相关性；可溶性糖含量与 NPQ、Rfd 呈极显著负相关性；可溶性糖含量与叶绿素 a 含量、叶绿素总量呈显著负相关性；整株鲜重与干重、SPAD、ΦPSⅡ 等存在一定相关性。

通过相关性分析筛选出关键影响因子，得到的产量预测表达式如下：

$y = -0.012 + 0.409X_1 - 0.209X_2 - 0.514X_3 + 0.543X_4 + 0.001X_5 - 0.251X_6 - 0.59X_7 + 0.367X_8 + 0.651X_9 + 1.986X_{10} - 1.997X_{11} + 1.117X_{12}$

式中：y 为金线莲产量；X_1、X_2、X_3、X_4、X_5、X_6、X_7、X_8、X_9、X_{10}、X_{11}、X_{12} 分别为净光合速率、气孔导度、胞间二氧化碳浓度、蒸腾速率、水分利用率、SPAD、Fv/Fm、Fv′/Fm′、ΦPSⅡ、NPQ、Rfd、整株干重。

【思考讨论】

实验结果表明不同金线莲品种的表观性状与功能成分含量有显著性差异。表观形态特征和生长特性是衡量植物生长的重要指标，可以反映植物对环境变化的适应能力。本案例以三个不同品种金线莲设施栽培品种为实验样本，通过植物表型采集技术，实现金线莲三维仿真，分析株高、叶片数量等形态参数；通过荧光成像技术，检测净光合速率、气孔导度等光合参数；通过生理检测，获取叶绿素、黄酮及氨基酸等品质参数，进而对上述产量构成因素进行分析，建立了决定系数（R^2）为 0.993 的回归预测模型，筛选出具有高产潜力的金线莲品种"红霞"。

本案例从金线莲的生长特性、光合特征和产量预测模型构建等方面进行了研究，并确定了产量预测模型，从供试品种中筛选到最优产量的品种。基于现有实验结果，未来还可以进一步开展以下研究：（1）考虑更多的栽培因素，如光照、温度、水分等其他影响金线莲生长的因素，并开展相应实验分析。结合代谢组学和基因组学等多组学交叉研究完善产量预测模型。（2）金线莲产量预测模型的构建方法，可以借鉴到其他物种中使用。

主要参考文献

[1]中华人民共和国教育部.普通高中生物学课程标准(2017年版2020年修订)[M].北京:人民教育出版社,2020:23-27.

[2]赵文浪,周初霞.单元教学中社会责任课程资源的开发路径探究[J].生物学教学,2023,48(7):40-43.

[3]杨帆,郭学恒.基于高考评价体系的生物科考试内容改革实施路径[J].中国考试,2019(12):53-58.

[4]魏晓东,于冰,于海波.美国STEAM教育的框架、特点及启示[J].华东师范大学学报(教育科学版),2017,35(4):40-46,134-135.

[5]郭元祥.论实践教育[J].课程·教材·教法,2012(1):17-22.

[6]余文森,龙安邦.实践:指向核心素养的课堂教学行动属性[J].教育研究与实验,2023(2):58-65.

[7]王健,王聪,刘志爽.生物学科能力及其表现研究[J].教育学报,2016(4):64-72.

[8]程亮,郑晓蕙.美国中学生物学课程中的STEM教育理念及其启示[J].生物学教学,2015,40(6):23-24.

[9]李川.PISA 2025科学素养测评框架的新动向及启示[J].科普研究,2022,17(1):52-58.

[10]程永军,张玢.用虚拟现实技术创设"沉浸"式网络学习环境[J].中国电化教育,2002(4):62-64.

[11]申枝.基于SOLO分类理论大学生深度学习评价模型研究与应用[D].西安:西北大学,2019.

[12]吴彦文.信息化环境下的教学设计与实践[M].北京:清华大学出版社,2018.

[13]崔允漷,张紫红,郭洪瑞.溯源与解读:学科实践即学习方式变革的新方向[J].教育研究,2021,42(12):55-63.

[14]闫守轩,宫克.把知识带回实践:学科实践的知识逻辑与教学转向[J].课程·教材·教法,2025,45(4):66-74.

[15]郭元祥,吴宏.论课程知识的本质属性及其教学表达[J].课程·教材·教法,2018,38(8):43-49.

[16]夏玉豹.学科素养与布鲁姆教育分类理论融合的教学实践与反思[J].中学数学,2025(6):124-125.

[17]唐兆和,陈友铃,唐瑞干.福州市及毗邻地区鸟类区系分析[J].福建师范大学学报(自然科学版),1993,9(3):91-104.

[18]唐庆圆,唐兆和,耿宝荣.福州市区鸟类多样性研究[J].四川动物,2008,27(4):603-609.

[19]林育真.生态学[M].北京:科学出版社,2004:102-103.

[20]刘振生,滕丽微,宋延龄,等.海南大田国家级自然保护区鸟类考察初报[J].动物学杂志,2004,39(1):93-99.

[21]郑光美.中国鸟类分类与分布名录(第二版)[M].北京:科学出版社,2015:1-456.

[22]陈祯.金鱼家化史与品种形成的因素[J].动物学报,1954,6(2):89-116.

[23]周浠.中国金鱼及其养殖——第三章 金鱼的分类、品种[J].北京水产,2000(2):33-43.

[24]肖方.野生动植物标本制作[M].北京:科学出版社,1999:39-48.

[25]白凤熙.鱼透明骨骼标本的制作方法[J].科技信息,2012(2):128.

[26]陈冠华.小型鱼类透明标本制作技术[J].黑龙江水产,2022,41(1):58-60.

[27]翁国新.菲律宾蛤仔大水面人工育苗技术[J].福建水产,2006(4):85-88.

[28]王文静,徐建瑜,杜秋菊.基于计算机视觉的鱼苗自动计数系统研究[J].渔业现代化,2016,43(3):34-38,73.

[29]刘世晶,王帅,陈军,等.基于改进主成分分析和AdaBoost算法的运动虾苗识别方法[J].农业工程学报,2017,33(1):212-218.

[30]杨眉,魏鸿磊,华顺刚.一种基于神经网络的扇贝图像识别方法[J].大连海洋大学学报,2014,29(1):70-74.

[31]多功昊,王紫聪,张航.图像分割在鱼苗自动计数系统中的应用[J].农业技术与装备,2020(7):22-24.

[32]王志勇,冯书庆,谌志新,等.活鱼近距离转运称重计量系统设计及应用[J].渔业现代化,2019,46(3):30-34.

[33]陈爽,朱忠顺,高妍妍,等.分光光度法分析水果酵素中功效酶活性的研究[J].食品工业科技,2017,38(8):218-221,249.

[34]王宪泽.生物化学实验技术原理和方法[M].北京:中国农业出版社,2002.

[35]赵娇红,郭东林,马军,等.植物微核技术在环境污染监测中的应用[J].自然灾害学报,2007,16(5):126-129.

[36]赵永哲.紫露草微核实验结果的评价方法研究[J].黑龙江环境通报,2016,40(2):85-86.

[37]刘莉娜,陈昊然.酶在洗涤用品工业中的应用[J].中国洗涤用品工业,2013(10):77-79.

[38]钟继生,毛毅影,梁罕超.HPV16/18型病毒感染与宫颈上皮类瘤样变及宫颈癌的关系[J].临床医学,2019,39(4):37-38.

[39]苗小艳,孔繁斗,石敏,等.HPV16/18感染导致宫颈癌的分子机制研究[J].中国微生态学杂志,2015,27(10):1152-1155.

[40]李岑,张国荣.动物细胞同工酶检测方法的改良及其应用[J].中国医药生物技术,2007(1):54-56.

[41]全国生化检测标准化技术委员会(SAC/TC 387).哺乳动物细胞交叉污染检测方法通用指南:GB/T 40172-2021[S].北京:中国标准出版社,2021.

[42]张彤彤,廉润通,朱羽婕,等.细胞系错误识别与交叉污染及其检测方法[J].中国细胞生物学学报,2022,44(8):1657-1668.

[43]Capes-Davis A,Theodosopoulos G,Atkin I,et al.Check your cultures! A list of cross-contaminated or misidentified cell lines. *Int J Cancer*,2010,127(1):1-8.

[44]陈琳,陈鲤群.细胞污染及检测鉴定[J].中国细胞生物学学报,2017,39(4):496-503.

[45]董雪蓉.HeLa细胞长期传代过程中基因组与转录组动态变化的关联[D].呼和浩特:内蒙古大学,2023.

[46]刘爱玲,刘爱胜,罗小芳,等.肠道轮状病毒巢式PCR检测方法的建立及初步应用[J].临床输血与检验,2019,21(6):604-608.

[47]魏翠华,周慧君,谢宇,等.福建金线莲不同品种生长性状和产量比较[J].福建农业学报,2018,33(5):491-494.

[48]汪其双,陈泽明,林协全,等.水氮耦合对金线莲生长和品质的影响[J].西北农林科技大学学报(自然科学版),2024,52(8):143-154.

[49]范全.光质对金线莲组培苗影响及其植物工厂优化方案研究[D].福州:福建农林大学,2023.

[50]孔向军,钭凌娟,方莉,等.金线莲对低温胁迫的生理响应[J].中药材,2023,46(6):1361-1365.

[51]李豪杰,王浩博,郑梦瑶,等.不同水分管理对小麦各品种光合特性及产量的影响[J].河南科技学院学报(自然科学版),2024,52(1):1-8.

[52]邵秀凤,李利.基于最小二乘法曲线拟合的油井产量预测[J].微型电脑应用,2009,25(12):13-14,76.

[53]田星.基于隶属函数法的美洲黑杨无性系抗寒、抗旱性评价[D].咸阳:西北农林科技大学,2019.

[54]易骏,张若兰,彭梦超,等.不同来源金线莲组培苗中总黄酮、多糖和内酯苷含量分析[J].海峡药学,2024,36(6):28-32.

图书在版编目（CIP）数据

高中生物学科实践的实施路径：科学探索之旅/陈霞主编；林松，黄巍副主编；福州市林松名师工作室编著. —福州：福建教育出版社，2025.6. —ISBN 978-7-5758-0381-6

Ⅰ.G633.912

中国国家版本馆 CIP 数据核字第 2025R78F43 号

Gaozhong Shengwu Xueke Shijian De Shishi Lujing：Kexue Tansuo Zhilü

高中生物学科实践的实施路径：科学探索之旅

陈霞 主编　　林松 黄巍 副主编

福州市林松名师工作室 编著

出版发行	福建教育出版社
	（福州市梦山路 27 号　邮编：350025　网址：www.fep.com.cn
	编辑部电话：0591-83627052
	发行部电话：0591-83721876　87115073　010-62024258）
出版人	江金辉
印　刷	福州德安彩色印刷有限公司
	（福州市金山工业区浦上标准厂房 B 区 42 栋）
开　本	787 毫米×1092 毫米　1/16
印　张	13.25
字　数	275 千字
版　次	2025 年 6 月第 1 版
	2025 年 6 月第 1 次印刷
书　号	ISBN 978-7-5758-0381-6
定　价	48.00 元

如发现本书印装质量问题，请向本社出版科（电话：0591-83726019）调换。